T0051363

El olvido que seremos

Héctor
Abad Faciolince

El olvido que seremos

Papel certificado por el Forest Stewardship Council®

MIXTO
Papel procedente de
fuentes responsables
FSC® C117695

Primera edición: octubre de 2017
Decimoséptima reimpresión: mayo de 2021

© 2006, Héctor Abad Faciolince
© 2017, Penguin Random House Grupo Editorial, SAS
Cra. 5A # 34A-09, Bogotá (Colombia) PBX (57-1) 743 0700
© 2017, Penguin Random House Grupo Editorial, S. A. U.
Travessera de Gràcia, 47-49. 08021 Barcelona

© Diseño: Penguin Random House Grupo Editorial, inspirado en un diseño original de Enric Satué

Penguin Random House Grupo Editorial apoya la protección del *copyright*.
El *copyright* estimula la creatividad, defiende la diversidad en el ámbito de las ideas y el conocimiento,
promueve la libre expresión y favorece una cultura viva. Gracias por comprar una edición autorizada
de este libro y por respetar las leyes del *copyright* al no reproducir, escanear ni distribuir ninguna
parte de esta obra por ningún medio sin permiso. Al hacerlo está respaldando a los autores
y permitiendo que PRHGE continúe publicando libros para todos los lectores.
Diríjase a CEDRO (Centro Español de Derechos Reprográficos, http://www.cedro.org)
si necesita fotocopiar o escanear algún fragmento de esta obra.

Printed in Spain – Impreso en España

ISBN: 978-84-204-2640-2
Depósito legal: B-14527-2017

Impreso en Unigraf, Móstoles (Madrid)

AL26402

Penguin
Random House
Grupo Editorial

A Alberto Aguirre y Carlos Gaviria,
sobrevivientes

Y por amor a la memoria
llevo sobre mi cara la cara de mi padre.
YEHUDA AMIJAI

Un niño de la mano de su padre

1

En la casa vivían diez mujeres, un niño y un señor. Las mujeres eran Tatá, que había sido la niñera de mi abuela, tenía casi cien años, y estaba medio sorda y medio ciega; dos muchachas del servicio —Emma y Teresa—; mis cinco hermanas —Maryluz, Clara, Eva, Marta, Sol—; mi mamá y una monja. El niño, yo, amaba al señor, su padre, sobre todas las cosas. Lo amaba más que a Dios. Un día tuve que escoger entre Dios y mi papá, y escogí a mi papá. Fue la primera discusión teológica de mi vida y la tuve con la hermanita Josefa, la monja que nos cuidaba a Sol y a mí, los hermanos menores. Si cierro los ojos puedo oír su voz recia, gruesa, enfrentada a mi voz infantil. Era una mañana luminosa y estábamos en el patio, al sol, mirando los colibríes que venían a hacer el recorrido de las flores. De un momento a otro la hermanita me dijo:

—Su papá se va a ir para el infierno.

—¿Por qué? —le pregunté yo.

—Porque no va a misa.

—¿Y yo?

—Usted va a irse para el cielo, porque reza todas las noches conmigo.

Por las noches, mientras ella se cambiaba detrás del biombo de los unicornios, rezábamos padrenuestros y avemarías. Al final, antes de dormirnos, rezábamos el credo: «Creo en Dios Padre, Todopoderoso, Creador del cielo y de la tierra, de todo lo visible y lo invisible...». Ella se quitaba el hábito detrás del biombo para que no le viéramos el pelo; nos había advertido que verle el pelo a una monja era pecado mortal. Yo, que entiendo las cosas bien, pero despacio, había estado imaginándome todo el día en el cielo sin mi papá (me asomaba desde una ventana del paraíso y lo veía a él allá abajo, pidiendo auxilio mientras se quemaba en las llamas del infierno), y esa noche, cuando ella empezó a entonar las oraciones detrás del biombo de los unicornios, le dije:

—No voy a volver a rezar.

—¿Ah, no? —me retó ella.

—No. Yo ya no me quiero ir para el cielo. A mí no me gusta el cielo sin mi papá. Prefiero irme para el infierno con él.

La hermanita Josefa asomó la cabeza (fue la única vez que la vimos sin velo, es decir, la única vez que cometimos el pecado de verle sus mechas sin encanto) y gritó: «¡Chito!». Después se dio la bendición.

Yo quería a mi papá con un amor que nunca volví a sentir hasta que nacieron mis hijos. Cuando los tuve a ellos lo reconocí, porque es un amor igual en intensidad, aunque distinto, y en cierto sentido opuesto. Yo sentía que a mí nada me podía pasar si estaba con mi papá. Y siento que a mis hijos no les puede pasar nada si están conmigo. Es decir, yo sé que antes me haría matar, sin dudarlo un instante, por defender a mis hijos. Y sé que mi papá se habría hecho matar sin dudarlo un instante por defenderme a mí. La idea más insoportable de mi infancia era imaginar que mi papá se pudiera morir, y por eso yo había resuelto tirarme al río Medellín si él llegaba a morirse. Y también sé que hay algo que sería mucho peor que mi muerte: la muerte de un hijo mío. Todo esto es una cosa muy primitiva, ancestral, que se siente en lo más hondo de la conciencia, en un sitio anterior al pensamiento. Es algo que no se piensa, sino que sencillamente es así, sin atenuantes, pues uno no lo sabe con la cabeza sino con las tripas.

Yo amaba a mi papá con un amor animal. Me gustaba su olor, y también el recuerdo de su olor, sobre la cama, cuando se iba de viaje, y yo les rogaba a las muchachas y a mi mamá que no cambiaran las sábanas ni la funda de la almohada. Me gustaba su voz, me gustaban sus manos, la pulcritud de su ropa y la meticulosa limpieza de su cuerpo. Cuando me daba miedo, por la noche, me pasaba para su cama y siempre me abría un campo a su lado para que yo me acostara. Nunca dijo que no. Mi mamá protestaba, decía que me estaba malcriando, pero mi papá se corría hasta el borde del colchón y me dejaba quedar. Yo sentía por mi papá lo mismo que mis amigos decían que sentían por la mamá. Yo olía a mi papá, le ponía un brazo encima, me metía el dedo pulgar en la boca, y me dormía profundo hasta que el ruido de los cascos de los caballos y las campanadas del carro de la leche anunciaban el amanecer.

2

Mi papá me dejaba hacer todo lo que yo quisiera. Decir *todo* es una exageración. No podía hacer porquerías como hurgarme la nariz o comer tierra; no podía pegarle a mi hermana menor ni-con-el-pétalo-de-una-rosa; no podía salir sin avisar que iba a salir, ni cruzar la calle sin mirar a los dos lados; tenía que ser más respetuoso con Emma y Teresa —o con cualquiera de las otras empleadas que tuvimos en aquellos años: Mariela, Rosa, Margarita— que con cualquier visita o pariente; tenía que bañarme todos los días, lavarme las manos antes y los dientes después de comer, y mantener las uñas limpias… Pero como yo era de una índole mansa, esas cosas elementales las aprendí muy rápido. A lo que me refiero con *todo*, por ejemplo, es a que yo podía coger sus libros o sus discos, sin restricciones, y tocar todas sus cosas (la brocha de afeitar, los pañuelos, el frasco de agua de Colonia, el tocadiscos, la máquina de escribir, el bolígrafo) sin pedir permiso. Tampoco tenía que pedirle plata. Él me lo había explicado así:

—Todo lo mío es tuyo. Ahí está mi cartera, coge lo que necesites.

Y ahí estaba, siempre, en el bolsillo de atrás de los pantalones. Yo cogía la billetera de mi papá y contaba la plata que tenía. Nunca sabía si coger un peso, dos pesos o cinco pesos. Lo pensaba un momento y resolvía no coger nada. Mi mamá nos había advertido muchas veces:

—¡Niñas!

Mi mamá decía siempre «niñas» porque las niñas eran más y entonces esa regla gramatical (un hombre entre mil mujeres convierte todo al género masculino) para ella no contaba.

—¡Niñas! A los profesores aquí les pagan muy mal, no ganan casi nada. No abusen de su papá que él es bobo y les da lo que le pidan, sin poder.

Yo pensaba que toda la plata que había en la billetera la podía coger. A veces, cuando estaba más llena, a principios del mes, cogía un billete de veinte pesos, mientras mi papá hacía la siesta, y me lo llevaba para el cuarto. Jugaba un rato con él, sabiendo que era mío, e iba comprando cosas en la imaginación (una bicicleta, un balón de fútbol, una pista de carritos eléctrica, un microscopio, un telescopio, un caballo) como si me hubiera ganado la lotería. Pero después iba y lo volvía a poner en su sitio. Casi nunca había muchos billetes, y a finales de mes, a veces, no había ni uno, ya que no éramos ricos, aunque lo pareciera porque teníamos finca, carro, muchachas del servicio y hasta monja de compañía. Cuando nosotros le preguntábamos a mi mamá si éramos ricos o pobres, ella siempre contestaba lo mismo: «Niñas: ni lo uno ni lo otro; somos acomodados». Muchas veces mi papá me daba plata sin que se la pidiera, y entonces yo no tenía ningún reparo en recibirla.

Tan confundido tenía yo el género gramatical, o tan confusa mi identidad, que la primera vez en la vida que conseguí peinarme, con el partido muy recto al lado derecho (el lado equivocado), les pregunté a mis hermanas:

—¿Quedé bien peinadita?

En mis oídos todavía resuenan las carcajadas de cinco niñas riéndose en coro. Desde eso no me he vuelto a peinar.

Según mi mamá, y tenía razón, mi papá era incapaz de entender la economía doméstica. Ella se había puesto a trabajar en una oficinita por el centro —contra el parecer de su marido— en vista de que la plata del profesor nunca alcanzaba para llegar a fin de mes y no se podía recurrir a ninguna reserva puesto que mi papá nunca tuvo ninguna noción del ahorro. Cuando llegaban las cuentas de servicios, o cuando mi mamá le decía que era necesario pagarle al albañil que había cogido unas goteras en el techo, o al electricista que había arreglado un cortocircuito, mi papá se ponía de mal genio y se encerraba en la biblioteca a leer y a oír música clásica a todo volumen, para calmarse. Él mismo había contratado al albañil, pero siempre se le olvidaba preguntar, antes, cuánto iban a cobrar por el trabajo, así que al final cobraban lo que les daba la gana. Si mi mamá hacía el contrato, en cambio, pedía dos presupuestos, regateaba, y nunca había sorpresas al final.

Mi papá nunca tenía dinero suficiente porque siempre le daba o le prestaba plata a cualquiera que se la pidiera, parientes, conocidos, extraños, mendigos. Los estudiantes en la universidad se aprovechaban de él. Y también abusaba el mayordomo de la finca, don Dionisio, un yugoeslavo descarado que hacía que mi papá le diera anticipos por la ilusión de unas manzanas, unas peras y unos higos mediterráneos que jamás llegaron a darse en la huerta de la finca. Al fin logró que pelecharan las fresas y las hortalizas, montó un negocio aparte, en una tierra que compró con los anticipos que mi papá le daba, y progresó bastante. Entonces mi papá contrató de mayordomos a don Feliciano y a doña Rosa, los papás de Teresa, la muchacha, que se estaban muriendo de hambre en un pueblo del nordeste, Amalfi. Sólo que don Feliciano tenía casi ochenta años, estaba enfermo de artritis, y no podía trabajar la huerta, por lo que las verduras y las fresas de don Dionisio se perdieron y la finca, a los seis meses, estaba hecha un rastrojo. Pero no íbamos a dejar morir de hambre a doña Rosa y a don Feliciano, porque eso habría sido peor. Había que esperar a que se murieran de viejos para contratar a otros mayordomos, y así fue. Después vinieron Edilso y Belén, que allá siguen, treinta años después, con un contrato muy raro que se inventó mi papá: nosotros ponemos la tierra, pero las vacas y la leche son de ellos.

Yo sabía que los estudiantes le pedían plata prestada porque muchas veces lo acompañaba a la universidad y su oficina parecía un sitio de peregrinación. Los estudiantes hacían fila afuera; algunos, sí, para consultarle asuntos académicos o personales, pero la mayoría para pedirle plata prestada. Siempre que yo fui, varias veces mi papá sacaba la cartera y les entregaba a los estudiantes billetes que jamás le devolvían, y por eso alrededor de él había siempre un enjambre de pedigüeños.

—Pobres muchachos —decía—, ni siquiera tienen para el almuerzo, y con hambre es imposible estudiar.

3

Antes de entrar al kínder, a mí no me gustaba quedarme todos los días en la casa con Sol y con la monja. Cuando se me acababan los juegos de niño solitario (fantasías en el suelo, con castillos y soldados), lo más entretenido que se le ocurría hacer a la hermanita Josefa, fuera de rezar, era salir al patio de la casa a mirar los colibríes que chupaban las flores, o dar paseos por el barrio en el cochecito donde sentaba a mi hermana, que se dormía en el acto, y donde me llevaba a mí, de pie sobre las varillas de atrás, si me cansaba de caminar, mientras la monja empujaba el coche por las aceras. Como esa rutina diaria me aburría, entonces yo le pedía a mi papá que me llevara a la oficina.

Él trabajaba en la Facultad de Medicina, al lado del Hospital de San Vicente de Paúl, en el Departamento de Medicina Preventiva y Salud Pública. Si no podía ir con él, porque tenía mucho que hacer esa mañana, al menos me llevaba a dar una vuelta a la manzana en el carro. Me sentaba sobre las rodillas y yo manejaba la dirección, vigilado por él. Era un paquidermo viejo, grande, ruidoso, azul celeste, marca Plymouth, de caja automática, que se recalentaba y empezaba a echar humo por delante a la primera loma que encontraba. Cuando podía, al menos una vez a la semana, mi papá me llevaba a la universidad. Al entrar pasábamos al lado del anfiteatro, donde se dictaban las clases de Anatomía, y yo le rogaba que me mostrara los cadáveres. Él siempre me respondía: «No, todavía no». Todas las semanas lo mismo:

—Papi, quiero conocer un muerto.

—No, todavía no.

Una vez que él sabía que no había clases, ni muerto, entramos al anfiteatro, que era muy antiguo, de esos con graderías alrededor para que los estudiantes pudieran ver bien la disección de los cadáveres. En el centro del salón había una mesa de mármol, donde se ponía al protagonista de la clase, igual que en el cuadro de Rembrandt. Pero ese día el anfiteatro estaba vacío de cadáver, de estudiantes y de profesor de Anatomía. En ese vacío, sin embargo, persistía un cierto olor a muerte, como una impalpable presencia fantasmal que me hizo tener conciencia, en ese mismo momento, de que en el pecho me palpitaba el corazón.

Mientras mi papá daba clase, yo lo esperaba sentado en su escritorio y me ponía a dibujar, o al frente de la máquina de escribir, a fingir que escribía como él, con el dedo índice de las dos manos. Desde lejos, Gilma Eusse, la secretaria, me miraba sonriendo con picardía. Por qué sonreía, yo no sé. Tenía una foto enmarcada de su matrimonio en la que ella aparecía vestida de novia casándose con mi papá. Yo le preguntaba una y otra vez por qué se había casado con mi papá, y ella me explicaba, sonriendo, que se había casado con un colombiano que se había vuelto mexicano, Iván Restrepo, por poder, y que mi papá lo había representado a él en la iglesia. Mientras me contaba ese matrimonio para mí incomprensible (tan incomprensible como el de mis propios padres, que también se habían casado por poder, y en las únicas fotos de su matrimonio se veía a mi mamá casándose con el tío Bernardo) Gilma Eusse sonreía, sonreía, con la cara más alegre y cordial que uno se pudiera imaginar. Parecía la mujer más feliz del mundo hasta que un día, sin dejar de sonreír, se pegó un tiro en el paladar, y nadie supo por qué. Pero en esas mañanas de mi niñez ella me ayudaba a poner el papel en el rodillo de la máquina de escribir, para que yo escribiera. Yo no sabía escribir, pero escribía ya, y cuando mi papá volvía de clase le mostraba el resultado.

—Mira lo que escribí.

Eran unas pocas líneas llenas de garabatos:

Jasiewiokkejjmdero
jikemehoqpicñq.zkc
ollq2"sa9lokjdoooo

—¡Muy bien! —decía mi papá con una carcajada de satisfacción, y me felicitaba con un gran beso en la mejilla, al lado de la oreja. Sus besos, grandes y sonoros, nos aturdían y se quedaban retumbando en el tímpano, como un recuerdo doloroso y feliz, durante mucho tiempo. A la semana siguiente me ponía de tarea, antes de salir para su clase, una plana de vocales, primero la A, después la E, y así, y en las semanas sucesivas, más y más consonantes, las más comunes para empezar, la C, la P, la T, y luego todas, hasta la equis y la hache, que aunque era muda y poco usada, era también muy importante porque era la letra con que empezaba el nombre de nosotros dos. Por eso, cuando entré al colegio, yo ya sabía distinguir todas las letras del abecedario, no con su nombre sino con su sonido, y cuando la profesora de primero, Lida Ruth Espinosa, nos enseñó a leer y escribir, yo aprendí en un segundo, y entendí de inmediato el mecanismo, como por encanto, como si hubiera nacido sabiendo leer.

Hubo una palabra, sin embargo, que no entraba en mi cabeza, y que tardé años en aprender a leer correctamente. Siempre que aparecía en algún escrito (y menos mal que era escasa) me bloqueaba, no me salía la voz. Si me topaba con ella, temblaba, seguro de no ser capaz de pronunciarla bien: era la palabra «párroco». Yo no sabía dónde ponerle el acento, y casi siempre, por absurdo, en vez de ponerlo en alguna vocal (que además siempre resultaba ser una o), ponía todo el énfasis en la erre: parrrrrroco. Y me salía grave, parroco, o aguda, parrocó, en todo caso nunca esdrújula. Mi hermana Clara vivía burlándose de mí por este bloqueo, y siempre que podía me la escribía en un papel y me preguntaba, con una sonrisa radiante: «Gordo, ¿qué dice aquí?». A mí me bastaba verla para ponerme rojo y no poderla leer.

Exactamente lo mismo me pasó, años después, con el baile. Mis hermanas eran todas grandes bailarinas, y yo tenía también buen oído, como ellas, al menos para cantar, pero cuando ellas me invitaban a bailar, yo ponía el acento del baile donde no era, con una arritmia total, o con el mismo ritmo de las risas de ellas cuando me veían mover los pies. Y aunque llegó el día en que aprendí a leer párroco sin equivocarme, los pasos del baile, en cambio, me quedaron vedados para siempre. Tener una madre es difícil; ni les cuento lo que era tener seis.

Creo que mi papá comprendió pronto que había una manera para impedirme hacer alguna cosa definitivamente: burlarse de mí. Si yo llegaba a percibir que lo que estaba haciendo podía parecer ridículo, risible, no volvería a intentarlo jamás. Tal vez por eso celebraba, en mi escritura, hasta los garabatos sin sentido, y me enseñó muy despacio la manera en que las letras representaban los sonidos, para que mis errores iniciales no produjeran risa. Yo aprendí, gracias a su paciencia, todo el abecedario, los números y los signos de puntuación en su máquina de escribir. Tal vez por eso un teclado —mucho más que un lápiz o un bolígrafo— es para mí la representación más fidedigna de la escritura. Esa manera de ir hundiendo sonidos, como en un piano, para convertir las ideas en letras y en palabras, me pareció desde el principio —y me sigue pareciendo— una de las magias más extraordinarias del mundo.

Además, con esa pasmosa habilidad lingüística que tienen las mujeres, mis hermanas nunca me dejaban hablar. Apenas yo abría la boca para intentar decir algo, ellas ya lo habían dicho, más largo y mucho mejor, con más gracia y más inteligencia. Creo que tuve que aprender a escribir para poder comunicarme de vez en cuando, y desde muy pequeño le mandaba cartas a mi papá, que las celebraba como si fueran epístolas de Séneca u obras maestras de la literatura.

Cuando me doy cuenta de lo limitado que es mi talento para escribir (casi nunca consigo que las palabras suenen tan nítidas como están las ideas en el pensamiento; lo que hago me parece un balbuceo pobre y torpe al lado de lo que hubieran podido decir mis hermanas), recuerdo la confianza que mi papá tenía en mí. Entonces levanto los hombros y sigo adelante. Si a él le gustaban hasta mis renglones de garabatos, qué importa si lo que escribo no acaba de satisfacerme a mí. Creo que el único motivo por el que he sido capaz de seguir escribiendo todos estos años, y de entregar mis escritos a la imprenta, es porque sé que mi papá habría gozado más que nadie al leer todas estas páginas mías que no alcanzó a leer. Que no leerá nunca. Es una de las paradojas más tristes de mi vida: casi todo lo que he escrito lo he escrito para alguien que no puede leerme, y este mismo libro no es otra cosa que la carta a una sombra.

4

Mis amigos y mis compañeros se reían de mí por otra costumbre de mi casa que, sin embargo, esas burlas no pudieron extirpar. Cuando yo llegaba a la casa, mi papá, para saludarme, me abrazaba, me besaba, me decía un montón de frases cariñosas y además, al final, soltaba una carcajada. La primera vez que se rieron de mí por «ese saludo de mariquita y niño consentido», yo no me esperaba semejante burla. Hasta ese instante yo estaba seguro de que esa era la forma normal y corriente en que todos los padres saludaban a sus hijos. Pues no, resulta que en Antioquia no era así. Un saludo entre machos, padre e hijo, tenía que ser distante, bronco y sin afecto aparente.

Durante un tiempo evité esos saludos tan efusivos si había extraños por ahí, pues me daba pena y no quería que se burlaran de mí. Lo malo era que, aun si estaba acompañado, ese saludo a mí me hacía falta, me daba seguridad, así que al cabo de algún tiempo de fingimiento, resolví dejar que me volviera a saludar igual que siempre, aunque mis compañeros se rieran y dijeran lo que les diera la gana. Al fin y al cabo ese saludo cariñoso era una cosa de él, no mía, y yo lo único que hacía era dejarlo hacer. Pero no todo fue burla entre mis compañeros; recuerdo que una vez, ya casi al final de la adolescencia, un amigo me confesó: «Hombre, siempre me ha dado envidia de un papá así. El mío no me ha dado un beso en toda la vida».

—Tú escribes porque fuiste un niño mimado, un «spoiled child» —me dijo una vez alguien que se decía amigo mío. Lo dijo así, en inglés, para mayor escarnio, y aunque me dio rabia, creo que tenía razón.

Mi papá siempre pensó, y yo le creo y lo imito, que mimar a los hijos es el mejor sistema educativo. En un cuaderno de apuntes (que yo recogí después de su muerte bajo el título de *Manual de tolerancia*) escribió lo siguiente: «Si quieres que tu hijo sea bueno, hazlo feliz, si quieres que sea mejor, hazlo más feliz. Los hacemos felices para que sean buenos y para que luego su bondad aumente su felicidad». Es posible que nadie, ni los padres, puedan hacer completamente felices a sus hijos. Lo que sí es cierto y seguro es que los pueden hacer muy infelices. Él nunca nos golpeó, ni siquiera levemente, a ninguno de nosotros, y era lo que en Medellín se dice un alcahueta, es decir, un permisivo. Si por algo lo puedo criticar es por haberme manifestado y demostrado un amor excesivo, aunque no sé si existe el exceso en el amor. Tal vez sí, pues incluso hay amores enfermizos, y en mi casa siempre se ha repetido en son de chiste una de las primeras frases que yo dije en mi vida, todavía con media lengua:

—Papi: ¡no me adores tanto!

Cuando, muchos años más tarde, leí la *Carta al padre* de Kafka, yo pensé que podría escribir esa misma carta, pero al revés, con puros antónimos y situaciones opuestas. Yo no le tenía miedo a mi papá, sino confianza; él no era déspota, sino tolerante conmigo; no me hacía sentir débil, sino fuerte; no me creía tonto, sino brillante. Sin haber leído un cuento ni mucho menos un libro mío, como él sabía mi secreto, a todo el mundo le decía que yo era escritor, aunque me daba rabia de que diera por hecho lo que era sólo un sueño. ¿Cuántas personas podrán decir que tuvieron el padre que quisieran tener si volvieran a nacer? Yo lo podría decir.

Ahora pienso que la única receta para poder soportar lo dura que es la vida al cabo de los años es haber recibido en la infancia mucho amor de los padres. Sin ese amor exagerado que me dio mi papá, yo hubiera sido alguien mucho menos feliz.

Muchas personas se quejan de sus padres. En mi ciudad circula una frase terrible: «Madre no hay sino una, pero padre es cualquier hijueputa». Yo podría, quizá, estar de acuerdo con la primera parte de esa frase, copiada de los tangos, aunque lo cierto es que yo, de madres, como ya lo expliqué, tuve media docena. Con la segunda parte de la frase, en cambio, no puedo estar de acuerdo. Al contrario, yo creo que tuve, incluso, demasiado padre. Era, y en parte sigue siendo, una presencia constante en mi vida. Todavía hoy, aunque no siempre, le obedezco (él me enseñó también a desobedecer, si era necesario). Cuando tengo que juzgar algo que hice o algo que voy a hacer, trato de imaginarme la opinión que tendría mi papá sobre ese asunto. Muchos dilemas morales los he resuelto simplemente apelando a la memoria de su actitud vital, de su ejemplo, y de sus frases.

Lo anterior no quiere decir que nunca nos regañara. Tenía un trueno en la voz cuando se ponía bravo, y daba puñetazos en la mesa si regábamos algo o si decíamos alguna estupidez durante la comida. En general era muy indulgente con nuestras debilidades, si las consideraba irremediables como una enfermedad. Pero no era para nada condescendiente cuando pensaba que podíamos corregir algo. Como era un higienista, no soportaba que tuviéramos nada sucio en el cuerpo, y nos obligaba a lavarnos las manos y a limpiarnos las uñas en un ritual que parecía casi prequirúrgico. Odiaba, por encima de todo, que no tuviéramos conciencia social ni entendiéramos el país donde vivíamos. Un día que él estaba enfermo y no iba a poder ir a la universidad, se estaba lamentando porque muchos estudiantes pagarían el pasaje del bus e irían hasta el salón de clase para nada. Yo le dije:

—¿Por qué no los llamas por teléfono y les avisas?

29

Se puso pálido de la rabia:

—¿En qué parte del mundo crees que estás viviendo, en Europa, en Japón? ¿O te parece que aquí todo el mundo vive en Laureles? ¿No te das cuenta de que en Medellín hay barrios donde ni siquiera tienen agua corriente, y van a tener teléfono?

Recuerdo muy bien otra de sus furias, que fue una lección tan dura como inolvidable. Con un grupo de niños que vivían cerca de la casa (yo debía de tener unos diez o doce años), me vi envuelto algunas veces, sin saber cómo, en una especie de expedición vandálica, en una «noche de los cristales» en miniatura. Diagonal a nuestra casa vivía una familia judía: los Manevich. Y el líder de la cuadra, un muchacho grandote al que ya le empezaba a salir el bozo, nos dijo que fuéramos al frente de la casa de los judíos a tirar piedras y gritar insultos. Yo me uní a la banda. Las piedras no eran muy grandes, más bien pedacitos de cascajo recogidos del borde de la calle, que apenas sonaban en los vidrios, sin romperlos, y mientras tanto gritábamos una frase que nunca he sabido bien de dónde salió: «¡Los hebreos comen pan! ¡Los hebreos comen pan!». Supongo que habrá sido una reivindicación cultural de la arepa. En esas andábamos un día cuando llegó mi papá de la oficina y alcanzó a ver y a oír lo que estábamos haciendo. Se bajó del carro iracundo, me cogió del brazo con una violencia desconocida para mí y me llevó hasta la puerta de los Manevich.

—¡Eso no se hace! ¡Nunca! Ahora vamos a llamar al señor Manevich y le vas a pedir perdón.

Timbró, abrió una muchacha mayor, lindísima, altiva, y al fin vino el señor César Manevich, hosco, distante.

—Mi hijo le va a pedir perdón y yo le aseguro que esto nunca se va a repetir aquí —dijo mi papá.

Me apretó el brazo y yo dije, mirando al suelo: «Perdón, señor Manevich». «¡Más duro!», insistió mi papá, y yo repetí más fuerte: «¡Perdón, señor Manevich!». El señor

Manevich hizo un gesto con la cabeza, le dio la mano a mi papá y cerraron la puerta. Esa fue la única vez que me quedó una marca en el cuerpo, un rasguño en el brazo, por un castigo de mi papá, y es una señal que me merezco y que todavía me avergüenza, por todo lo que supe después sobre los judíos gracias a él, y también porque mi acto idiota y brutal no lo había cometido por decisión mía, ni por pensar nada bueno o malo sobre los judíos, sino por puro espíritu gregario, y quizá sea por eso que desde que crecí les rehúyo a los grupos, a los partidos, a las asociaciones y manifestaciones de masas, a todas las gavillas que puedan llevarme a pensar no como individuo sino como masa y a tomar decisiones no por una reflexión y evaluación personal, sino por esa debilidad que proviene de las ganas de pertenecer a una manada o a una banda.

Al volver de la casa de los Manevich mi papá —como ocurría siempre en los momentos importantes— se encerró en la biblioteca conmigo. Mirándome a los ojos me dijo que el mundo todavía estaba lleno de una peste que se llamaba antisemitismo. Me contó lo que los nazis habían hecho hacía apenas veinticinco años con los judíos, y que todo había empezado, precisamente, tirándoles piedras a las vitrinas, durante la terrible *Kristallnacht,* o noche de los cristales rotos. Después me mostró unas láminas espantosas de los campos de concentración. Me dijo que su mejor amiga y compañera de clase, Klara Glottman, la primera médica graduada en la Universidad de Antioquia, era judía, y que los hebreos le habían dado a la humanidad algunos de los mayores genios del último siglo, en ciencias, en medicina y en literatura. Que si no fuera por ellos habría mucho más sufrimiento y menos alegría en este mundo. Me recordó que el mismo Jesús era judío, que muchos antioqueños —y posiblemente hasta nosotros mismos— teníamos sangre judía, porque en España los habían obligado a convertirse, y que yo tenía el deber de respetarlos a todos, de tratarlos como a cualquier ser humano, o aun mejor, pues el hebreo era uno de los pueblos —con los indios, los negros y los gitanos— que habían sufrido las peores injusticias de la historia en los últimos siglos. Y que si mis amigos insistían en hacer esa barbaridad, nunca más iba a poder juntarme con ellos en la calle. Pero mis vecinos, que habían presenciado el episodio desde la acera del frente, con sólo ver «la furia del doctor Abad» tampoco volvieron a tirar nunca piedras ni a gritar insultos en las ventanas de los Manevich.

5

Cuando entré al kínder, con las reglas estrictas de la escuela, me sentí abandonado y maltratado. Como si me hubieran metido en una cárcel sin yo haber cometido ningún delito. Odiaba ir al colegio: las filas, los pupitres, la campana, los horarios, las amenazas de las hermanas ante una sombra de alegría o un atisbo de libertad. Mi primer colegio, La Presentación —que era donde había estudiado mi mamá y donde estudiaban todas mis hermanas—, también era de monjas. Era un colegio sólo para niñas, pero a los dos años de kínder, antes de la primaria, dejaban entrar también varones, aunque fuéramos una especie rara y minoritaria. Es más, yo no recuerdo que entre mis compañeras hubiera ningún hombre, por lo que ese colegio de monjas, para mí, era como una extensión de la casa: mujeres, mujeres y más mujeres, con una única excepción, en el bus, donde estaban el chofer y otro niño. Sólo en el bus me tocaba al lado de otro niño. Los dos íbamos de camisa blanca y de pantalones cortos, azules oscuros, en una de las bancas de atrás, y recuerdo que este niño, durante todo el trayecto, desde que se montaba hasta llegar al colegio, se sacaba por un lado de los pantalones el pipí, y se lo sobaba y rascaba y estiraba sin cesar. Y lo mismo al regreso, desde el colegio hasta que el bus lo dejaba en su casa. Yo lo miraba atónito, sin atreverme a decir nada, porque nunca entendí ese gesto, ni lo entiendo todavía, aunque no se me olvida.

Todas las mañanas yo esperaba el transporte del colegio en la puerta, pero cuando la trompa del bus asomaba por la esquina, el corazón me temblaba y yo salía despavorido para adentro.

—¿Para dónde va? —me gritaba furiosa la hermanita Josefa, tratando de agarrarme por la camisa.

—Ya vengo. Voy a despedirme de mi papá —le contestaba yo desde el primer tramo de las escaleras.

Subía al cuarto de él, me metía al baño (a esa hora él se estaba afeitando), lo abrazaba por las piernas y me ponía a besarlo y, supuestamente, a decirle adiós. La ceremonia de los adioses duraba tanto tiempo, que el chofer del bus se cansaba de pitar y de esperar. Cuando yo bajaba, el bus se había ido, y yo ya no tenía que presentarme en La Presentación. Otro día de tregua. La hermanita Josefa se ponía iracunda, decía que ese niño, si lo seguían malcriando, nunca llegaría a ninguna parte, pero mi papá le contestaba con una carcajada:

—Tranquila, hermanita, que para todo hay tiempo.

Esta escena se repitió tantas veces que al fin mi papá se encerró en la biblioteca conmigo, me miró a los ojos y me preguntó, muy serio, si realmente no tenía ganas de ir al colegio todavía. Yo le dije que no, y de inmediato mi entrada al colegio se postergó por un año. Fue algo maravilloso, un alivio tan grande que todavía hoy, cuarenta años después, me siento liviano cuando lo recuerdo. ¿Hizo mal? Les aseguro que al año siguiente no quise quedarme en la casa ni un solo día, ni nunca falté al colegio en adelante, salvo alguna enfermedad, ni en todos mis años de primaria, bachillerato o universidad perdí nunca una materia. «El mejor método de educación es la felicidad», repetía mi papá, quizá con un exceso de optimismo, pero lo decía porque lo pensaba de verdad.

Si durante mi primer año truncado de escuela me dejó casi siempre el bus, y por mi culpa, al año siguiente no me dejó ni una vez. O, mejor dicho, me dejó una sola vez, que nunca se me olvidará. Recuerdo que a las pocas semanas de entrar al mismo colegio de religiosas, en ese segundo intento de destete, tuve un descuido por la mañana, me quedé mucho rato saboreando la yema del huevo frito, y el bus se alejó sin mí. Lo vi doblar la esquina, y aunque salí corriendo detrás de él, no me oyeron gritar. Nadie en la casa se dio cuenta de que me había dejado el bus, y yo no quise volver a entrar, sino que resolví irme a pie. El colegio de las Hermanas de la Presentación, donde hacía el kínder, quedaba en el centro, por Ayacucho, cerca de la iglesia de San José, donde hoy está el Comando de la Policía. Me fui hasta la avenida 33, por la carrera 78, donde nosotros vivíamos, y emprendí mi camino hacia el centro, con una vaga idea de la dirección.

Al cruzar la glorieta de Bulerías los carros me pitaban y casi me atropella un taxi, que me evitó con un frenazo que hizo chirriar las llantas. Yo iba sudando, con mi maletín de cuero colgado del hombro, caminando lo más rápido que podía, por el borde de la calle. Bulerías había sido un escollo casi insalvable, pero lo había superado y seguí adelante, hacia el río, por donde me parecía que pasaba el bus. Cuando iba cruzando el puente sobre el río Medellín, al lado del cerro Nutibara, paré un momento a descansar y a mirar la corriente, por entre los tubos de protección. Ese era el río al que yo pensaba tirarme si mi papá se moría, y nunca lo había visto tan de cerca, tan sucio, tan ominoso. Yo iba ya casi sin aliento, pero empecé a andar otra vez, por el borde de la calle. En ese mismo momento, todavía me parece oírlo, sentí otro frenazo a mi lado. ¿Otro taxi me iba a matar? No, un señor en un Volkswagen, que se presentó como René Botero, me gritó desde la ventanilla: «¡Niño, usted qué hace por acá, pa' dónde va!». «Para el colegio», le dije, y me contestó, furioso: «¡Móntese, yo lo llevo, que lo va a matar un carro o se lo va a robar alguien por aquí!». Todavía faltaban varios kilómetros para llegar hasta el colegio de La Presentación, y en el cuarto de hora que duró el viaje no nos dijimos ni una palabra más.

Esa tarde, después de que el señor Botero le puso la queja de lo sucedido a mi mamá, recibí un largo regaño de parte de ella. Fui acusado de loco por querer irme solo hasta el centro, sin saber siquiera el camino. Al cruzar el río, me advirtió, hubieras llegado a Barrio Triste y ahí te habrías perdido sin remedio y si no fuera por René Botero, un vecino de por la casa, no estarías contando el cuento. Más tarde mi papá, en vez de regañarme, me dijo otra cosa:

—Si alguna vez vuelve a dejarte el bus, cuando sea, por el motivo que sea, y aunque sea culpa tuya, me pides a mí que te lleve, y yo te llevo. Siempre. Y si no te puedo llevar, ese día no vas al colegio, y te quedas en la casa. Tampoco importa; te pones a leer y aprendes más.

Destetarme de la casa fue un proceso larguísimo. A los veintiocho años, cuando mataron a mi papá, yo todavía recibía de vez en cuando aportes de él, o de mi mamá, y eso que ya llevaba cinco años viviendo con mi primera esposa y tenía una hija que ya daba sus primeros pasos. Cuando, a los veintitrés años, me fui detrás de mi novia italiana, Bárbara, a estudiar en Turín, le escribí a mi papá una carta preocupada por el hecho de que todavía me tuviera que mantener. Aún conservo su respuesta, fechada el 30 de junio de 1982 (yo me había ido para Europa quince días antes), que dice así:

«Tu preocupación por la *dependencia económica* prolongada me recordó mis clases de Antropología, en donde he aprendido que mientras más avanzada es una especie animal, más largo es su período de niñez y adolescencia. Y creo que nuestra *especie familiar* es bastante avanzada en todo sentido. Yo también *dependí* hasta los ventiséis años, pero nunca tuve preocupación por ello, para hablarte francamente. Puedes estar seguro de que mientras continúes estudiando y trabajando como tú lo haces, para nosotros tu *dependencia* no será una carga sino una agradabilísima obligación que asumimos con muchísimo gusto y orgullo.»

6

Mi papá y yo nos teníamos un afecto mutuo (y físico, además) que para muchos de nuestros allegados era un escándalo que limitaba con la enfermedad. Algunos de mis parientes decían que mi papá me iba a volver marica de tanto consentirme. Y mi mamá, quizá por compensar, prefería a mis cinco hermanas, y a mí me trataba con un rigor justiciero (nunca injusto para bien ni para mal, siempre ecuánime), dedicándoles mucho más tiempo y atención a ellas que a mí. Tal vez el hecho de haber sido el único hijo varón, y el quinto de la casa, haya provocado la predilección de mi papá, o quizá sea más bien al revés, mi predilección por él lo llevó a preferirme, porque los padres no quieren igual a todos los hijos, aunque lo disimulen, sino que en general quieren más, precisamente, a los hijos que más los quieren a ellos, es decir, en el fondo, a quienes más los necesitan. Además (nunca voy a decir que él era perfecto), en su predilección por mí, sobre todo en el hecho de que me dedicara mucho más tiempo de conversación seria y de enseñanza a mí, cometía un acto de injusticia y de profundo machismo con algunas de mis hermanas.

Los demás parientes, aunque no creo que el asunto les importara mayor cosa, tendían a ver todo esto con malos ojos. La cuadra donde vivíamos estaba colonizada por la familia Abad. Nosotros vivíamos en la esquina de arriba de la calle 34A con la 79; enseguida estaba la casa del tío Bernardo, después la del tío Antonio, y en la otra esquina, en la carrera 78, la casa de los abuelos paternos, Antonio y Eva, que vivían con una hija viuda, la tía Inés, y con otra hija soltera, la tía Merce, más otros parientes lejanos que se quedaban ahí por temporadas: el primo Martín Alonso, que venía de Pereira y era un artista hippie y marihuanero que después escribió dos novelas amenas; el tío Darío, cuando su esposa lo abandonó; los primos Lyda y Raúl, antes de casarse; los primos Bernardo, Olga Cecilia y Alonso, que eran huérfanos, y otros así.

Ni mis tíos ni mi abuelo —que yo recuerde— besaron nunca a sus hijos varones, o sólo ocasionalmente, porque eso no se usaba en estas duras y austeras montañas de Antioquia, donde no es blando ni el paisaje. Mi abuelo había criado a mi papá sin muestras exteriores de cariño, con rejo y mano dura, y así mismo se portaban los tíos con mis primos varones (con las mujeres eran un poco menos ásperos). A mi papá no se le olvidaba la vez en que el abuelo le había pegado con las mismas riendas de cuero del caballo que lo había tumbado, diez fuetazos, «a ver si aprende a montar como un hombre» ni las veces que lo mandaba a los potreros, a media noche, a traer las bestias a la casa, inútilmente, sólo para combatir su miedo a la oscuridad «y templarle el carácter». No había mimos ni caricias entre ellos, ningún asomo de condescendencia, y si se llegaba a alguna expresión de afecto paternal, esta estaba reservada para el último día del año, al final de la marranada y la fritanga, y después de una tanda de aguardientes tan larga que conseguía ablandar el corazón. Todos, entre ellos, se trataban de usted, y había como una distancia ceremonial en su manera de hablar. La expresión del afecto entre hombres entraba en el terreno de la cursilería o de la maricada, y sólo estaban permitidas las grandes palmadas y los madrazos, como la mayor muestra de cariño. La abuelita Eva decía que era «completamente imposible educar niños sin el rejo y sin el diablo», y así se lo hacía saber a mi mamá, que no usaba ni lo uno ni lo otro. Mi abuelo a veces comentaba sobre mí: «A este niño le falta mano dura». Pero mi papá le respondía: «Si le hace falta, para eso está la vida, que acaba dándonos duro a todos; para sufrir, la vida es más que suficiente, y yo no le voy a ayudar».

Si lo pienso bien, creo que el abuelo Antonio no era menos consentido que yo, dijera lo que dijera. A veces yo pasaba a su casa los domingos, o los lunes por la tarde, a recoger la remesa, que era un bulto de productos que él le traía de la hacienda en Suroeste a cada uno de sus hijos: yucas, limones, huevos, quesitos envueltos en hojas de bijao, y especialmente toronjas, montones de toronjas a las que mi abuelo les decía pamplemusas y les atribuía poderes milagrosos y sobre todo —más tarde lo supe— afrodisíacos. Yo llegaba por la remesa y muchas veces encontré a la abuelita Eva, arrodillada frente a él, quitándole los zapatos. Siempre hacía lo mismo, a mañana y tarde, cuando él volvía de la Feria de Ganados, donde trabajaba como intermediario, o de su oficina de ganadero: se arrodillaba frente a él, le quitaba los zapatos y le ponía las pantuflas, como en un rito rutinario de sumisión. La abuelita Eva también tenía que sacarle la ropa por la mañana y ponérsela encima de la cama, en el mismo orden en que el abuelo se vestía: los calzoncillos, las medias, la camisa, los pantalones, la correa, la corbata, el saco y el pañuelo blanco. Y si algún día se le olvidaba sacarle la ropa —o la ponía en un orden equivocado— el abuelo se enfurecía y se quedaba en pelota gritando que qué se iba a poner ese día, carajo, que qué podía esperarse de una esposa que ni siquiera sabía sacarle la ropa.

Todos los hijos y los nietos le teníamos un respeto mezclado con miedo al abuelito Antonio. Él medía como 1,85 y era la persona más rica, más alta y más blanca de la familia. Le decían el Mono Abad, porque era rubio y tenía los ojos azules. El único que no le tenía miedo, y el único capaz de contestar a sus frases terminantes, era mi papá, tal vez por ser el hijo mayor, y el que más se había destacado en los estudios y en el trabajo. Entre ellos había un trato distante, como si algo se hubiera roto en el pasado de am-

39

bos. Es más, creo que en la forma perfecta como mi papá nos trataba había una protesta muda por el trato que él había recibido del abuelo, y al mismo tiempo el propósito deliberado de jamás tratar a sus hijos como lo habían tratado a él. Cuando yo recogía la remesa e iba saliendo con el bulto de yucas, quesitos y pamplemusas, mi abuelito me llamaba, «¡Mijito, venga!», sacaba un monedero de cuero que llevaba en el bolsillo, empezaba a resoplar medio cerrando la boca, buscaba meticulosamente las monedas más pequeñas y me entregaba dos o tres, sin dejar de resoplar con una respiración angustiada: «Para que se compre alguna cosa, mijito; o mejor todavía, pa' que ahorre». El abuelito había ahorrado toda la vida y había hecho una cierta fortuna con su hacienda ganadera en Suroeste, y con animales que tenía repartidos a utilidad en fincas de terratenientes de la costa. Cuando completó mil novillos de ceba hizo una gran fiesta con frisoles, aguardiente y chicharrones para todo el que se quisiera arrimar. Cuando se murió, nunca supimos dónde estaban sus mil novillos de ceba; mis tíos ganaderos, los que trabajaban con él en la Feria de Ganados, dijeron que no eran tantos.

Tres o cuatro veces al año yo me iba con el abuelito para La Inés, la hacienda ganadera que él había heredado de sus padres, en Suroeste, entre Puente Iglesias y La Pintada. Nos íbamos en una camioneta Ford roja, al amanecer, con el tío Antonio al volante, yo en la mitad, y el abuelo en la ventanilla. Él llevaba un carriel de piel de nutria, hecho en Jericó, el pueblo donde habían nacido él y mi papá, y siempre, en algún momento del camino, me mostraba el revólver de seis tiros que llevaba ahí adentro, «por si las moscas». El carriel tenía también un bolsillo secreto donde escondía un bulto de billetes para pagarles la quincena al mayordomo y a los peones. Esa era otra diferencia entre el abuelito y mi papá, pues mientras don Antonio siempre iba armado, mi papá detestaba las armas y nunca en su vida las quiso ni tocar. Cuando en la casa había ruido de ladrones por la noche, mi papá iba al baño, cogía un cortaúñas y salía gritando: «¡qué quieren, a la orden, qué quieren, a la orden!». Y también le picaba la plata en el bolsillo, por lo que nunca le vi fajos de billetes tan grandes. Yo le heredé, o le aprendí, la misma aversión por las armas y la misma dificultad para guardar la plata, aunque con propósitos más egoístas, sin esa sed de dar, pues prefiero gastármela que regalarla. En la casa de mi abuelo se decía que había dos tipos de inteligencia, la inteligencia «de la buena» y «la otra», que aunque no se dijera que era mala, el juicio quedaba implícito, pues mientras la inteligencia «de la buena» (la que tenían algunos de mis tíos y de mis primos) era la que servía para conseguir plata, «la otra» sólo servía para enredar las cosas y complicarse la vida.

Para llegar a la casa de La Inés había que entrar media hora a caballo, y los peones nos esperaban al borde de la carretera, al lado de un caserón al que le decían «los garajes» —porque ahí se dejaban los carros—, con una recua de mulas, un buey de carga y un hato de bestias ensilladas. Ellos sabían que todos los jueves tenían que estar ahí desde las diez de la mañana, o si no había viaje, les mandaban razón por radio Santa Bárbara: «Se informa al mayordomo de la hacienda La Inés en Palermo que este jueves no salga a la carretera, porque don Antonio no va». Cuando íbamos en el camino yo le preguntaba al abuelito Antonio en cuál caballo me iba a montar, y él siempre me contestaba lo mismo:

—En el Toquetoque, mijito, en el Toquetoque.

Lo raro, para mí, era que el Toquetoque tenía cada vez un paso y un color distinto, y vine a entender lo que decía mi abuelito mucho tiempo después, cuando me lo explicó el primo Bernardo, que era algo mayor y mucho menos ingenuo que yo:

—¡Bobo! El Toquetoque no existe. Lo que el abuelito quiere decir es que los niños no pueden escoger, sino que se tienen que montar en el caballo que les toque.

Nos quedábamos en La Inés hasta el sábado por la tarde y de día yo era feliz, ordeñando, montando a caballo, contando los animales con la punta del zurriago, viendo cómo castraban terneros y potros, bañaban reses en baños de inmersión para quitarles las garrapatas, untaban de azul de metileno las ubres hinchadas de las vacas, o marcaban novillos con hierros al rojo vivo. También yo me bañaba, sin insecticida, en el chorro de la quebrada, una cascada como de dos metros a la que le decían «el chorro de Papá Félix». Papá Félix era el abuelo de mi abuela, y el chorro se llamaba con su nombre porque, según la leyenda, él bajaba de Jericó dos veces al año, en Semana Santa y en Navidades, para darse su único par de baños anuales.

Todas esas diversiones diurnas me encantaban, pero al caer la tarde, cuando la luz se iba yendo, me invadía una tristeza sin nombre, una especie de nostalgia por el mundo entero, menos La Inés, y me acostaba en una hamaca a ver caer el sol, a oír el chirrido desolador de las chicharras y a llorar en silencio mientras pensaba en mi papá con una melancolía que me inundaba todo el cuerpo, al mismo tiempo que el abuelito ponía el sonsonete devastador de una emisora de noticias (el Reporter Esso, la Cabalgata Deportiva Gillette) que parecía atraer la oscuridad, y resoplaba de calor sentado en una silla en el corredor de la casa, meciéndose interminablemente con el mismo ritmo de mi desesperación.

Cuando acababa de caer la noche mi abuelo mandaba a que prendieran la planta eléctrica, que era una Pelton que se movía con la corriente de la quebrada. Ese tambor de ritmo monótono y constante sólo alcanzaba para darles a los bombillos una luz titilante y macilenta, que era para mí otra de las imágenes de la tristeza y el abandono. A esa enfermedad terrible de los niños que sienten la ausencia de sus padres, en mi ciudad, se la llamaba *mamitis,* pero yo en secreto le daba otro nombre, mucho más preciso para mí: *papitis.* En realidad a mí la única persona que me hacía

42

falta en la vida, hasta hacerme llorar en esos largos y tristes crepúsculos de La Inés, era mi papá.

Cuando volvíamos a Medellín, el sábado al anochecer, mi papá ya me estaba esperando en la casa del abuelito Antonio. Me recibía con grandes carcajadas, exclamaciones, besos atronadores y abrazos de asfixia. Después del saludo me cogía por los hombros, se ponía en cuclillas, me miraba a los ojos y me hacía la pregunta que más rabia le podía dar al abuelo:

—Bueno, mi amor, dime una cosa: ¿cómo se portó el abuelito?

No le preguntaba al abuelo cómo me había manejado yo, sino que era yo el juez de esos paseos. Mi respuesta era siempre la misma, «muy bien» y eso atenuaba la indignación del abuelito. Pero una vez yo —un niño de siete años— levanté la mano abierta al frente de mi cuerpo y la moví de un lado a otro, en ese gesto que indica más o menos.

—¿Más o menos? ¿Por qué? —preguntó mi papá abriendo los ojos, entre asustado y divertido.

—Porque me obligó a tomarme la mazamorra.

El abuelito resoplaba indignado, y me decía una verdad que tengo que aceptar y que toda la vida ha sido uno de mis peores defectos: «¡Malagradecido!». Pero mi papá no le daba la razón sino que soltaba una carcajada feliz, me cogía de la mano y nos íbamos muy contentos para la casa, a leer en la biblioteca, o me llevaba a El Múltiple a comer un helado de vainilla con pasas, «para que se te olvide el sabor de la mazamorra». Después, al llegar a la casa, les contaba a mis hermanas mi gesto con el abuelito, y movía la mano tiesa de un lado a otro, riéndose a las carcajadas de la cara de indignación que había puesto don Antonio. En mi casa nunca me obligaron a comerme nada y hoy en día como de todo. Menos mazamorra.

Un médico contra el dolor y el fanatismo

7

El sufrimiento yo no empecé a conocerlo en mí, ni en mi casa, sino en los demás, porque para mi papá era importante que sus hijos supiéramos que no todos eran felices y afortunados como nosotros, y le parecía necesario que viéramos desde niños el padecimiento, casi siempre por desgracias y enfermedades asociadas a la pobreza, de muchos colombianos. Algunos fines de semana, como no había clase en la universidad, mi papá los dedicaba a trabajar en barrios pobres de Medellín. Recuerdo que en algún momento remoto de mi infancia llegó a la casa un gringo alto, viejo, peliblanco, encantador, el doctor Richard Saunders, y decidió montar con mi papá un programa que él había adelantado en otros países de África y Latinoamérica. Se llamaba Future for the Children, Futuro para la Niñez. Este gringo bueno venía cada seis meses y cuando entraba en la casa (se quedaba a dormir durante algunas semanas) yo le ponía el Himno Nacional de los Estados Unidos para recibirlo. En mi casa había un disco con los himnos más importantes del mundo, todos orquestados, desde *Barras y estrellas* y *La Internacional* hasta el Himno de Colombia, que era el más feo de todos, aunque en el colegio dijeran que era el segundo más bonito del mundo, después de *La Marsellesa*.

El cuarto de huéspedes, en mi casa, se llamaba «el cuarto del doctor Saunders»; y las sábanas mejores que teníamos, todavía me parece verlas, unas sábanas de color azul pastel, eran «las sábanas del doctor Saunders», porque sólo se las ponían a él cuando venía. Cuando el doctor Saunders estaba se sacaba la vajilla buena, la de porcelana, las servilletas y los manteles de lino bordados por mi abuela, y los cubiertos de plata: «la vajilla del doctor Saunders», «el mantel del doctor Saunders» y «los cubiertos del doctor Saunders».

El doctor Saunders y mi papá hablaban en inglés y yo me quedaba oyéndolos, embelesado en esos sonidos y palabras incomprensibles. La primera expresión que aprendí en inglés fue *«it stinks»,* pues se la oí decir con nitidez al doctor Saunders, lo recuerdo muy bien, mientras cruzábamos el río Medellín sobre el puente de la calle San Juan. Se la dijo con un murmullo herido de indignación a un bus que arrojaba una bocanada densa y asquerosa de humo negro exactamente a la altura de nuestras narices.

—¿Qué quiere decir *it stinks?* —pregunté. Ellos se rieron y el doctor Saunders se excusó, porque, dijo, era una mala palabra.

—Algo así como *hediondo* —me dijo mi papá.

Así aprendí dos palabras al mismo tiempo, en inglés y en español.

Mi papá nos llevaba con el doctor Saunders a las barriadas más miserables de Medellín (y muchas veces sin él, cuando regresaba a su casa en Albuquerque, en Estados Unidos). Al llegar reunían a los líderes del barrio, y mi papá le servía de traductor para las propuestas de trabajo comunitario que se les hacían para mejorar sus condiciones de vida. Se juntaban en una esquina, o en la casa cural si el párroco estaba de acuerdo (no a todos les gustaba este trabajo social), y les hablaba y les preguntaba muchas cosas, problemas y necesidades básicas que mi papá iba anotando en una libreta. Debían organizarse, ante todo, para conseguir por lo menos agua potable, pues los niños se morían de diarrea y desnutrición. Yo debía de tener cinco o seis años y mi papá me medía con los niños de mi edad, o incluso con los mayores, para demostrarles a los líderes del barrio que algunos de sus hijos estaban flacos, muy bajitos, desnutridos, y así no iban a poder estudiar bien. No los humillaba; los incitaba a reaccionar. Medía el perímetro cefálico de los recién nacidos, lo anotaba en tablas, y tomaba fotos de los niños flacos y barrigones, con parásitos, para enseñarlas después en sus clases de la universidad. También pedía que le mostraran los perros y los cerdos, pues si los animales estaban tan famélicos que se les veían las costillas eso quería decir que en las casas no sobraba ni un bocado y estaban pasando hambre. «Sin alimentación ni siquiera es verdad que todos nacemos iguales, pues esos niños ya vienen al mundo con desventajas», decía.

A veces íbamos más lejos, a algunos pueblos, y con nosotros iba también, en ocasiones, el decano de Arquitectura de la Universidad Pontificia, el doctor Antonio Mesa Jaramillo, que se encargaba de enseñar a hacer con buena técnica los tanques de agua y a llevar tuberías hasta las casas, porque el agua potable era lo primero. Después venían las letrinas («para la adecuada disposición de excretas», decía, muy técnico, mi papá) o si era posible los trabajos de alcantarillado, que se hacían los fines de semana, por acción comunal. Más adelante seguían las campañas de vacunación y las clases de higiene y primeros auxilios en el hogar, según un programa que se inventó mi papá con las mujeres más inteligentes y receptivas de cada sitio, y que luego se llevaría a cabo en toda Colombia con el nombre de «Promotoras rurales de salud». En ocasiones nos recogía un bus de la universidad e íbamos con todos los estudiantes de su curso, porque a él le gustaba que ayudaran y aprendieran al mismo tiempo: «La medicina no se aprende solamente en los hospitales y en los laboratorios, viendo pacientes y estudiando células, sino también en la calle, en los barrios, dándonos cuenta de por qué y de qué se enferman las personas», les decía, muy serio, desde la primera fila del bus, empuñando un micrófono.

Una vez, en Santo Domingo, hicieron una campaña contra los parásitos intestinales en todo el casco urbano, con tan buen resultado que las cañerías del pueblo se taquearon con la cantidad de lombrices que expulsaron en un mismo día los campesinos. En mi casa se conservaba la foto de un tubo del alcantarillado obstruido por un nudo de lombrices que parecía un grumo de espaguetis morados y negros.

El agua limpia había sido una de las primeras obsesiones en la vida de mi papá, y lo fue hasta el final. Cuando era estudiante de Medicina emprendió una campaña de salud pública en un periódico estudiantil que fundó en agosto de 1945 y que dirigió durante poco más de un año, hasta octubre de 1946, cuando desapareció, tal vez porque si lo seguía publicando no se iba a poder graduar. Era un tabloide que salía cada mes y tenía un nombre futurista: *U-235*. En uno de los números, en mayo del 46, denunció la contaminación del agua y de la leche en la ciudad: «El Municipio de Medellín, una vergüenza nacional», decía el titular de la primera página, y añadía el subtítulo: «El acueducto reparte bacilos de la fiebre tifoidea. La leche es impotable. El municipio no tiene hospital». A partir de esas denuncias, sustentadas con cifras y exámenes de laboratorio, mi papá fue citado a un cabildo abierto en el Concejo de Medellín. Era la primera vez que un simple estudiante era admitido para exponer sus denuncias en un debate público, enfrentado a los funcionarios oficiales. Allí, frente al secretario de Salud, y durante dos noches consecutivas, hizo una exposición sobria, científica, que el secretario, incapaz de refutar, trató de capotear con insultos personales y argumentación rutinaria. Pero el triunfo intelectual era innegable y fue así como, sólo con su palabra y con una serie de datos precisos, logró que poco después se emprendieran las obras para construir un acueducto decente para toda la ciudad (la semilla inicial del que todavía disfrutamos), con adecuados tratamientos del agua y tuberías modernas que no se mezclaran con las aguas negras, porque el alcantarillado era viejo, de barro poroso, y por lo tanto contaminaba el agua potable.

Otro de los debates que surgieron de su periódico, y luego a partir de su tesis de grado como médico, fue por la calidad de la leche y de los refrescos. La hepatitis y el tifo eran comunes todavía en Medellín cuando mi papá desató esas denuncias. Dos tíos de mi mamá se habían muerto de tifo por las malas aguas, mi abuela se había enfermado de lo mismo, y también el papá del abuelito Antonio se había muerto de tifo en Jericó. Tal vez vendría de ahí la obsesión de mi papá por la higiene y el agua potable; era una cuestión de vida o muerte, era una manera de esquivar al menos un dolor evitable en este mundo tan lleno de dolores fatales. Pero el detonante de su lucha por el agua fue la muerte, también por una fiebre tifoidea, de uno de sus compañeros de carrera en la universidad. Mi papá lo vio agonizar y morir, un muchacho que tenía sus mismas ilusiones, y decidió que eso no debería volver a pasar en Medellín. Sus denuncias apasionadas en el periódico estudiantil, y sus palabras encendidas en el concejo, que algunos calificaron de incendiarias, no eran una jugada política, como también dijeron, sino un profundo acto de compasión por el sufrimiento humano, y de indignación por los males que se podían evitar con apenas un poco de activismo social. Así lo contó mi papá al historiador de la medicina Tiberio Álvarez:

«Empecé a pensar en la medicina social cuando vi morir a muchos niños en el hospital, de difteria, y al ver que no se hacían campañas de vacunación; pensé en medicina social cuando un compañero nuestro, Enrique Lopera, se murió de tifoidea, y la causa era que no le echaban cloro al acueducto. Mucha gente del barrio Buenos Aires, con sus muchachas tan hermosas, amigas nuestras, también se moría de fiebre tifoidea y yo sabía que esto se podía prevenir con cloro al acueducto… Yo me rebelé en ese periódico *U-235* y cuando celebraron el cabildo abierto les dije *criminales* a los concejales porque dejaban morir al pueblo de fiebre tifoidea, por no hacer un buen acueducto. Esto dio frutos, pues siguió una gran campaña por el agua; Campaña H_2O, se llamó, y a raíz de ella se mejoró y completó el acueducto.»

Leyendo algunos editoriales del *U-235* uno se da cuenta del fuerte influjo romántico que tenían los sueños de ese joven estudiante de Medicina. En cada número emprende una campaña por alguna causa importante y más o menos imposible de alcanzar para un muchacho de pueblo recién llegado a la capital de la provincia. Pero además de sus propias ansias de luchar por ideales que iban más allá del egoísmo (o que tenían ese otro egoísmo incluso más profundo que consiste en querer convertirse en héroes románticos de la entrega y el sacrificio), abría sus páginas a escritores que los estimularan a seguir por un camino parecido.

Quizá el artículo más importante que se publicó en el *U-235* fue uno que apareció en el primer número del periódico. Estaba firmado por el mayor y quizá el único filósofo que ha tenido nuestra región: Fernando González. Mi papá contaba que desde muy joven había leído al pensador de Otraparte, y que escondía sus libros debajo del colchón de la cama pues una vez que mi abuela lo había visto leyéndolos se los había tirado a la basura. Él mismo había estado en Envigado pidiéndole al maestro que le escribiera un artículo sobre la profesión médica para el primer número de su periódico. González no se negó y creo que las recomendaciones que les hizo a los médicos en esa ocasión se grabaron en la memoria de mi papá como con tinta indeleble. Lo que Fernando González recomienda ahí fue lo que mi papá intentó practicar, y practicó, el resto de su vida:

«El médico profesor tiene que estar por ahí en los caminos, observando, manoseando, viendo, oyendo, tocando, bregando por curar con la rastra de aprendices que le dan el nombre de los nombres: ¡Maestro!... Sí, doctorcitos: no es para ser lindos y pasar cuentas grandes y vender píldoras de jalea... Es para mandaros a todas partes a curar, inventar y, en una palabra, a servir.»

8

Para mi papá el médico tenía que investigar, entender las relaciones entre la situación económica y la salud, dejar de ser un brujo para convertirse en un activista social y en un científico. En su tesis de grado denunciaba a los médicos-magos: «Para ellos, el médico ha de seguir siendo el pontífice máximo, encumbrado y poderoso, que reparte como un don divino familiares consejos y consuelos, que practica la caridad con los menesterosos con una vaga sensación de sacerdote bajado del cielo, que sabe decir frases a la hora irreparable de la muerte y sabe disimular con términos griegos su impotencia». Se enfurecía con quienes querían simplemente «aplicar tratamientos» a la fiebre tifoidea, en lugar de prevenirla con medidas higiénicas. Lo exasperaban las «curaciones maravillosas» y las «nuevas inyecciones» que los médicos daban a su «clientela particular» que pagaba bien las consultas. Y sentía la misma revuelta interior contra quienes «sanaban» niños, en vez de intervenir en las verdaderas causas de muchas de sus enfermedades, que eran sociales.

Yo no recuerdo, pero mis hermanas mayores sí, que a veces las llevaba también al Hospital San Vicente de Paúl. Maryluz, la mayor, se acuerda muy bien de una vez que la llevó al Hospital Infantil y la hizo recorrer los pabellones, visitando uno tras otro a los niños enfermos. Parecía un loco, un exaltado, cuenta mi hermana, pues ante casi todos los pacientes se detenía y preguntaba: «¿Qué tiene este niño?». Y él mismo se contestaba: «Hambre». Y un poco más adelante: «¿Qué tiene este niño?». «Hambre.» «¿Qué tiene este niño? Lo mismo: hambre.» «¿Y este otro?

Nada: hambre. ¡Todos estos niños lo único que tienen es hambre, y bastaría un huevo y un vaso de leche diarios para que no estuvieran aquí. Pero ni eso somos capaces de darles: un huevo y un vaso de leche! ¡Ni eso, ni eso! ¡Es el colmo!»

Gracias a su compasión, y a esa idea fija de una higiene alcanzable con educación y obras públicas, consiguió también —mientras era estudiante—, y aunque con oposición de los ganaderos, que creían que así iban a acabar perdiendo plata, que fuera obligatorio pasteurizar debidamente la leche antes de venderla, pues en sus exámenes de laboratorio había encontrado amebas, bacilos de TBC y materias fecales en la leche que se vendía en Medellín y en los pueblos vecinos. Decía que la sola medida de dar agua potable y leche limpia salvaba más vidas que la medicina curativa individual, que era la única que querían practicar la mayoría de sus colegas, en parte para enriquecerse y en parte para aumentar su prestigio de magos de la tribu. Decía que los quirófanos, las grandes cirugías, las técnicas de diagnóstico más sofisticadas (a las que sólo tenían acceso unas pocas personas), los especialistas de cualquier índole o los mismos antibióticos —por maravillosos que fueran— salvaban menos vidas que el agua limpia. Defendía la idea elemental —pero revolucionaria, ya que era a favor de todo el mundo y no de unos pocos— de que lo primero es el agua y no deberían gastarse recursos en otras cosas hasta que todos los pobladores tuvieran asegurado el acceso al agua potable. «La epidemiología ha salvado más vidas que todas las terapéuticas», escribió en su tesis de grado. Y muchos médicos lo detestaban por defender eso en contra de sus grandes proyectos de clínicas privadas, laboratorios, técnicas diagnósticas y estudios especializados. Era un odio profundo, y explicable tal vez, pues el gobierno siempre estaba dudando sobre cómo repartir los recursos, que eran pocos, y si se hacían acueductos no se podían comprar aparatos sofisticados ni construir hospitales.

Y no sólo algunos médicos lo odiaban. En general, su manera de trabajar no era bien vista en la ciudad. Sus colegas decían que «para hacer lo que hace este "médico" no se necesita diploma», pues para ellos la medicina no era otra cosa que tratar enfermos en sus consultas privadas. A los más ricos les parecía que, con su manía de la igualdad y la conciencia social, estaba organizando a los pobres para que hicieran la revolución. Cuando iba a las veredas y hablaba con los campesinos para que hicieran obras por acción comunal, les hablaba demasiado de derechos y muy poco de deberes, decían sus críticos de la ciudad. ¿Cuándo se había visto que los pobres reclamaran en voz alta? Un político muy importante, Cipriano Restrepo Jaramillo, había dicho en el Club Unión —el más exclusivo de Medellín— que Abad Gómez era el marxista mejor estructurado de la ciudad, y un peligroso izquierdista al que había que cortarle las alas para que no volara. Mi papá se había formado en una escuela pragmática norteamericana (en la Universidad de Minnesota), no había leído nunca a Marx y confundía a Hegel con Engels. Por saber bien de qué lo estaban acusando, resolvió leerlos, y no todo le pareció descabellado: en parte, y poco a poco a lo largo de su vida, se convirtió en algo parecido al luchador izquierdista que lo acusaban de ser. Al final de sus días acabó diciendo que su ideología era un híbrido: cristiano en religión, por la figura amable de Jesús y su evidente inclinación por los más débiles; marxista en economía, porque detestaba la explotación económica y los abusos infames de los capitalistas; y liberal en política, porque no soportaba la falta de libertad y tampoco las dictaduras, ni siquiera la del proletariado, pues los pobres en el poder, al dejar de ser pobres, no eran menos déspotas y despiadados que los ricos en el poder.

—Sí, un híbrido entre caballo y vaca: que ni trota ni da leche —decía en son de burla Alberto Echavarría, un hematólogo y compañero universitario de mi papá, el padre de Daniel, mi mejor amigo, y de Elsa, mi primera novia.

En la universidad también lo criticaban y trataban de ponerle zancadillas para dificultarle la vida. Dependiendo del rector o del decano de turno, podía trabajar en paz, o en medio de mil reclamos, cartas de recriminación y sobresaltos por veladas amenazas de despedirlo de su cátedra. Aunque él todos esos ataques intentaba resolverlos o al menos olvidarlos con una carcajada, llegó un momento en que no bastaron las carcajadas para conjurarlos.

De los muchos ataques que recibió, mi mamá recuerda muy bien el de uno de sus colegas, un prestigioso profesor de la misma universidad, y director de la cátedra de Cirugía Cardiovascular, el Tuerto Jaramillo. Una vez, estando mi papá y mi mamá presentes, el Tuerto dijo muy enfático, en una reunión: «Yo no respiraré tranquilo hasta no ver colgado a Héctor de un árbol de la Universidad de Antioquia». Pocas semanas después de que a mi papá, al fin, lo mataran, como tantos durante tanto tiempo habían deseado, mi mamá se encontró con el Tuerto Jaramillo en un supermercado, y mientras este recogía bandejitas de carne, se le acercó y le dijo, muy despacio y mirándolo a los ojos: «Doctor Jaramillo, ¿ya está respirando tranquilo?». El Tuerto se puso pálido, y sin saber qué decir dio media vuelta y se alejó con su carrito de supermercado.

También algunos curas tenían la obsesión de atacarlo permanentemente. Había uno, en particular, el presbítero Fernando Gómez Mejía, que lo odiaba con toda el alma, con una fidelidad y una constancia en el odio, que ya se las quisiera el amor. Había convertido su odio a mi papá en una pasión irrefrenable. Tenía una columna fija en el diario conservador *El Colombiano* y un programa radial los domingos, *La Hora Católica*. Este presbítero era un fanático botafuegos (discípulo del obispo reaccionario de Santa Rosa de Osos, monseñor Builes) que en todo sospechaba pecados de la carne, repartía anatemas a diestra y siniestra, con un sonsonete atrabiliario tan alto y repetitivo que su programa acabó siendo conocido como *La Lora Católica*.

Varias columnas y al menos unos quince minutos de esa hora, cada mes, los dedicaba a despotricar del peligro de ese «médico comunista» que estaba infectando la conciencia de las personas en los barrios populares de la ciudad pues, según él, mi papá, por el solo hecho de hacerles ver su miseria y sus derechos, «inoculaba en las simples mentes de los pobres el veneno del odio, del rencor y de la envidia». Mi mamá sufría mucho con eso, y aunque mi papá soltaba siempre una carcajada, se molestaba por dentro. Una vez no se rio. El cura, por la emisora, leyó un comunicado de la Arquidiócesis de Medellín en contra de mi papá y firmado por el arzobispo.

9

Mi mamá era la hija del arzobispo de Medellín, Joaquín García Benítez. Ya sé que esta frase puede parecer una blasfemia, porque los curas católicos —al menos en esos años— practicaban el celibato, y el arzobispo era más célibe y riguroso que cualquiera de ellos. En realidad mi mamá no era la hija, sino la sobrina del arzobispo, pero como era huérfana de padre, se había criado con él buena parte de su infancia y juventud, y siempre decía que tío Joaquín había sido como un padre para ella. Nosotros vivíamos en una casa común y corriente por Laureles, pero mi mamá se había criado «en Palacio» con tío Joaquín, en la casa más grande y ostentosa del centro de la ciudad, el Palacio Amador, según el apellido del comerciante rico que la había construido a principios de siglo para su hijo, trayendo los materiales de Italia y los muebles de París. Una casona que compró la curia cuando se murió el rico heredero, y la rebautizó «Palacio Arzobispal». Tío Joaquín era grande y pausado, como un buey manso, hablaba con una erre gutural, a la francesa, y tenía una barriga tan prominente que habían tenido que abrirle una muesca circular a la cabecera de la mesa, donde él se sentaba, para que estuviera a sus anchas en el comedor.

Había en su pasado una historia legendaria, de cuando había estado trabajando en México, en los años veinte del siglo pasado, como fundador de un nuevo seminario, en Xalapa, del que fue prefecto general, además de profesor de Sagrada Teología, Latín y Castellano. Según se contaba en la casa, durante la guerra cristera —esa que se desató entre el gobierno de México y miles de católicos recalcitran-

tes azuzados por el Vaticano contra la Constitución de 1917—
tío Joaquín había salido huyendo del seminario (donde
algunas monjas habían sido ultrajadas) y se había refugiado en Papantla. Allí lo cogieron preso y fue condenado a
muerte, pero estando frente al pelotón de fusilamiento le
conmutaron la pena, por ser extranjero, a cambio de veinte años de prisión. No se sabe bien cómo logró huir de la
cárcel, pero fue apresado de nuevo en Papantla, por el general Gabriel Gavira, seguidor de Pancho Villa, y llevado
a una penitenciaría. Huyó también de allí con ayuda de
unas beatas y se decía que había llegado a La Habana, donde su hermano era cónsul, en una barca de remos de la que
se apoderó en Veracruz con otros curas perseguidos. Según
se contaba, habían atravesado el golfo de México a punta
de remo, remontando las olas bravías del mar Caribe con sus
propias fuerzas.

Cuando se refería al palacio y al tío, mi mamá supri-
mía los artículos y decía siempre Palacio (uno podía oír las
mayúsculas) y Tío Joaquín. Por ejemplo, cuando ella y la
cocinera, Emma, hacían algo especial en la cocina, digamos
un complicadísimo helado de zapote, unos eternos tamales santandereanos, unas laboriosas ensaladas de espárra-
gos con jugo de curuba, o un elaborado licor de mandarina
que había que enterrar en tinajas de barro durante cuatro
meses, mi mamá decía: «Esta es una receta de Palacio». Mi
papá se burlaba:

—¿Por qué será que cuando éramos novios y vivías en
el Palacio Arzobispal a mí lo más sofisticado que me dieron fue dulce de moras con leche? —y soltaba su carcajada
de siempre.

El arzobispo, al final de su vida, fue perdiendo poco a
poco la memoria. A veces, en la catedral, se le iba el santo
al cielo y se saltaba partes de la misa o, todavía peor, después de la elevación, sin darse cuenta, se quedaba en blanco, daba vuelta atrás y volvía a empezar: *In nomine Patris
et Filii...* En ese tiempo las misas se oficiaban de espaldas

a los fieles y se decían todavía en latín, porque eran los años anteriores al Concilio. Algunos feligreses sufrían por su pastor y otros se reían de él. Los curas que le ayudaban en la Arquidiócesis se aprovechaban de sus vacíos de memoria. Una vez un secretario, que también detestaba a mi papá, le pasó una carta para firmar. Tío Joaquín firmó el papel sin leerlo, porque confiaba en su subalterno y creía que era un documento rutinario. Resultó ser un comunicado en el que atacaban a mi papá por sus actividades en los barrios de Medellín, evidentemente socialistas, y por sus artículos «incendiarios» en los periódicos, «llenos de máximas irreligiosas y opuestas a las sanas costumbres, aptas para destruir la moral en mentes todavía carentes de juicio, y tósigos mortales e impíos que con su ánimo revoltoso incitan al levantamiento del pueblo y al desorden de la nación».

Cuando mi mamá oyó por radio el comunicado en *La Hora Católica,* empezó a temblar, con una mezcla de rabia y de temor. De inmediato cogió el teléfono para llamar a su tío y preguntarle por qué había firmado ese ataque tan duro e injusto contra su marido. Tío Joaquín no tenía ni la más remota idea de lo que había firmado. Aunque nunca estaba de acuerdo con lo que mi papá decía o escribía, pues él era un obispo de los chapados a la antigua, y muy intransigente en todas las materias (prohibía películas porque se veía un tobillo y vetaba, so pena de excomunión, la visita a la ciudad de actrices y cantantes), no iba a cometer la impertinencia de amonestar en público a alguien que, bien mirado, era su yerno.

Al ver su firma estampada en ese comunicado (con el que estaba de acuerdo, aunque no lo quisiera publicar así) se sintió traicionado, y se indignó tanto que a los pocos días resolvió redactar su carta de renuncia a la Arquidiócesis. Algunos meses después llegó de Roma la aceptación, que el papa demoró un poco, y él se retiró a la casa de mi abuela, con una honda sensación de fracaso y desconsuelo. El arzobispo, al salir, no tenía ni un peso, pues era uno de los pocos obispos que practicaban en serio los votos no sólo de castidad sino también de pobreza, y por eso tuvo que irse a vivir donde mi abuela, hasta que un grupo de personas pudientes de Medellín le compraron una casa en la calle Bolivia, donde se fue a vivir con su hermano y secretario personal, tío Luis. Y ahí, poco a poco, se fue olvidando de todo, hasta de su propio nombre. La cabeza se le quedó en blanco, dejó de hablar, y al cabo de un tiempo se murió, exactamente un mes antes de que yo naciera, después de estar en perfecto silencio durante varios meses. Tuvo un último destello de lucidez, sin embargo, que mi mamá contaba muy divertida. Una tarde que estaba ella acompañándolo en su silencio en la calle Bolivia, tocaron a la puerta. Eran el párroco de la catedral y el secretario que le había hecho firmar la carta contra mi papá. Mi mamá les dijo que esperaran un momento y fue a decirle a Tío Joaquín que esas dos personas querían visitarlo. Él la miró con una sonrisa triste y dijo la que fuera tal vez su última frase: «Diles que ya me morí».

El día de su muerte, mi abuela le regaló a mi papá el reloj de bolsillo del señor arzobispo, un reloj labrado en oro, marca Ferrocarril de Antioquia, pero hecho en Suiza, que yo conservo todavía, pues mi mamá me lo dio el día que mataron a mi papá, y que pasará como un testimonio y un estandarte (aunque no sé de qué) a mi hijo el día que yo me muera.

10

Gracias al arzobispo o, más bien, gracias a su recuerdo, podíamos contar con la monja de compañía en la casa, la cual era un lujo que solamente se permitían las familias más ricas de Medellín. Tío Joaquín había apoyado la fundación de una nueva orden religiosa, la de las Hermanitas de la Anunciación, que se dedicaba al cuidado de los niños en el hogar, y por agradecimiento a ese apoyo inicial, la madre Berenice, que era la fundadora y superiora del convento, enviaba a la casa, de balde, a la hermanita Josefa, de modo que le ayudara a mi mamá a cuidar los hijos menores mientras ella montaba su oficina.

Mi mamá y la madre Berenice eran buenas amigas. Se decía que la madre Berenice hacía milagros. Cuando íbamos al convento, como mi mamá sufría de jaquecas, la madre Berenice le imponía las manos; se las dejaba apoyadas sobre la cabeza durante un rato y al mismo tiempo musitaba unos conjuros ininteligibles; mi hermana menor y yo nos quedábamos mirando esa ceremonia, atónitos, desde un rincón de su despacho, con miedo de que saltaran chispas de sus dedos de un momento a otro. Mi mamá, por unos días, se curaba, o al menos decía que se curaba de la migraña. Años después la madre Berenice se murió, en olor de santidad, y en su proceso de beatificación mi mamá fue llamada a dar testimonio de esas sanaciones milagrosas. Mucho antes de su muerte, algunos fines de semana Sol y yo íbamos al convento de las Hermanitas de la Anunciación; recuerdo los corredores interminables, encerados y brillantes, el solar con la huerta, los brevos y los rosales, los rezos eternos e hipnóticos en el oratorio, el áspero olor a incienso y a esperma de velones que picaba en la nariz. A mi hermanita, que tenía tres o cuatro años y parecía un ángel del Renacimiento con sus ricitos rubios y sus ojos verdiazules, la disfrazaban de monja y la ponían a cantar en la capilla una canción que se llamaba *Estando un día solita* y contaba el instante del llamado celestial a la vocación religiosa. Cuarenta años después, ella todavía puede repetirla de memoria:

Estando un día solita
en santa contemplación
oí una voz que decía
entra, entra en religión.

A pesar de este apostolado temprano, mi hermana Sol no se fue de monja —aunque tiene algo de eso en sus supersticiones piadosas y en sus fervores repentinos—, sino que es médica y epidemióloga, y al oírla a ella a veces me parece que vuelvo a oír a mi papá, pues ella sigue con su mismo sonsonete sobre el agua potable, las vacunas, la prevención, los alimentos básicos, como si la historia fuera cíclica y este un país de sordos donde los niños todavía se mueren de diarrea y desnutrición.

Tengo otro recuerdo médico asociado a ese convento. Un conocido de mi papá en la Facultad de Medicina, ginecólogo, tenía un gran negocio montado gracias a los conventos femeninos de Medellín. Según una teoría más o menos peregrina que se había inventado, los úteros que no se usaban para la gestación producían tumores: «La mujer que no pare hijo pare miomas». Y entonces se había dedicado a sacarles el útero a todas las monjas de la ciudad, tuvieran miomas o no. Mi papá, con una picardía que ni mi mamá ni el arzobispo ni la madre Berenice aprobaban, decía que este doctor no hacía eso como negocio, ni mucho menos, sino para evitar problemas con las anunciaciones de los ángeles o del Espíritu Santo. Y soltaba una carcajada blasfema mientras recitaba unas coplas famosas de Ñito Restrepo:

Una monja se embuchó
de tomar agua bendita
y el embuche que tenía
era una monja chiquita.

A veces había pasado que, sin que se supiera cómo ni cuándo, alguna monja, incluso de las Clarisas, que eran de clausura, resultara embarazada, y no por el Espíritu Santo. Sin un solo útero de monja disponible en el departamento, ese problema jamás se volvió a presentar y la castidad —al menos la aparente— de las monjas quedó garantizada de por vida. No sé si este método anticonceptivo, mucho más drástico que todos los que la Iglesia prohíbe, se siga practicando todavía en algún convento.

11

Cuando mi mamá se convenció de que con la plata del profesor, menguada por su generosidad sin filtros y amenazada cada rato por una destitución fulminante de las directivas de la universidad, era imposible sostener la casa, al menos dentro de los niveles de buen gusto y buena comida que había aprendido «en Palacio», la madre Berenice la apoyó y le ofreció gratis una ayuda extra en la casa, para que mi mamá pudiera irse a trabajar tranquila: esa niñera monja, la hermanita Josefa, que se ocupó de Sol y de mí todas las semanas, de lunes a viernes, y hasta que los dos menores entramos al colegio, mientras mi mamá trabajaba. Mi papá, con el inevitable sedimento machista de su educación, no quería que mi mamá se pusiera a trabajar, ni que adquiriera la independencia física y mental que da ganarse la propia plata, pero ella logró imponer su voluntad, con ese carácter firme y constante, mezclado con una indestructible alegría de fondo que no ha dejado nunca de acompañarla hasta el día de hoy, y que la hacen una persona inmune a los rencores y a los disgustos duraderos. Luchar contra su firmeza vestida de alegría ha sido siempre imposible.

A veces mi mamá también me llevaba a la oficina. Como ella no tenía carro, nos íbamos en bus o mi papá nos dejaba en Junín con La Playa, de paso para la universidad. Mi mamá había instalado la oficina en un cuchitril diminuto de un edificio nuevo, La Ceiba, que era la construcción más grande de la ciudad en ese momento, y nos parecía gigantesca. El edificio quedaba, y queda, en el centro, al final de la avenida La Playa, al lado del edificio Coltejer.

Subíamos hasta uno de los pisos más altos en unos ascensores Otis grandes, de hospital, que manejaban unas ascensoristas negras hermosísimas, vestidas siempre de un blanco inmaculado, como enfermeras dedicadas a un oficio mecánico. Me gustaban tanto que a veces me quedaba horas en el ascensor, mientras mi mamá trabajaba, subiendo y bajando al lado de las ascensoristas negras que olían a un perfume barato que todavía hoy, en las raras ocasiones en que lo he vuelto a sentir, despierta en mí una especie de melancólico erotismo infantil.

La oficina de mi mamá estaba metida en el cuarto de los útiles e implementos de aseo del edificio. El cuarto tenía un penetrante olor a jabón y a ambientadores de baño, unas pastillas rosadas, redondas, brillantes, que olían a alcanfor y se ponían en el fondo de los orinales. También había cajas repletas de jabón de piso, blanqueadores, palos de escoba, trapeadoras y pacas de rollos de papel higiénico barato arrumadas en una esquina.

En un escritorio metálico, mi mamá se encargaba de hacer a mano las cuentas del edificio, con un lápiz amarillo bien afilado, sobre un inmenso libro de contabilidad de tapas duras y verdes. También tenía que hacer las actas de las reuniones de la junta del edificio, en un estilo anticuado que le había enseñado tío Luis, el hermano del arzobispo, que había sido secretario perpetuo de la Academia de Historia. «Toma la palabra el preclaro ganadero señor don Floro Castaño para manifestar que se debe economizar en el uso del papel higiénico, de modo que los gastos comunes de la copropiedad no aumenten innecesariamente. La señora administradora, doña Cecilia Faciolince de Abad, anota que si bien don Floro tiene toda la razón, resulta inevitable, por motivos fisiológicos, que haya un cierto gasto. No obstante lo anterior, comunica a los señores copropietarios que uno de sus vecinos, el doctor John Quevedo, quien se ha trasladado a vivir en su oficina, usándola abusivamente como casa de habitación, y en las horas de la madrugada suele hacer uso del baño de damas del sexto piso, donde procede a bañarse y, como carece de toalla, procede también a secar su cuerpo con grandes cantidades de papel higiénico, el cual, una vez usado deja por el suelo, razón por la cual…»

Mi mamá era experta en mecanografía y taquigrafía (copiaba los dictados a una velocidad increíble, con unos maravillosos garabatos indescifrables, como ideogramas chinos) pues había hecho un curso de secretariado en la Escuela Remington para Señoritas, y antes de casarse había sido la secretaria del gerente de Avianca en Medellín, el doctor Bernardo Maya. Es más, contaba que como el gerente de Avianca se moría de amor por ella, había resuelto casarse con el doctor Maya si mi papá, que en ese momento hacía su maestría en Estados Unidos, no cumplía su promesa de casarse. Cuando ocurría, pero eran cosas muy raras, que mi mamá y mi papá tuvieran una discusión y se dejaran de hablar por una tarde, mis hermanas le preguntaban, burlonas:

—Mami, ¿hubieras preferido casarte con Bernardo Maya?

Y una de mis preocupaciones más graves, cuando niño, era para mí esa pregunta insoluble, o mal planteada, de si yo hubiera nacido o no, y cómo, si mi mamá se hubiera casado no con mi papá, sino con Bernardo Maya. Yo no quería renunciar a la vida, por lo que intentaba imaginarme que en tal caso yo no me parecería a mi papá, sino al doctor Maya. Pero la conclusión era terrible, pues, dado lo anterior, si yo no me pareciera a mi papá, sino a Bernardo Maya, entonces yo ya no sería yo, sino otra persona distintísima a mí, con lo cual dejaba de ser lo que era, y eso era lo mismo que no ser nada. El doctor Maya vivía muy cerca de la casa, como a las dos cuadras volteando, y no tenía hijos, lo cual acentuaba mi terror metafísico de nunca haber sido, ya que él tal vez era estéril. Yo lo miraba con miedo y suspicacia. A veces nos lo encontrábamos en misa, más serio que un revólver, y saludaba a mi mamá con un gesto nostálgico y disimulado de la mano, que parecía llegar desde muy lejos. Y como mi papá no iba a misa, a mí me parecía que la iglesia era ese sitio donde mi mamá y el doctor Maya cometían el terrible pecado de saludarse, como si cada vaivén de la mano despechada fuera un signo secreto de lo que no era y de lo que pudo haber sido.

Después llegaría a la oficina la primera ayudante de mi mamá, que tenía el nombre más apropiado, dadas las circunstancias: Socorro, y con ella llegó la primera sumadora, una maquinita de manivela, que me dejaba atónito, pues resolvía con unos pocos movimientos del brazo todas las operaciones aritméticas que yo me demoraba horas en resolver para las tareas del colegio. Con el pasar de los años, poco a poco, irían llegando más y más empleadas a esa oficina, siempre mujeres, sólo mujeres, nunca hombres, incluidas mis tres hermanas mayores, hasta que la oficina de mi mamá completó setenta empleadas de género femenino y se convirtió en la empresa que más edificios administraba en Medellín. Del cuarto de aseo de La Ceiba, mi mamá se trasladó a una oficina de verdad en el segundo piso del mismo edificio, que acabó comprando, y luego su negocio fue creciendo y mejorando de sede. Hoy la oficina ocupa una casona de dos pisos, adonde mi mamá, con sus ochenta años bien vividos, sigue yendo todos los días, de ocho de la mañana a seis de la tarde, manejando su carro automático con la misma destreza y la misma autoridad con la que mece su bastón, como un báculo de obispo, y casi con el mismo ánimo con que hace medio siglo llenaba sus cuadernos de taquigrafía, con esa especie de apresurados y misteriosos ideogramas chinos.

Hubo unas pocas excepciones de empleados varones en la oficina de mi mamá, y, al igual que en mi casa, creo que yo fui el primero en infringir esa recomendación no escrita en ninguna parte, pero muy sabia, que dice que el mundo funcionaría mucho mejor si solamente lo gobernaran mujeres. En todo caso, durante las vacaciones del colegio, y pese a ser hombre, mi mamá me contrataba para ayudar en la redacción de cartas, informes y actas en un ficticio Departamento de Informes y Correspondencia. Allí, escribiendo cartas de negocios, redactando circulares de consejos y protestas, lidiando con asuntos escabrosos (excrementos de perros, adulterios descubiertos, borracheras musicales, exhibición de órganos erectos en ascensores y ventanas, mariachis a las cuatro de la mañana, mafiosos parranderos en plan de conquista, hijos atracadores de familias patricias e hijos drogadictos de parejas puritanas), puliendo esquelas de pésame y memoriales de renuncia, tuve el más largo y difícil entrenamiento en mi oficio de escribidor. Algunos amigos y amigas mías (Esteban Carlos Mejía, Maryluz Vallejo, Diana Yepes, Carlos Framb), que después escribieron libros también, pasaron por esa especie de noviciado en el Departamento de Informes y Correspondencia de la empresa de mi mamá, empresa que ella quiso bautizar, en su vena feminista, como Faciolince e Hijas, pero que mi papá exigió que se llamara Abad Faciolince Limitada, para que no nos dejaran ni a él ni a mí por fuera, tal como parecía ser el plan de las mujeres de la casa.

12

Pocos años después de la muerte del arzobispo, y por el mismo período en que yo acompañaba a mi papá y al doctor Saunders a las visitas de trabajo social por los barrios más pobres de Medellín, la Gran Misión hizo su solemne y bulliciosa entrada a la ciudad. Esta representaba otro estilo de trabajo social, de tipo piadoso; una especie de Reconquista Católica de América patrocinada por el caudillo de España, Generalísimo de los ejércitos imperiales y apóstol de la cristiandad, su excelencia Francisco Franco Bahamonde. La dirigía un jesuita peninsular, el padre Huelin, un hombre oscuro, seco, de figura ascética, demacrado y ojeroso como el fundador de la Compañía de Jesús, con una inteligencia vivaz, fanática y cortante. Sus opiniones eran inclementes y definitivas, como las de un delegado de la Inquisición, y en Medellín fue recibido con gran entusiasmo colectivo, como un enviado del más allá que venía a enderezar el desorden del más acá por medio de la devoción mariana.

Con los evangelizadores de la reconquista española venía una pequeña estatua de la Virgen de Fátima. Por esos días se quería imponer su prestigio como el símbolo devoto más importante del catolicismo. Para salvar al mundo del comunismo ateo, el santo padre había solicitado que en las viejas colonias españolas —y en el mundo entero— se rezara con mucho fervor y más asiduidad que nunca el santo rosario. Eran los tiempos de la Revolución cubana y de las guerrillas míticas de América Latina, las cuales no se habían convertido todavía en bandas de criminales dedicadas al secuestro y al tráfico de drogas, y conservaban por lo tanto cierto halo de lucha heroica, pues defendían programas de reformas radicales y reivindicaciones sociales que no era difícil compartir.

Para contrarrestar la fuerza de estas corrientes disgregadoras, la Virgen de Fátima era una ayuda sobrenatural que reconduciría a las masas por la senda de la devoción, de la verdad, de la resignación cristiana o de la muy tímida «Doctrina social de la Iglesia». La aparición de la santísima Virgen en Portugal se convirtió —más que la miseria, el agua o la reforma agraria— en el tema de conversación obligado en familias, costureros, peluquerías y cafés. En muchas discusiones se hacían conjeturas y se entablaban largas disputas teológicas sobre los secretos revelados por la santísima Virgen a los tres pastorcitos de Cova de Iria a quienes se les había aparecido. El tercer secreto, que era terrible y solamente lo conocían la última pastorcita sobreviviente y el sumo pontífice, era el que más despertaba la fantasía y por lo tanto alimentaba el ánimo fabulador de la gente. La hipótesis que más seguidores tenía, y la que todos los curas insinuaban subrepticiamente en sus sermones, era terrible, y consistía en la inminencia de la Tercera Guerra Mundial entre Estados Unidos y Rusia, es decir, entre el Bien y el Mal, la cual no se combatiría con fusiles y cañones, sino con bombas atómicas, y sería como la batalla definitiva entre Dios y Satanás. Todos debíamos estar preparados para el gran sacrificio, y mientras tanto, rezar el santo rosario todos los días y rogar por las intenciones de los buenos, para que Rusia, esa enemiga de Dios y aliada del Enemigo, no fuera a ganar. Este tercer secreto equivalente al anuncio de la Tercera Guerra Mundial, por lo demás, tenía en la historia contemporánea muchos indicios verdaderos en los que podía apoyarse, pues no era mentira que varias veces, en aquellos decenios de la Guerra Fría, estuvimos al borde de una hecatombe, por los motivos más fútiles de pundonor humano y nacionalista, o incluso por un simple accidente nuclear.

El propósito de la Gran Misión era extender el culto a la Virgen de Fátima por América Latina y recordar a las masas la bondad de la resignación cristiana, pues al fin y al cabo Dios premiaría a los bienaventurados pobres en el más allá, por lo que no era urgente perseguir el bienestar en el más acá. Al lado de la Virgen venía todo un plan vigoroso para defender las verdades eternas de la fe católica y revivir los valores morales de la única religión verdadera. Si ya España tenía tan poco peso político sobre nuestras naciones, con ayuda de la Iglesia el Generalísimo quería volver a ganar la influencia perdida en la región. Una especie de reconquista por la fe, apoyada en las viejas familias blancas y patricias de cada sitio. El empujón inicial consistía en varias semanas de ceremonias, sermones en iglesias, veneración de la estatua traída del Viejo Mundo y bendecida por el santo padre, reuniones y retiros con los católicos más representativos de cada ciudad. Y con los jóvenes, los profesionales, los periodistas, los deportistas, los líderes políticos... Esta actividad evangelizadora se iría repitiendo en todos los países de Latinoamérica, como una conmemoración, también, de la primera evangelización de América llevada a cabo por los conquistadores.

Punto culminante de esta campaña era auspiciar la práctica del rosario de aurora. A las cuatro de la madrugada, antes del amanecer, un nutrido grupo de feligreses se reunía en el atrio de la iglesia parroquial y recorría las calles del barrio, cantando himnos religiosos y entonando la oración a la santísima Virgen. El barrio de Medellín elegido por el padre Huelin para el rosario de aurora fue Laureles, donde nosotros vivíamos, pues este era el vecindario emergente, el de la burguesía joven, de profesionales en ascenso, los que podían tener después más influencia y penetración social en todos los niveles. Los devotos salían a las cuatro de la mañana, entre cánticos, tambores y velones, para llamar la atención. El padre Huelin iba adelante, con la estatua, con las banderas y los estandartes de cruzados al viento, mientras la procesión a sus espaldas rezaba el santo rosario en voz alta. Mil o dos mil personas, mujeres y niños en su mayoría, recorrían el barrio para despertar la fe en la santísima Virgen y de paso despertar a los tibios que seguían dormidos, pegados de las sábanas. Mi mamá, la hermanita Josefa, las muchachas del servicio y mis hermanas mayores iban a esas procesiones; mi papá y yo nos quedábamos en la casa durmiendo como santos.

El doctor Antonio Mesa Jaramillo, decano de Arquitectura de la Universidad Pontificia, y el compañero de mi papá y del doctor Saunders en las correrías por los barrios populares, fue el primer damnificado por el rosario de aurora. Él era uno de los maestros de la arquitectura en Medellín; había vivido en Suecia y de allí había introducido acá la pasión por el diseño contemporáneo. Como este alarde ruidoso de la fe le molestaba (él era un creyente sobrio, que practicaba su religión en la intimidad), escribió un artículo en *El Diario,* el vespertino liberal, protestando por el ruido infernal que se hacía durante esta procesión. «Cristianismo de pandereta», se llamaba su protesta, y era una crítica furibunda al catolicismo peninsular. «¿Fue Cristo un vociferador?», se preguntaba. Y decía: «Antes podíamos dormir; caer en la nada, en el vacío místico del sueño. El hispano-catolicismo nos vino a saquear los nervios. Eso es el falangismo: ruido, nada, algarabía. Confunden la religión de Cristo con una corrida de toros. Orgías matinales; gritos del siglo del oscurantismo». Mi papá también apoyaba este punto de vista y sostenía, irónico, que el Padre Eterno no era sordo como para que hubiera que gritarle tanto, y que si se daba el caso de que Dios fuera sordo, como a veces parecía, su sordera no era de oído sino de corazón.

Ipso facto, monseñor Félix Henao Botero, el rector de la Universidad Pontificia, destituyó al doctor Mesa Jaramillo del decanato de Arquitectura, por escribir lo anterior, y lo expulsó de la facultad por los siglos de los siglos, amén. En *El Colombiano* se les hizo una encuesta sobre este hecho a varios intelectuales de la ciudad. Todos apoyaron al señor rector y condenaron duramente el artículo del decano. Sólo mi papá, presentado por el periódico como «el conocido dirigente de izquierda», apoyó la valentía del doctor Mesa Jaramillo, y dijo que, así no estuviera en todo de acuerdo con él, como vivíamos en un régimen liberal estaría dispuesto a defender hasta con la propia vida el derecho de expresión de cada uno.

Para mi papá, que vivía más bien al margen de la Iglesia, este tipo de catolicismo español, retardatario, perjudicaba mucho al país. De hecho sus jerarcas perseguían a curas y fieles distintos, que buscaban un catolicismo más abierto y acorde con los nuevos tiempos. Siempre había encontrado curas sensatos y compasivos con los problemas de su comunidad, curas buenos (malos para la Iglesia), sobre todo en los barrios populares adonde íbamos los fines de semana, y mi papá citaba siempre como ejemplo al padre Gabriel Díaz que era, ese sí, un alma de Dios, más bueno que el pan, y por eso los obispos no lo dejaban trabajar en paz y lo trasladaban de un lado a otro cuando empezaba a ser demasiado querido y seguido por sus parroquianos. Todo el que hiciera despertar y participar a los pobres era considerado un activista peligroso que ponía en riesgo el imperturbable orden de la Iglesia y de la sociedad. Cuando, pocos años después, los barrios de Medellín se convirtieron en un hervidero de matanzas y en un caldo de cultivo de matones y sicarios, la Iglesia ya había perdido contacto con esos sitios, al igual que el Estado. Habían pensado que dejarlos solos era lo mejor, y abandonados a su suerte se convirtieron en sitios donde, como maleza, surgían hordas salvajes de asesinos.

Guerras de religión y antídoto ilustrado

13

Algunos decenios antes un eximio filósofo alemán había anunciado la muerte de Dios, pero a estas remotas montañas de Antioquia todavía no había llegado la noticia. Con un retraso de más de medio siglo, Dios agonizaba también aquí, o algunos jóvenes se rebelaban contra él y trataban de demostrar con escándalos (los poetas nadaístas, por ejemplo, hacían colecciones de hostias consagradas y tiraban pedos químicos en los congresos de escritores católicos) que al Omnipotente le tenía sin cuidado lo que ocurría en este valle de lágrimas, pues los rayos de su ira no castigaban a los réprobos, ni los favores de su gracia llovían siempre sobre los buenos.

Yo sentía como si en mi propia familia se viniera librando una guerra parecida entre dos concepciones de la vida, entre un furibundo Dios agonizante a quien se seguía venerando con terror, y una benévola razón naciente. O, mejor, entre los escépticos a quienes se amenazaba con el fuego del infierno, y los creyentes que decían ser los defensores del bien, pero que actuaban y pensaban con una furia no pocas veces malévola. Esta guerra sorda de convicciones viejas y convicciones nuevas, esta lucha entre el humanismo y la divinidad, venía de más atrás, tanto en la familia de mi mamá como en la de mi papá.

Mi abuela materna provenía de una estirpe de godos rancios de recatadas costumbres cristianas. Su padre, José Joaquín García, que había nacido a mediados del siglo XIX y muerto a principios del XX, era un maestro de escuela que redactaba artículos con el seudónimo de Arturo, y había escrito las magníficas *Crónicas de Bucaramanga,* además de fungir como presidente del Directorio Conservador, cónsul honorario de Bélgica y vicecónsul de España. Dos de los hermanos de mi abuela eran curas, el uno obispo y el otro monseñor. Uno más, tío Jesús, había sido ministro en tiempos de la Hegemonía Conservadora, y el más joven fue cónsul plenipotenciario en La Habana durante decenios, y todos habían jurado fidelidad al glorioso partido de sus mayores, el de la tradición, la familia y la propiedad. Pese a estos orígenes, o quizá por eso mismo, pues siempre le molestó la excesiva rigidez moral de sus hermanos, que se escandalizaban ante cualquier innovación en los usos del mundo, mi abuela se había casado con Alberto Faciolince, un liberal de buen humor y mente abierta, con quien fue feliz poco tiempo pues a los cuatro años de matrimonio, con mi mamá que apenas empezaba a hablar, el liberal había sido llamado a la presencia de Dios (que aún no había muerto) con una muerte súbita, accidental, en una carretera cerca de Duitama que como ingeniero civil estaba construyendo en el departamento de Boyacá.

Con ese ancestro semita que no se nos sale en las creencias religiosas, pero sí en las costumbres, al poco tiempo un hermano de Alberto, Wenceslao Faciolince, tomó por esposa a la viuda de su hermano el ingeniero. Este Wenceslao era un abogado de mal genio, juez en Girardota, que lo primero que decía al levantarse, todos los santos días, era esta frase: «Este es el despertar de un condenado a muerte». Mi abuela nunca fue feliz con él, pues no se le parecía a su adorado hermano ni en la cama ni en la mesa, los dos sitios más importantes de una casa, y mi mamá (que desde entonces soporta mal a los abogados y me transmitió este mismo prejuicio) acabó matándolo sin querer queriendo, al ponerle por accidente una inyección contraindicada para los débiles de corazón.

Veinte años más tarde mi mamá, a pesar de haber sido educada por el señor arzobispo con las reglas del catecismo más estricto, repitió la historia de su madre, mi abuela, como soltando de nuevo las amarras, las ansias de liberarse del antiguo yugo, pues se casó una vez más con otro radical alegre, mi papá, en un impulso de libertad. Para buena parte de su familia, especialmente para tío Jesús, el ministro, este no había sido un matrimonio conveniente, pues que una muchacha de origen conservador se casara con semejante liberal era como una alianza entre Montescos y Capuletos.

Creo ver en la mente de mi abuela Victoria, y también en la de mi mamá, una cierta conciencia atormentada por la contradicción de sus vidas. La abuela y mi mamá siempre fueron, por temperamento, profundamente liberales, tolerantes, avanzadas para la época, sin una brizna de mojigatería. Eran alegres y vitales, partidarias del gozo antes de que nos coman los gusanos, patialegres, coquetas, pero tenían que ocultar este espíritu dentro de ciertos moldes externos de devoción católica y pacatería aparente. Mi abuela —en abierta contradicción con sus hermanos sacerdotes y políticos del Partido Conservador— había sido sufragista, y hasta decía que uno de los días más felices de su vida fue cuando, a mediados de siglo, un militar de supuesto talante totalitario (pues lo contradictorio aquí no son sólo las familias, sino todo el país) estableció el voto femenino, cuidándose, eso sí, de no convocar nunca a elecciones. Pero al mismo tiempo mi abuela no podía librarse de su educación a la antigua. Y así, trataba de compensar su liberalismo de temperamento con un exceso de muestras exteriores de fervor y adhesión a la Iglesia, como si se pudieran salvar las formas, y de paso su alma, a fuerza de los rutinarios rosarios que rezaba y de los ornamentos que cosía para los curas jóvenes de las parroquias pobres.

Algo muy parecido le ocurría a mi mamá, que fue una feminista *ante litteram*, y muy activa no en la teoría del feminismo, sino en su práctica cotidiana, como lo demostró al imponerle a mi papá (liberal ideológico, pero conservador en la vieja concepción patriarcal del matrimonio) su idea de abrir un negocio propio, pagarles a dos muchachas por los oficios domésticos y ponerse a trabajar en una oficina, lejos de la tutela económica y del ojo vigilante del marido.

Además, en los últimos años, incluso la sólida roca de la unanimidad religiosa de su familia —inamovible al parecer desde los tiempos de la Conquista— se había roto. Así como la carrera militar va por familias, y la periodística, y la política, y a veces también la literaria, así mismo en la familia de mi mamá lo que les venía por sangre eran las vocaciones sacerdotales. Pero dos primos hermanos de ella, René García y Luis Alejandro Currea, educados en los principios más rígidos del catolicismo tradicional, aunque se habían ordenado según la costumbre de sus ancestros, al cabo de poco tiempo habían terminado de curas rebeldes, situados en el ala más izquierdista de la Iglesia, dentro del grupo de la Teología de la Liberación. Claro que esa misma generación había dado también un fruto del otro extremo, pues un primo más, Joaquín García Ordóñez, se había ordenado y había resultado ser el párroco más reaccionario de toda Colombia, que no es poco decir. En premio a su celo retardatario, a su oposición furibunda a todo cambio, y como herencia de monseñor Builes (un obispo para el cual «matar liberales era pecado venial»), había sido nombrado obispo y recibido la diócesis por tradición más conservadora del país, la de Santa Rosa de Osos.

De los dos curas rebeldes, el uno trabajaba en una fábrica como obrero, para despertar la conciencia dormida del proletariado, y el otro organizaba invasiones de tierras en los barrios pobres de Bogotá, desobedeciendo abiertamente a las jerarquías de la Iglesia. Yo recuerdo una noche en que, con mi mamá y mi papá, fuimos a la cárcel a llevarles unas cobijas a René y a Luis Alejandro, a quienes habían metido presos en La Ladera y se morían de frío en una escuálida celda, acusados de rebelión junto con otros curas del Grupo Golconda, que era un movimiento cercano al pensamiento de Camilo Torres, el cura guerrillero, y que tomaba en serio aquella recomendación del Concilio que aconsejaba la opción preferencial por los pobres. Desde esos días yo comprendí que también dentro de la Iglesia se estaba librando una guerra sorda, y que si en mi casa y en mi cabeza había muchos partidos en pugna, afuera las cosas no eran muy distintas. Algunos de estos curas rebeldes de las comunidades de base, además de oponerse al capitalismo salvaje, estaban en contra del celibato sacerdotal, apoyaban el aborto y el condón, y más tarde estuvieron de acuerdo con la ordenación de las mujeres y el matrimonio homosexual.

Por el lado paterno las cosas no eran tampoco más nítidas. Mi abuelo Antonio, quien había nacido en el seno de una familia también goda y apegada a la tradición, la de Don Abad, uno de los tres supuestos blancos de Jericó (los únicos con derecho a llevar el título de Don), se había atrevido a ser el primer liberal de la familia en más de un siglo de recuerdos, y había tenido que enfrentarse a su propio suegro, Bernardo Gómez, que había sido oficial del ejército conservador en la Guerra de los Mil Días y más tarde senador —y de los más recalcitrantes— por este mismo partido. Siendo coronel había combatido contra el general Tolosa, liberal, de quien la abuela de mi papá decía que «era tan malo que mataba a los conservadores en el mismo vientre de sus madres».

Mi abuelo, para escapar de la órbita conservadora de su familia, y de la Iglesia, se había hecho masón, como un modo de afiliarse a una corporación de mutua ayuda alternativa a la Iglesia, que practicaba el mismo tipo de clientelismo con sus afiliados. A raíz de unas disputas de tierras que tuvo con unas primas, y para alejarse de las habladurías, críticas y chismes de la familia, había jurado sacarse toda la sangre, transfundirse con otra, y cambiarse el apellido Abad por el de Tangarife, que le sonaba menos judío y más árabe (amenaza burlesca que jamás cumplió).

Años después el abuelo, durante la Violencia de mediados de siglo, sería amenazado por los godos chulavitas que, en el norte del Valle, estaban matando a los liberales como él. Don Antonio se había trasladado a la población de Sevilla con toda la familia en la crisis económica de los años treinta. El viaje a caballo, con doña Eva, mi abuela, embarazada, y con él atormentado por una úlcera péptica, había sido un martirio de días que mi papá recordaba como un éxodo bíblico con llegada feliz a la tierra prometida, el Valle del Cauca, una región «donde no existía el diablo». Allí el abuelo, después de muchos sacrificios, con el sudor de su frente, había llegado a ser notario y había logrado amasar nuevamente una cierta fortuna, representada en fincas de café y de ganadería.

En Sevilla había hecho mi papá casi todos sus años de colegio. Él había salido de Jericó mientras cursaba tercero de primaria, pero al llegar a Sevilla el abuelito le dijo que habían conversado tanto en el camino, y que su hijo era tan inteligente, que podía matricularlo en quinto, y así lo hizo. En Sevilla terminó sus años de primaria y secundaria. Durante el bachillerato en el Liceo General Santander, se hizo buen amigo del rector del colegio, un célebre exiliado ecuatoriano que había sido varias veces presidente de su país, el doctor José María Velasco Ibarra, y mi papá siempre declaró que este había sido una de sus más importantes influencias políticas y vitales. Sus amigos de la primera juventud eran también vallunos, de Sevilla, pero en los años de la Violencia de mediados de siglo se los fueron matando a todos uno por uno, por liberales.

Cuando mi papá, después de estudiar Medicina en Medellín y de especializarse en Estados Unidos, volvió a Colombia y empezó a trabajar en el Ministerio de Salud como jefe de la sección de Enfermedades Transmisibles, toda su familia vivía aún en Sevilla. Siendo presidente de Colombia el conservador Ospina Pérez, mi papá tuvo la idea del año rural obligatorio para todos los médicos recién graduados y redactó el proyecto de ley que convirtió en realidad esta reforma. Casi al mismo tiempo, en la misma Sevilla, y a principios de la Violencia, empezaron a caer asesinados sus mejores amigos de juventud, sus compañeros del Liceo General Santander.

A raíz de estos crímenes, pero sobre todo después de la trágica muerte de uno de sus cuñados, el esposo de la tía Inés, Olmedo Mora, que se mató mientras huía de los pájaros del Partido Conservador, mi papá y el abuelo resolvieron que había que abandonar Sevilla y refugiarse en Medellín, donde la ola de violencia era menos aguda. Don Antonio tuvo que malvender lo que había amasado en más de veinte años de trabajo y volver a Antioquia a empezar de nuevo después de los cincuenta. Mi papá, después de renunciar a su puesto en el Ministerio de Salud, con una carta furibunda (y en su tradicional tono de conmoción romántica) donde decía que no iba a ser cómplice de las matanzas del régimen conservador, tuvo la suerte de que lo nombraran en un cargo de asesoría médica para la Organización Mundial de la Salud, en Washington, Estados Unidos. Ese exilio afortunado lo salvó de la furia reaccionaria que mató a cinco de sus mejores amigos del bachillerato y a cuatrocientos mil colombianos más. Desde ese tiempo mi papá se declaraba «un sobreviviente de la Violencia», por haber tenido la fortuna de estar en otro país durante los años más crudos de la persecución política y las matanzas entre liberales y conservadores.

La ebullición y las tensiones ideológicas continuarían en la generación de los hijos de mi abuelo Antonio (y después en sus nietos), pues entre ellos, si mi papá le había salido de un liberalismo mucho más radical que el suyo, de corte socialista y libertario, otro de sus hijos, mi tío Javier, acabó siendo ordenado en Roma como cura del Opus Dei, la orden religiosa más derechista del momento, esa que, en contradicción con el Concilio, parecía haberse inclinado por una opción preferencial por los ricos.

Esta lucha entre la tradición católica más reaccionaria y la Ilustración jacobina, aunada a la confianza en el progreso guiado por la ciencia, se seguía viviendo en mi propia casa. Por ejemplo, quizá a raíz de la influencia dejada por la Gran Misión, durante el mes de mayo, el de la Virgen, mis hermanas, las muchachas, la monjita y yo hacíamos procesiones por todos los rincones de la casa. Poníamos una pequeña estatua de la Virgen del Perpetuo Socorro que tío Joaquín le había traído a mi mamá de Europa, encima de una bandeja de plata, sobre una carpeta de crochet, la rodeábamos de flores cortadas en el patio, y con velas y cantos que la monja entonaba («El 13 de mayo la Virgen María, / bajó de los cielos a Cova de Iria. / Ave, ave, ave María, / ave, ave, ave María»), recorríamos los corredores y todos los cuartos de la casa, con la santísima Virgen en andas. Donde entraba la Virgen no penetraría nunca Satanás, y por eso emprendíamos cada semana la procesión desde el fondo, detrás del lavadero y el extendedero de ropas —donde estaban los cuartos del servicio, el de Emma y Teresa y el de Tatá—, luego el aplanchadero, la cocina, la despensa, el costurero, el rincón chino, la sala, el comedor y, finalmente, uno por uno, los dormitorios del segundo piso. El último cuarto que se visitaba, otra vez abajo, después del garaje y la biblioteca, era «el del doctor Saunders», que era protestante, pero nadie lo veía por eso con malos ojos, aunque la hermanita Josefa soñaba con poderlo convertir a la única fe verdadera, la religión Católica, Apostólica y Romana.

Yo participaba en esas procesiones, pero por las tardes mi papá contrarrestaba con la enciclopedia y con sus palabras y lecturas mi adiestramiento diurno. Como en una lucha sorda por apoderarse de mi alma, yo pasaba de las tenebrosas cavernas teológicas matutinas a los reflectores iluministas vespertinos. A esa edad en que se forman las creencias más sólidas, las que probablemente nos acompañarán hasta la tumba, yo vivía azotado por un vendaval con-

tradictorio, aunque mi verdadero héroe, secreto y vence-
dor, era ese nocturno caballero solitario que con paciencia
de profesor y amor de padre me lo aclaraba todo con la luz de
su inteligencia, al amparo de la oscuridad.

El mundo fantasmal, oscurantista, alimentado durante el día, poblado de presencias ultraterrenas que interce-
dían por nosotros ante Dios, y territorios amenos o terribles o neutros del más allá, se convertía en las noches, para
mi descanso, en un mundo material y más o menos comprensible por la razón y por la ciencia. Amenazante, sí,
pues no podía dejar de serlo, pero amenazante solamente
por las catástrofes naturales o por la mala índole de algunos
hombres. No por los intangibles espíritus que poblaban el
universo metafísico de la religión, no por diablos, ángeles,
santos, ánimas y espíritus extraterrestres, sino por los pal-
pables cuerpos y fenómenos del mundo material. Para mí
era un alivio dejar de creer en espíritus, ánimas en pena y
fantasmas, no tenerle miedo al diablo ni sentir temor de
Dios, y dedicar mis ansias, más bien, a cuidarme de las
bacterias y de los ladrones, a quienes al menos uno se podía enfrentar con un palo o con una inyección, y no con el
aire de las oraciones.

—Ve a misa tranquilo, para que tu mamá no sufra, pero
todo eso es mentira —me explicaba mi papá—. Si hubiera
Dios de verdad, a él le tendría sin cuidado que lo adoraran
o no. Ni que fuera un monarca vanidoso que necesita que
sus súbditos se le arrodillen. Además, si de verdad fuera
bueno y todopoderoso, no permitiría que ocurrieran tantas
cosas horribles en el mundo. No podemos estar completamente seguros de si hay Dios o no, y tampoco podemos
estar seguros de que Dios, en caso de existir, sea bueno, o
al menos bueno con la Tierra y con los hombres. Quizá
para él nosotros seamos tan importantes como los parásitos para los médicos o como los sapos para tu mamá.

Y yo sabía muy bien que en parte la vida de mi papá
estaba dedicada a luchar contra los parásitos, a extermi-

narlos, y que mi mamá les tenía a los sapos una fobia secreta e histérica por la que en la casa estaba prohibido incluso pronunciar la palabra que designaba a ese batracio.

Si la hermanita Josefa me leía la tristísima historia de Genoveva de Brabante, que me hacía llorar como un ternero, y los relatos piadosos de otras terribles santas martirizadas de todo el santoral, mi papá me leía poemas de Machado, de Vallejo y de Neruda sobre la Guerra Civil española; me contaba los crímenes cometidos por la Santa Inquisición contra las pobres brujas —que brujas no podían ser, porque brujas no hay, ni conjuros que sirvan—, la quema del desventurado monje Giordano Bruno, sólo por sostener que el Mal no existía puesto que Todo era Dios y quedaba impregnado de la bondad de Dios, y las persecuciones de la Iglesia a Galileo y a Darwin, por haber quitado del centro del Universo a la Tierra y del centro de la Creación al Hombre, que ya no estaba hecho a imagen y semejanza de Dios, sino a imagen y semejanza de los animales.

Cuando yo le contaba de las torturas y sufrimientos de las santas que me había leído por la mañana la monja, con terribles hogueras, violaciones carnales y senos cercenados, mi papá sonreía y me decía que si bien era cierto que los mártires de los primeros años del cristianismo habían sufrido un martirio heroico, pues se dejaban matar por los romanos con tal de defender la cruz y la idea del Dios único contra los múltiples dioses paganos, y aunque fuera admirable, tal vez, que hubieran soportado con ánimo impasible el martirio del fuego, de los leones o de las espadas, su heroísmo, en todo caso, no había sido superior ni más doloroso que el de los indios martirizados por los representantes de la fe cristiana. La saña y la violencia de los cristianos en América no habían sido inferiores a las de los romanos contra ellos en la vieja Europa. Cuando los cristianos habían masacrado a los indios o combatido a los herejes y paganos, lo habían hecho con el mismo salvajismo romano. En nombre de esa misma cruz por la que habían padecido martirio, los conquistadores cristianos martirizaron a otros seres humanos y arrasaron con templos, pirámides y religiones, mataron dioses venerados y desaparecieron lenguas y pueblos completos, con tal de extirpar ese mal representado por comunidades con otro tipo de creencias ultraterrenas, generalmente politeístas. Y todo esto para imponer con odio la supuesta religión del amor al prójimo, el Dios misericordioso y la hermandad entre todos los hombres. En esa danza macabra en que las víctimas de la mañana se convertían en los verdugos de la tarde, las opuestas historias de horrores se neutralizaban y yo sólo confiaba, con el optimismo que me transmitía mi papá, en que nuestra época fuera menos bárbara, una nueva era —casi dos siglos después de la Revolución francesa— de real libertad, igualdad y fraternidad, en la que se tolerarían con ánimo sereno todas las creencias humanas o religiosas, sin que por esas diferencias hubiera que matarse.

Aunque me contara las historias vergonzosas del cristianismo guerrero para comentar las torturas padecidas por sus mártires, mi papá no había dejado de sentir un profundo respeto por la figura de Jesús, pues no encontraba nada moralmente despreciable en sus enseñanzas, salvo que eran casi imposibles de cumplir, sobre todo para los católicos recalcitrantes —tan hipócritas—, quienes por lo tanto vivían en la más honda de las contradicciones vitales. También le gustaba la Biblia, y a veces me leía pedazos del libro de los Proverbios, o del Eclesiastés, y aunque le parecía que el Nuevo Testamento era mucho menos buen libro que el Antiguo, literariamente hablando, reconocía que moralmente, en los Evangelios, había un salto hacia adelante y un ideal de comportamiento humano mucho más avanzado que el que se desprendía del más bello, pero mucho menos ético, Pentateuco, donde estaba permitido azotar a los propios esclavos, si se portaban mal, hasta provocarles la muerte.

Había muchas otras lecturas en la casa, pías y profanas. Mi papá, aunque a veces compraba la revista *Selecciones* (y me leía la sección que se llamaba «La risa, remedio infalible»), se saltaba las partes donde hablaban pestes del comunismo, con sórdidos ejemplos del gulag, porque no quería creer en eso y le parecía pura propaganda, y más bien me regalaba, para compensar, libros editados en la Unión Soviética. Recuerdo al menos tres: *El universo es un vasto océano,* de Valentina Tereshkova, la primera astronauta mujer; otro de Yuri Gagarin, donde el pionero del espacio decía que se había asomado al vacío sideral y allí tampoco había visto a Dios (lo cual para mi papá era una demostración boba y superficial, pues bien podía Dios ser invisible); y el más importante, que mi papá me leía explicándome cada párrafo, *El origen de la vida,* de Aleksandr Oparin, donde se relataba de otra manera la historia del Génesis, y sin intervención divina, de modo que yo pudiera resolver con explicaciones científicas las primeras preguntas sobre el cosmos y los seres vivos, con un químico caldo primordial bombardeado por radiaciones estelares durante millones de años, hasta que al fin habían surgido por accidente o por necesidad los primeros aminoácidos y las primeras bacterias, en el lugar que antes había ocupado el poético Libro con los siete días de milagrosos relámpagos y repentinos descansos de un ser todopoderoso que, misteriosamente, se cansaba como si fuera un labrador. Todavía conservo estos libros, firmados por mí en 1967, con esa incierta caligrafía de los niños que apenas están aprendiendo a escribir, y con la firma que usé durante toda la infancia: Héctor Abad III. Me la había inventado para terminar las cartas que le mandaba a mi papá durante sus viajes a Asia, y le daba esta explicación: «Héctor Abad III, porque tú vales por dos».

A raíz de las conversaciones con mi papá (más que por las lecturas, que yo no era capaz de entender todavía), en el colegio, a veces en secreto y a veces públicamente, yo me alineaba con los rusos en una hipotética guerra contra los americanos. Claro que esta fe compartida me duró poco, pues cuando a mi papá lo invitaron a hacer un viaje por la Unión Soviética, a principios de los años setenta, y comprobó que la propaganda de *Selecciones* tenía mucho de verdad, regresó con una desilusión absoluta sobre los logros del «socialismo real», y sobre todo escandalizado con los niveles insoportables del Estado Policial y sus atentados imperdonables contra la libertad individual y los derechos humanos.

—Vamos a tener que hacer un socialismo a la latinoamericana, porque lo que es el de allá es espantoso —decía mi papá, aunque con cierto pesar de tenerlo que reconocer.

Él creía sinceramente que el futuro del mundo tenía que ser socialista, si queríamos salir de tanta miseria e injusticia, y en algún momento —hasta su viaje a Rusia— pensó que el modelo soviético podría ser el bueno. Esta creencia suya, opuesta a la de mi mamá (que cuando estuvo en La Habana viendo la Revolución cubana, con buena rima les dijo que ella prefería la Revolución mexicana), se reflejaba hasta en las cosas más simples y cotidianas. Cuando yo tenía un año, era un bebé calvo, blanco y rechoncho, y mi papá y mi mamá discutían a quién me parecía más: ella aseguraba que yo era casi igual a Juan XXIII, el papa del momento, y él en cambio sostenía que me parecía más a Nikita Kruschev, el Secretario General del Partido Comunista Soviético. Mi mamá debió de ganar la discusión, pues la finca donde pasamos las vacaciones de ese año no se llamaba el Kremlin, sino Castelgandolfo.

14

Ante todas mis inquietudes, mi papá me leía pedazos de la *Enciclopedia Colliers*, que teníamos en inglés, o trozos de los grandes autores necesarios para una *«liberal education»*, como decía el prólogo de la colección de Clásicos de la Enciclopedia Británica, unos cincuenta volúmenes encuadernados en falsa piel, con las obras más importantes de la cultura occidental. En las guardas de cada volumen de la *Collier's* había unos recuadros con la historia cronológica de los grandes avances de la civilización, desde el invento del fuego y de la rueda hasta los viajes espaciales y el computador, lo cual indicaba ya desde las pastas una gran fe en el progreso científico que nos conduciría siempre hacia algo mejor. Si yo le preguntaba a mi papá sobre la distancia de las estrellas, o sobre cómo venían al mundo los bebés, o sobre terremotos, dinosaurios o volcanes, recurría a las páginas y a las láminas de la *Enciclopedia Collier's*.

También me mostraba un libro de arte que sólo muchos años después supe que era importante, *The Story of Art*, de Ernst Gombrich. Cuando mi papá estaba en la universidad yo abría este libro muchas veces y solía deterne en la misma página. Esa *Historia del arte* fue la primera revista pornográfica de mi vida (junto con el mamotreto de la Real Academia, en formato gigante, donde yo buscaba las palabras groseras), pues como estaba en inglés yo sólo miraba las láminas, y la pintura en la que siempre me detenía más tiempo, con una gran confusión mental y fisiológica, era un cuadro que mostraba a una mujer desnuda, el pubis apenas semicubierto por unas ramas, que amamantaba a un niño mientras un hombre joven la observa, con un bulto protuberante entre las piernas. Al fondo se ve un relámpago, y el trueno de aquel cuadro fue como el estallar de mi vida erótica. En ese tiempo el nombre de la pintura o del pintor no tenían importancia para mí, pero hoy sé (conservo el mismo libro) que se trata de *La tempestad,* de Giorgione, y que el cuadro fue pintado a principios del Cinquecento. Las formas llenas y carnosas de esa mujer me parecían lo más perturbador y apetecible que había visto hasta ese momento, con la excepción, tal vez, del rostro perfecto de mi primer amor en la escuela primaria, una niña de la clase a la que nunca tuve el valor de dirigirle la palabra, Nelly Martínez, una muchachita de rasgos angelicales y que, si no estoy mal, era hija de un aviador, lo cual la hacía aún más aérea, misteriosa e interesante ante mis ojos.

Cuando me sacaron del colegio mixto en el que estudié durante la primaria y me metieron —para mayor confusión de ideas e influencias— a ese gimnasio donde mi tío Javier, del Opus Dei, trabajaba como capellán, fue una lástima que todos los cuerpos susceptibles de algún erotismo tuvieran que ser —ya que no había otros— los de mis compañeros varones que estudiaban en el gimnasio conmigo. Si alguno tenía rasgos faciales femeninos, o nalgas muy protuberantes, o caminado de hembra, en una confusión inevitable de sentimientos y palpitaciones, los más arrechos nos arrechábamos con ellos.

También en esto pasaba de un extremo a otro: el colegio era el reino de la religión represiva, medieval, blanca y clasista, pues mis compañeros pertenecían casi todos a las familias más ricas de Medellín, y era un mundo duro y masculino, de competencias, golpes y severidad, todo envuelto en el terrible temor del pecado y en la obsesión por el sexto mandamiento, con una enfermiza manía sexofóbica mediante la cual se intentaba reprimir a toda costa una sensualidad incontrolable que se nos salía por los poros, alimentada por chorros de hormonas juveniles.

Aquella cruzada de nuestros maestros contra el sexo era lo que se dice una misión imposible, y el mismo fundador de la Obra, en unas películas propagandísticas que nos hacían ver en la biblioteca, hablaba del «heroísmo de la castidad». Nunca se me olvida que en una de esas películas monseñor Escrivá de Balaguer, hoy santo según dictamen de la Santa Madre Iglesia, después de hablar de las victorias de Franco contra «los rojos» en España, y de recomendarnos con furia intransigente la castísima virtud de la pureza, se quedaba mirando a la cámara con ojos penetrantes y sonrisa maliciosa, mientras decía lentamente esta frase: «¿No creéis en el infierno? Ya lo veréis, ya lo veréis». El padre Mario, que había reemplazado a mi tío como capellán, y a quien no se le podía decir «padre» (pues padre había uno solo y era El Padre, monseñor Escrivá), siempre empezaba igual sus entrevistas individuales de dirección espiritual, a las que cada quincena íbamos pasando por turnos:

—Hijo, ¿cómo estás de pureza?

Y creo que sus mañanas y tardes consistían en el deleite vicario e inconfesable de asistir una tras otra, como en una larga sesión de pornografía oral, a las minuciosas confesiones de nuestra irreprimible sed de sexo. El padre Mario quería siempre detalles, más detalles, con quién y cuántas veces y con cuál de las manos y a qué horas y en dónde, y uno le notaba que esas revelaciones, aunque las condenara de palabra, le atraían de una manera enfermiza, tenaz, y que su insistencia en el interrogatorio lo único que revelaba era su ansia por explorarlas.

Al atardecer, luego de esos interminables y aburridos días de colegio, con profesores mediocres (salvo un par de excepciones), yo volvía, después de un larguísimo recorrido en bus, desde Sabaneta hasta Laureles, en extremos opuestos del Valle del Aburrá, al universo femenino de mi casa llena de mujeres. Allí también el sexo estaba oculto o negado, y hasta tal punto que, cuando éramos más pequeños y nos bañaban a todos juntos, para ahorrar agua caliente, en la bañera que había en el cuarto del doctor Saunders, por idea de la hermanita Josefa, a mis hermanas les permitían desnudarse y mostrar su curiosa rajadura en forma de ranura de alcancía entre las piernas, pero a mí no se me permitía quitarme los calzoncillos, por esa rara trinidad, única en la familia, que me brotaba en la mitad del cuerpo. Sólo mi papá, que en cambio estaba dispuesto a ducharse en pelota conmigo, y que les explicaba a mis hermanas con dibujos explícitos e inmensos la manera en que se hacían los hijos, restablecía el equilibrio cuando regresaba de la universidad por la noche, y aclaraba con generosidad y dedicación todas mis dudas. Desmentía a los profesores, criticaba a la monja por su espíritu medieval y mojigato, sacaba el infierno de la geografía de la ultratumba, que quedaba reducida a una *terra incognita,* y devolvía el orden en el caos de mis pensamientos. Entre dos pasiones religiosas insensatas, una masculina, en el colegio, y otra femenina, en la casa, yo tenía un asilo nocturno e ilustrado: mi papá.

15

¿Por qué había cedido mi papá, que había estudiado en colegios públicos laicos, y había permitido que a mí me educaran en un colegio privado confesional? Supongo que tuvo que resignarse a eso ante la ineluctable decadencia que hubo en Colombia, hacia los años sesenta y setenta, de la educación pública. Debido a los profesores mal pagos y mal escogidos, agrupados en sindicatos voraces que permitían la mediocridad y alimentaban la pereza intelectual, debido a la falta de apoyo estatal que ya no veía en la instrucción pública la mayor prioridad (pues las élites que gobernaban preferían educar a sus hijos en colegios privados y el pueblo que se las arreglara como mejor pudiera), a causa también de la pérdida del prestigio y el estatus de la profesión docente, y la pauperización y crecimiento desmedido de la población más pobre, por este conjunto de motivos, y muchos otros, la escuela pública y laica entró en un proceso de decadencia del que todavía no se recupera. Por eso mi papá, molesto pero resignado, incapaz de negar la realidad, había dejado que mi mamá, más práctica, se encargara de la elección de colegio, uno femenino para mis hermanas y uno masculino para mí, necesariamente privado, que en el caso de Medellín era también sinónimo de religioso.

Ella metió a mis hermanas con las monjas de La Enseñanza y de Marie Poussepin, donde ella misma había terminado el bachillerato, y para mí pensó, después de los años de kínder, que hice allá mismo, y después de los primeros cursos de primaria, que realicé en la escuela del barrio (donde no había bachillerato), que lo mejor sería meterme al colegio de la Compañía de Jesús, el San Ignacio, porque los jesuitas llevaban siglos de experiencia educando muchachos, y al menos de eso tenían que saber.

Una tarde, después de pedir cita con el rector, fuimos juntos allá para solicitar un cupo. Recuerdo que el rector, el padre Jorge Hoyos, tras de obligarnos a una antesala mucho más larga de lo necesario —pues era evidente que estaba solo—, como acostumbran hacer los gerentes de todas las compañías, nos acogió con una frialdad y una distancia que imponían un respeto reverencial. Nos recibió ya de pie (como hacía aquel personaje del *El gatopardo,* para no mostrarle a mi mamá que se levantaba) y sin ningún preámbulo, tratándola de usted, empezó a interrogarla, sin contestar siquiera a su saludo:

—Jorge, ¡cuánto tiempo! ¿Cómo estás?

—¿Qué la trae, señora, por aquí?

De inmediato me di cuenta de que la cosa pintaba mal pues ella me había dicho en la casa, antes de salir, que todo sería muy fácil porque «Jorge» había sido amigo de ella de toda la vida, sobre todo en la juventud, antes de irse de cura con los jesuitas. Ese «señora» indicaba que mi mamá ya no podría decirle Jorge de nuevo, sino Padre Hoyos, o incluso Señor Rector. Como el motivo de la visita era obvio, y los puestos en su colegio limitados y muy apetecidos, él había adoptado a conciencia su posición de privilegio, de persona que puede hacer o negar un favor.

—Vengo, padre, a pedirle un puesto en el colegio para mi hijo, que ya está terminando la primaria —y aquí me acarició la cabeza para decir mi nombre compuesto, mi edad, y presentarme como un niño aplicado. El Padre Hoyos contestó, sin hacer ningún gesto de presentación, y sin hacernos sentar:

—Ah, señora, eso no es tan fácil como cree, por muy buen estudiante que sea el niño. Mire, yo tengo aquí tres cajones —el rector se dirigió a un archivador y los fue abriendo uno por uno, muy despacio, para que viéramos dentro las pilas de solicitudes de admisión—. Este primero yo lo llamo el Cielo, y es para los alumnos que entran directamente.

Mi mamá, que sabía mejor que yo para dónde iban las cosas, le dijo:

—Y estoy segura de que nosotros no estamos ahí...

—Exacto. Luego viene el cajón del Purgatorio, que es este, donde pondremos la solicitud de su niño, ¿cómo se llama? —mi mamá se lo repitió y él pronunció mi nombre muy despacio, sílaba por sílaba, con extrema ironía—: Héctor Jo-a-quín—. Para estos tenemos que hacer un análisis muy minucioso de la familia de origen para saber si entran o no entran, si puede haber en el seno del hogar alguna influencia negativa —y en este punto abrió mucho los ojos, como subrayando la insinuación maligna— o perniciosa desde el punto de vista moral o doctrinal.

Allí se detuvo un momento, todo el tiempo con los ojos de par en par, mirando fijamente a mi mamá, como para dejar que ella viera con los ojos de la imaginación a ese médico calvo y de gafas que despertaba tanta rabia en toda la ciudad.

—Y finalmente viene el cajón del Infierno, que pertenece a aquellos que no tienen ni la más remota esperanza de entrar aquí, que a veces entran allí directamente, y otras caen como atraídos por la gravedad desde el Purgatorio de arriba.

Aquí mi mamá no aguantó más, y con esa sonrisa lejana que había aprendido quizá en el trato con su tío el arzobispo, con esa simpatía displicente que ha sido siempre su manera de poner a los demás en su sitio, no dudó un instante en contestar, cambiando bruscamente de tono y de pronombre:

—Ay, Jorge, podés ponernos de una vez en el Infierno, que yo voy a pedir cupo en otro colegio. Perdoná la molestia, y hasta luego.

Y al decir esto me tomó de la mano, dimos media vuelta y salimos precipitadamente de la rectoría del San Ignacio, sin dar la mano ni volver la vista atrás para estudiar la cara del padre rector, a quien no volvimos a ver nunca en la vida.

16

Así fue como terminé estudiando en el Gimnasio Los Alcázares, «establecimiento asesorado espiritualmente por el Opus Dei», así decían, donde me recibieron de inmediato gracias a la influencia de mi tío Javier, cura de la Obra, y pasando por alto, esta vez, «la ideología perniciosa» de mi papá. Para mí ese colegio tenía una ventaja adicional, y era que dos primos míos estudiaban allá, Jaime Andrés y Bernardo, ambos de mi misma edad, y eso me hacía confiar en que sería más fácil la experiencia de «nuevo», que implica siempre un peaje de tormentos y burlas en cualquier colegio. Tal vez yo insistí en que me metieran ahí, sin pensar para nada en el asunto religioso, y a lo mejor por eso mi papá no opuso resistencia. Porque era raro que él, que en las reuniones familiares siempre tenía terribles discusiones con el tío Javier por motivos de fe (y ambos se acaloraban y subían la voz al discutir sobre el problema del Mal), se hubiera plegado a mi antojo o a la sabia presión, leve pero insistente, de mi mamá. Tal vez le pareció que todo eso formaba parte de un destino irremediable con el que más valía no luchar. Así como los monasterios en el Medioevo eran el único sitio donde podía refugiarse cualquiera que tuviera vocación de estudioso, también ahora era una señal de los tiempos, y de nuestro país, que en nuestra ciudad no hubiera sino colegios confesionales, al menos con un nivel académico decente, donde pudiera estudiar un hijo suyo. Además pensaría que eso de «vivir en contra» podría contribuir a probar y afirmar algunas de las creencias distintas por las que él me iría conduciendo.

Aunque, si lo pienso mejor, yo creo también que para esos años él era víctima todavía de una lucha interior. Trataba de educarme a mí como no creyente, que era lo que él racionalmente quería ser, con el fin de librarme de todos esos fantasmas de represión y culpabilidad religiosas que lo habían atormentado durante toda la vida, pero al mismo tiempo, en parte por no contradecir las creencias de mi mamá, y en parte porque confiaba en que la educación impartida por los curas era mejor, o siquiera menos mala, más seria y rigurosa, más disciplinada, dejaba el razonamiento a medias y permitía que las cosas fluyeran como fueran saliendo, sin oponer resistencia, con ese espíritu tolerante que admitía que todas las ideas fueran expuestas en toda su amplitud antes de tomar partido por lo que uno considerara menos pernicioso o más benéfico.

No tendría sentido arrepentirse de algo que dependió tan poco de la voluntad y tanto de las circunstancias de haber nacido en este momento de la historia, en este rincón de la tierra, en ese entorno familiar, y no en otro. Tuve la suerte, digámoslo así, porque a todo conviene verle el lado positivo, de ser educado, pues así era en Los Alcázares, en una tradición escolástica que al menos respetaba el rigor de la lógica aristotélica y creía que a las verdades de la fe se podía acceder por la razón, siguiendo las sutilezas mentales del doctor de la Iglesia santo Tomás de Aquino. Más hábil y certero habría sido meternos por el camino menos racional de san Agustín, mucho más resbaloso en el momento de rebatir, pues no apelaba a la razón sino a las corazonadas. Nos obligaban a leer autores menores de la escuela tomista más recalcitrante, *El criterio* de Balmes, los pensamientos retorcidos de monseñor Escrivá de Balaguer, las diatribas de los educadores de la Falange española contra el materialismo ateo, el laicismo moderno, y cosas así.

Al mismo tiempo, en la casa, mi papá me ofrecía antídotos caseros contra la educación escolar. A las lecturas del colegio, todas impregnadas de patrística y filosofía católica, mi papá oponía otros libros y otras ideas que me convencían mucho más, y si en clase de Religión o de Ciencias se pasaba por alto la teoría evolucionista (o se decía que no había sido comprobada a saciedad), o si en clase de Filosofía despachaban en tres patadas a Voltaire, D'Alembert y Diderot, en la biblioteca de mi papá era posible aplicarse vacunas con pequeñas dosis de ellos mismos, que me inmunizaran contra su destrucción, o con Nietzsche y Schopenhauer, con Darwin o Huxley, y las pruebas de Leibniz y santo Tomás de la existencia de Dios podían ser tratadas con el antibiótico de Kant o de Hume (que hacía una gran crítica de los milagros), o con el más accesible y juguetón escepticismo de Borges, y sobre todo con la claridad refrescante del gran Bertrand Russell, que era el ídolo filosófico de mi papá y mi libertador mental.

En últimas, en asuntos de religión, creer o no creer no es sólo una decisión racional. La fe o la falta de fe no dependen de nuestra voluntad, ni de ninguna misteriosa gracia recibida de lo alto, sino de un aprendizaje temprano, en uno u otro sentido, que es casi imposible de desaprender. Si en la infancia y primera juventud se nos inculcan creencias metafísicas, o si por el contrario nos enseñan un punto de vista agnóstico, o ateo, llegados a la edad adulta será prácticamente imposible cambiar de posición. Los niños nacen con un programa innato que los lleva a creer, acríticamente, en lo que afirman con convicción sus mayores. Es conveniente que sea así, pues qué tal que naciéramos escépticos y ensayáramos a cruzar la calle sin mirar, o a probar el filo de la navaja en la cara para ver si corta de verdad, o a internarnos en la selva sin compañía. Creer a ciegas lo que le dicen los padres es una cuestión de supervivencia para cualquier niño, y en eso caben los asuntos de la vida práctica como también las creencias religiosas. No creen en fantasmas o en personas poseídas por el demonio quienes los han visto, sino aquellos a quienes se los hicieron sentir y ver (aunque no los vieran) desde niños.

A veces unas pocas personas, ebrias de racionalidad, al crecer, recapacitan y por algunos años adoptan el punto de vista descreído, aunque hayan sido educados de un modo confesional, pero cualquier fragilidad de la vida, vejez o enfermedad los vuelve tremendamente susceptibles a buscar el apoyo de la fe, encarnada en alguna potencia espiritual. Sólo quienes estén, desde muy temprano en la vida, expuestos a la semilla de la duda, podrán dudar de una u otra de sus creencias. Con una dificultad adicional para el punto de vista que desconoce la vida espiritual (en el sentido de seres y lugares que sobreviven después de la muerte o que son preexistentes a nuestra propia vida), que consiste en que probablemente, por una cierta agonía existencial del hombre, y por nuestra torturadora y tremenda conciencia de la muerte, el consuelo de otra vida y de tener un alma inmortal, capaz de llegar al cielo o capaz de trasmigrar, será siempre más atractiva, y dará más cohesión social y sentimiento de hermandad entre personas lejanas, que la fría y desencantada visión en la que se excluye la existencia de lo sobrenatural. Los hombres sentimos una honda pasión natural que nos atrae hacia el misterio, y es una labor dura, y cotidiana, evitar esa trampa y esa tentación permanente de creer en una indemostrable dimensión metafísica, en el sentido de seres sin principio ni final, que son el origen de todo, y de impalpables sustancias espirituales o almas que sobreviven a la muerte física. Porque si el alma equivale a la mente, o a la inteligencia, es fácil de demostrar (basta un accidente cerebral, o los abismos oscuros del mal de Alzheimer) que el alma, como dijo un filósofo, no sólo no es inmortal, sino que es mucho más mortal que el cuerpo.

Viajes a Oriente

17

Durante mi infancia y primera juventud, en los años sesenta y setenta, mi papá estuvo enfrentado muchas veces con las directivas de la universidad por motivos ideológicos. Claro que yo esto ni lo entendía ni lo percibía directamente, pero las conversaciones entre mi papá y mi mamá, en el comedor y en el cuarto, eran interminables y tensas. Ella lo apoyaba en todo, con firmeza, le ayudaba a aguantar las persecuciones más injustas y le sugería estrategias diplomáticas de supervivencia. Pero llegaba un momento en que todo fracasaba y mi papá tenía que marcharse para largos viajes, viajes incomprensibles para mí, y con consecuencias muy dolorosas, que yo no entendía, y que sólo pude dilucidar bien al cabo de los años.

En esos decenios tuvo que soportar, una y otra vez, la persecución de los conservadores, que lo consideraban un izquierdista nocivo para los alumnos, peligroso para la sociedad y demasiado librepensador en materia religiosa. Y después, desde finales de los setenta, tuvo que aguantar también el macartismo, las burlas despiadadas y las críticas incesantes de los izquierdistas que reemplazaron a los conservadores en ciertos mandos del claustro, quienes lo veían como un burgués tibio e incorregible porque no estaba de acuerdo con la lucha armada. Recuerdo que mi papá, en el período de transición, cuando la izquierda ocupó el espacio que dejó la derecha en la universidad, y cuando él más que nunca predicaba la tolerancia de todas las ideas, y el mesoísmo en filosofía (una palabra que él había inventado para defender el justo medio, el antidogmatismo y la negociación), repetía mucho la siguiente frase, quizá citando a alguien que no recuerdo: «Aquellos a quienes los güelfos acusan de gibelinos, y los gibelinos acusan de güelfos, esos tienen la razón».

Le pareció grotesco cuando los marxistas quisieron convertir y convirtieron la vieja capilla de la ciudad universitaria en un laboratorio, y luego en un teatro, pues si bien la universidad debía ser laica, había nacido religiosa, es más, había nacido en un convento, y por lo tanto respetar (en vista de que la mayor parte de los profesores y de los estudiantes eran creyentes) un sitio de culto no era una claudicación de ese ideal laico, sino la confirmación de un credo liberal y tolerante que admitía toda manifestación intelectual de los hombres, sin excluir las religiosas, y poco tendría de malo que la universidad albergara también un templo budista, una sinagoga, una mezquita y una capilla de masones. Todo fundamentalismo era para él pernicioso, y no sólo el de los creyentes, sino también el de los no creyentes.

Pero a principios de los sesenta, cuando yo tenía apenas tres o cuatro años, la pelea era con los representantes de la extrema derecha, como volvería a serlo en los años ochenta. Hacia 1961, mi papá tuvo su primer conflicto grave con ellos, que en ese momento eran nada menos que las más altas jerarquías de la Universidad de Antioquia, la *alma mater* donde se había formado y donde trabajó como profesor, pese a todo, hasta el último día de su vida. El rector, Jaime Sanín Echeverri, de talante conservador (si bien con los años limaría sus filos más agudos hasta llegar a una vejez menos fanática), y sobre todo el decano de la Facultad de Medicina, Oriol Arango, empezaron a perseguirlo con el propósito, no muy oculto, de que renunciara a su cátedra. En algún momento hubo un paro de maestros públicos y mi papá apoyó la huelga con artículos e intervenciones en la radio y en la plaza. A raíz de este apoyo recibió una carta del decano, el doctor Arango, en la que lo regañaba así:

«Cuando asumí las funciones de decano, usted y yo convinimos en la necesidad de librar a la cátedra de Medicina Preventiva, para bien de la facultad, de lo que usted llamaba el "bad will" y yo el sambenito de comunista. Agradecí su promesa de no ahorrar esfuerzo alguno suyo para esta necesaria campaña. Pero ahora he recibido numerosas informaciones sobre su actuación en la tribuna pública y en la radio, dentro de un reciente movimiento que degeneró en un paro ilegal. En casos como este se basan las dudas sobre si en su cátedra se está haciendo labor puramente universitaria o se está tratando de agitar a las masas. Su actitud no se compagina con la posición de profesor universitario y estimo llegado el momento de definirse y escoger entre dedicarse por entero a la docencia o a actividades ajenas a ella.»

La respuesta de mi papá, después de informarle al decano sobre algunas labores que estaba emprendiendo en un pueblo cercano a Medellín con un filántropo norteamericano (se refería, sin nombrarlo, al doctor Saunders), de práctica efectiva, útil y real de la salud pública, traía las siguientes reflexiones:

«Debo manifestar a usted, muy respetuosamente, que nunca he entendido mi posición profesoral como renuncia a mis derechos de ciudadano y a la libre expresión de mis ideas y opiniones en la forma en que lo crea conveniente. Hasta ahora, en los cinco años de cátedra universitaria en esta facultad, es la primera vez que esto trata de prohibírseme. Bajo los dos anteriores decanatos he escrito en la prensa y he emitido mis opiniones en la radio, y aunque es posible que esto sea lo que haya causado el "bad will" (entre ciertos sectores) en relación con esta cátedra, no tengo el más mínimo arrepentimiento por haberlo hecho, pues creo que he tenido siempre por mira el bien público, y que siendo la cátedra que dirijo esencialmente de servicio general y de contacto con la realidad colombiana, no me podría aislar y aislar a los estudiantes, en una torre académica de marfil, siendo que, al contrario, debería entrar de lleno en contacto con los reales problemas colombianos, no con los futuros y pasados, sino también con los presentes, para que la universidad no siga siendo un ente etéreo, aislado de las angustias de la gente, de espaldas al medio y sostenedora de los viejos métodos y privilegios que han mantenido en la Edad Media de la injusticia social al pueblo colombiano.

»Ayer no más, sobre el lomo de un caballo, y con el presidente de una asociación americana de servicio social, visitaba a nuestros *siervos* campesinos que no tienen agua, ni tierra, ni esperanza. Pensaba venir a contar esto a los estudiantes y al público en general, e invitarlos a que fueran a conocerlos para que pudiéramos idear mejores métodos para remediar tan lamentables circunstancias. Si estas ideas son incompatibles con el profesorado, usted puede resolver lo que a bien tenga, señor decano, pero no pienso renunciar a ellas por ninguna presión económica o política que sobre mí se ejerza, ni pienso abandonarlas, melancólicamente, después de haber luchado toda la vida por ellas y por mi derecho a expresarlas.»

La respuesta ya no fue del decano, sino del consejo directivo de la universidad. El rector, los decanos todos, el representante del presidente de la República, del ministro de Educación, de los profesores, de los exrectores, de los estudiantes, todos por unanimidad apoyaron la posición del doctor Arango. Mi papá volvió a responderles con mucha vehemencia, pero vio que su espacio en la universidad se hacía angosto, y que todos los ojos estaban puestos sobre él para despedirlo en cualquier momento con el pretexto más fútil que pudieran encontrar. Fue entonces, hacia el año 63 o 64, cuando empezaron las repetidas «licencias» que mi papá pidió para no verse sometido a una destitución repentina.

Para esquivar el temporal, como los aviadores que rodean un *cumulus nimbus* en forma de yunque y retornan un poco más adelante a la ruta establecida, evitando la tormenta, mi papá (que en los primeros años de su experiencia como médico había trabajado en Washington, Lima y México como consultor de la Organización Mundial de la Salud) pudo conseguir algunas consultorías médicas internacionales, primero en Indonesia y Singapur, después en Malasia y Filipinas, y para hacerlas pidió varias licencias. Las directivas de la universidad, felices de deshacerse, así fuera temporalmente, del dolor de cabeza personificado en ese médico revoltoso, se las concedieron de inmediato.

Esos paréntesis de ausencia no eran suficientes para calmar las aguas; al volver encontraba que sus antiguos alumnos (protegidos, recomendados y nombrados como profesores por él mismo) lo recibían con piedras en la mano. Uno en particular, Guillermo Restrepo Chavarriaga, se dedicó a insultarlo y a acusarlo de ser «un demagogo con el estudiantado y un dictador con el profesorado», además de profesar «una filosofía peligrosa y contraria al progreso de la escuela y de la salud». Mi papá se enteraba de esas acusaciones con asombro y leía esas cartas casi sin poder creer lo que leía. En la misma Escuela de Salud Pública que él había fundado y dirigido pretendían echarlo a las patadas y con las acusaciones más infames. Entonces tenía que volver a pedir alguna asesoría internacional para poder seguir manteniendo a la familia sin tener que renunciar a su dignidad en la facultad.

Recuerdo que los primeros días, cuando él se marchó para uno de esos viajes, tal vez el primero, de más de seis meses, y que para mí era casi lo mismo que una muerte, yo le rogaba a mi mamá que me dejara dormir en la cama de él, y les pedía a las muchachas que no cambiaran las sábanas ni las fundas de las almohadas, para poder dormirme sintiendo todavía el olor de mi papá. Y me hicieron caso, al menos al principio, hasta que ya las semanas y mi propio cuerpo habían suplantado aquel olor maravilloso, que en mi nariz era el signo de la protección y la tranquilidad.

Una llamada por teléfono desde las antípodas, en esos años, costaba un ojo de la cara, y mi papá sólo podía permitirse una conferencia muy breve, una vez al mes, en la que era imposible que pudiera hablar con los seis hijos y con mi mamá, por lo que se limitaba a hablar cinco minutos con ella, que, a los gritos y entre pitidos y murmullos siderales, atropelladamente, tenía que contarle cómo estábamos todos, uno por uno, y qué novedades había en la familia y en el país. Por supuesto que estaban las cartas, y a cada uno de los hijos nos llegaban muchas, por separado, o en conjunto, todas las semanas. También nosotros le escribíamos, y en el archivo de la casa todavía están algunas de sus respuestas, siempre amorosas y tiernas, llenas de reflexiones y consejos para cada uno de nosotros, con el dolor de la lejanía atemperado por el recuerdo y la constancia de los mejores sentimientos. Yo, de regreso a la desolación de mi cama y de mi cuarto, metía sus postales y sus cartas debajo del colchón, y esas líneas de letras que me traían desde Asia la voz de mi papá eran mi compañía nocturna y el soporte secreto de mi sueño.

Por algunas de esas cartas que conservo todavía, y por el recuerdo de los cientos y cientos de conversaciones que tuve con él, yo he llegado a darme cuenta de que no es que uno nazca bueno, sino que si alguien tolera y dirige nuestra innata mezquindad, es posible conducirla por cauces que no sean dañinos, o incluso cambiarle el sentido. No es que a uno le enseñen a vengarse (pues nacemos con sentimientos vengativos), sino que le enseñan a no vengarse. No es que a uno le enseñen a ser bueno, sino que le enseñan a no ser malo. Nunca me he sentido bueno, pero sí me he dado cuenta de que muchas veces, gracias a la benéfica influencia de mi papá, he podido ser un malo que no ejerce, un cobarde que se sobrepone con esfuerzo a su cobardía y un avaro que domina su avaricia. Y lo que es más importante, si hay algo de felicidad en mi vida, si tengo alguna madurez, si casi siempre me comporto de una manera decente y más o menos normal, si no soy un antisocial y he soportado atentados y penas y todavía sigo siendo pacífico, creo que fue simplemente porque mi papá me quiso tal como era, un atado amorfo de sentimientos buenos y malos, y me mostró el camino para sacar de esa mala índole humana que quizá todos compartimos, la mejor parte. Y aunque muchas veces no lo consiga, es por el recuerdo de él que casi siempre intento ser menos malo de lo que mis naturales inclinaciones me indican.

18

El problema era que cuando él se ausentaba durante meses, yo caía, indefenso, en el oscuro catolicismo de la familia de mi mamá. Me tocaba ir muchas tardes a la casa de la abuelita Victoria, que se llamaba así porque había venido al mundo después de una sarta de seis hermanos, en Bucaramanga, y cuando al fin había nacido el séptimo y último hijo, una mujer, mi bisabuelo, José Joaquín, profesor de Castellano y autor de crónicas amenas, había gritado: «¡Al fin, Victoria!», y Victoria se quedó la niña. Mi abuela tenía, pues, un montón de varones devotos por delante, entre sus hermanos, y acabó siendo la hermana del arzobispo Joaquín y la hermana de monseñor Luis García; y la hermana de Jesús García (que se había casado, pero en últimas era más sacerdote que los dos anteriores pues oía tres misas diarias, como si fueran cines: matinal, vespertina y noche, y después de enviudar había dedicado su vida a la devoción y a recordarle a todo el mundo —ya que nadie se acordaba— que él había sido ministro de Correos y Telégrafos durante el gobierno de Abadía Méndez, hasta la desastrosa llegada al poder de los liberales, masones y radicales), y la hermana de Alberto, cónsul en La Habana (este un poco más vividor que sus hermanos, quizá el menos mamasantos de la familia); y la tía de Joaquín García Ordóñez, obispo de Santa Rosa de Osos, y la tía, además, de los dos curas rebeldes que ya he mencionado, René García y Luis Alejandro Currea. Fuera de esta parentela devota y masculina, para completar el cuadro de su entorno católico hasta el tuétano, sus confesores y amigos íntimos eran monseñor Uribe, que llegaría a ser obispo de

Rionegro y el más famoso exorcista de Colombia; el padre Lisandro Franky, párroco en Aracataca, y el padre Tisnés, historiador de la Academia; y gracias a todos estos nexos levíticos era además la anfitriona del Costurero del Apostolado, un grupo de mujeres que se dedicaba todas las tardes de los miércoles, de dos a seis, a coser sin sosiego los ornamentos de los curas de la ciudad, gratis para los pobres y caros para los ricos, y cosían, tejían y bordaban albas, cíngulos, estolas, casullas, amitos para cubrir la espalda, purificadores para el altar, palias para pulir el copón y roquetes para los seminaristas y los monaguillos.

La casa de mi abuela, en la carrera Villa con la calle Bombóná, olía a incienso, como las catedrales, y estaba llena de estatuas e imágenes de santos por todas partes, como un templo pagano de diversas devociones y especialidades (el Sagrado Corazón de Jesús, con la víscera expuesta, santa Ana enseñándole a leer a la santísima Virgen, san Antonio de Padua, con su lengua incorrupta predicando a los pájaros, san Martín de Porres protegiendo a los negros, el santo cura de Ars en su lecho de muerte), además de unas fotos inmensas del difunto señor arzobispo, con sus lentes de ciego que no dejaban verle los ojos, desperdigadas por las paredes del comedor y de los corredores oscuros y largos. Había también capilla y oratorio, donde tío Luis estaba autorizado a decir misa, y varias cartas enmarcadas en laminilla de oro porque traían la firma del cardenal Pacelli, y luego de su santidad Pío XII, nombre que tomó el mismo cardenal, amigo de tío Joaquín, cuando el Espíritu Santo lo hizo nombrar papa poco antes de la Segunda Guerra Mundial, para desgracia de los judíos y vergüenza de la cristiandad; y entre tantos objetos y devociones e imágenes sagradas, se respiraba un permanente olor a sacristía, a cirio encendido, a terror del pecado y a chismes de convento.

Al caer la tarde, alrededor de la abuela, nos sentábamos todos en el oratorio, mis hermanas y yo, y empezaban a brotar mujeres de todos los rincones de la casa, mujeres parientes y mujeres del servicio y mujeres del vecindario, mujeres siempre vestidas de negro o de café oscuro, como cucarachas, con cachirula en la cabeza y rosario de cuentas en la mano. La ceremonia del rosario la presidía tío Luis con su sotana vieja y brillante, manchada de ceniza, abrumada de plancha, y sus manos estragadas de leproso, con su tonsura en la coronilla blanca y su estampa de gigante, risueño y furibundo al mismo tiempo, escandalizado y desolado por los irremediables pecadores y los rutinarios pecados que cada tarde tenía que absolver en el confesionario de su apartamento. Esperaba paciente, fumándose un cigarrillo tras otro y chamuscándose los dedos, repitiendo una y otra vez su vieja cantinela de desesperado («¡Ah, cuándo, cuándo llegaremos al cielo!»), mientras acababan de llegar las mujeres «de adentro» y las de afuera.

Salía Marta Castro, que había sido tísica y de esto le había quedado una tos sorda, seca, permanente, una respiración breve y ansiosa, y que además tenía un ojo nublado, gris tirando a azul, porque una vez bordando una casulla se había chuzado la retina con una aguja y había perdido el ojo, todo por hacerles el bien a los curas pobres, así le pagaba mi Dios, igual a como le había pagado a tío Luis, que se había ido de capellán para Agua de Dios, el lazareto colombiano, un pueblo de Cundinamarca, y allá había contraído la enfermedad que acabó por matarlo, con la espalda que se le caía a jirones y los dedos que se le desprendían en pedazos. Una vez mi abuela, cuando él estaba al final de sus días, le estaba tendiendo la cama y de pronto vio, sobre la sábana, suelto, el dedo gordo del pie, y entonces corrió a llamar al médico, pero ya no había nada que hacer, porque además del mal de Hansen había contraído diabetes y fue necesario cortarle las piernas, primero una y después la otra (y eso mismo le pasó después, aunque no lo crean, al padre Lisandro, el confesor de mi abuelita, y hubo que cortarle ambas extremidades a causa

119

de la diabetes que por falta de circulación le gangrenó las piernas, como si a ambos les hubiera caído un rayo de fuego desde las alturas en castigo por su devoción, por su celo cristiano y su apostólico celibato), aunque el bacilo de Hansen ya se había encargado de cercenarle a tío Luis los dedos de las manos y dejarle esos muñones terribles con los que iba pasando las cuentas del rosario. Y salía también Tatá, claro, la niñera que había sido de mi abuela y de mi mamá, que vivía seis meses en mi casa y seis meses en la casa de mi abuelita, y quien, como ya he dicho, se había quedado sorda y rezaba el rosario a su propio ritmo, pues cuando nosotros decíamos santa María, madre de Dios, ruega por nosotros pecadores, ahora y en la hora de nuestra muerte, amén, ella, sin ritmo ni concierto, al mismo tiempo, entonaba Dios te salve, María, llena eres de gracia, bendita tú eres, entre las mujeres y bendito sea el fruto de tu vientre... También a Tatá después le sucedió algo terrible pues el mejor cirujano de Medellín, el doctor Alberto Llano, oftalmólogo, la operó de cataratas y mi mamá la cuidaba, no podía moverse de la cama ni levantar la cabeza, mi mamá la lavaba con una toallita para que no se moviera, dos meses de quietud absoluta, porque en ese tiempo la operación se hacía con bisturí y no con láser y la herida era grande, pero una mañana mi mamá le estaba ayudando a cambiarse la piyama, y Tatá levantó la cabeza y cuando la levantó mi mamá vio que el ojo se le vaciaba, de la cuenca empezó a chorrear una materia gelatinosa, como un huevo crudo roto, y así mi mamá quedó también con el ojo de Tatá en la mano, como antes mi abuela con el dedo gordo de tío Luis gangrenado, una gelatina que olía a podrido, y Tatá quedó ciega para siempre, al menos por ese ojo, y por el otro ya no veía nada, sólo luces y sombras, o cosas muy grandes, bultos, pero ya no se atrevía a operarse las cataratas del otro ojo, y para comunicarse con ella mi mamá compró un tablero como los del colegio y tizas, y para decirle algo se lo tenía que escribir en el tablero con letras inmensas, porque ella no oía y sólo veía bultos grandes como casas, y rezaba y rezaba sin parar, porque esas eran cosas que mi Dios nos mandaba para probarnos o para hacernos pagar aquí en la tierra, anticipadamente, algunos de los tormentos del purgatorio, tan necesarios para limpiar el alma antes de poderse hacer merecedora del cielo.

Y también asistía a veces el Mono Jack, que de fumar y rezar le había dado un cáncer de garganta, y le habían sacado la laringe, por lo que no tenía voz, o hablaba muy raro, como con unos gargarismos que le salían del estómago, y a mis hermanas y a mí nos habían dicho que respiraba por la espalda, como las ballenas, pues le habían hecho un hueco que se comunicaba directo con los pulmones, y entonces al Mono Jack, que también rezaba el rosario con nosotros, no se le oía la voz, sino un borborigmo gangoso atorado en la garganta que ya no tenía, y que por eso se cubría con una pañoletica roja de seda doblada muy elegantemente, y mis hermanas y yo le mirábamos con terror concentrado la parte de atrás de la camisa, para comprobar si ahí, en la mitad de la espalda, se le abultaba con los resoplidos de cada espiración y se le encogía cada vez que tomaba aire, como si fuera un delfín con la nariz en la mitad del lomo. El Mono Jack tenía un solar donde crecían las mejores guayabas de la ciudad, inmensas, y a veces me invitaba a que yo me subiera a los árboles y bajara las guayabas, para que en mi casa o en la casa de la tía Mona hicieran bocadillos de guayaba y dulce de cocas de guayaba y cernido de guayaba y mermelada de guayaba y jugo de guayaba, y lo que más me impresionaba en la casa del Mono Jack era que se mantenía con un pito de árbitro de fútbol colgado del cuello con una cadenita, y cuando quería llamar a su mujer cogía el pito y daba un pitazo durísimo, y la esposa le contestaba desde adentro «Ya voy Mono, ya voy», y lo que yo no entendía era por qué no se ponía el pito en la espalda donde tenía el hueco para respirar y por donde le debía salir un surtidor de aire igual al surtidor de agua que les sale a las ballenas jorobadas.

Esos rosarios eran espantosos, como una procesión de feligreses estragados, como una corte de los milagros, como una escena de película de Semana Santa cuando los enfermos y los lisiados, los ciegos y los leprosos se acercaban a Cristo para que los sanara, pues venía también la adúltera, la pecadora, una lejana pariente, una mujer desgraciada y sin nombre, perdida para siempre pues había abandonado a su esposo y a sus hijos y se había fugado a una finca con otro, una finca ganadera por Montería, hasta que este otro, el concubino, la había repudiado a ella, y entonces ya se quedó sin nada, se quedó sin el pan y sin el queso, decían las mujeres, y había vuelto, pero ya nadie la había recibido y lo único que podía hacer era rezar y rezar rosarios toda la vida a ver si algún día mi Dios se apiadaba de ella y le perdonaba el acto abominable que había tenido el descaro de cometer, pero la trataban mal, tenía que sentarse atrás, muy atrás, confundida con las muchachas del servicio, con la cabeza gacha, demostrando humildad, y las demás mujeres a duras penas la miraban, la saludaban de lejos con un movimiento de las cejas, sin invitarla jamás al Costurero del Apostolado, como si temieran que el pecado que ella había cometido, el adulterio, pudiera ser contagioso, más contagioso que la lepra, la gripa y la tuberculosis.

Y también estaba Rosario, que hacía obleas y mojicones, y Martina la planchadora, que olía a engrudo, y la hija de Martina la planchadora, Marielena, que tenía un retardo mental y labio leporino, que había tenido tres hijos en la calle, de tres tipos distintos, porque a los machos remachos no les importa si se acuestan con un genio o con una imbécil, siempre lo quieren meter, basta que sea un hueco aromático y caliente, y Martina la planchadora, harta de las desapariciones de Marielena con sus machos arrechos, había cogido a los niños y se los había dado en adopción a unos canadienses, pues pensaba que Marielena ya volvería preñada de nuevo, y para qué tantos nietos, pero no había sido así y ahora a los hijos y nietos sólo los veían en postales los diciembres pues les llegaban fotografías de los niños en Navidad, unos niños canadienses rodeados de nieve y de bienestar, unos niños ajenos que se habían blanqueado con el frío y cuyos padres mandaban postales sin dirección del remitente, *Merry Christmas,* sólo el sello de Vancouver y las estampillas de Canadá con la imagen de la reina de Inglaterra, que revelaban el país y el sitio, pero no la casa donde ahora los niños vivían como ricos, mientras Martina la planchadora y su hija vegetaban aquí, solas y pobres, cada vez más viejas y más solas ambas, y ya Marielena con las trompas ligadas, porque así había vuelto la última vez que se voló con un hombre, estéril para siempre, por lo que ambas se quedaron solas y seguirían remendando y planchando solas y almidonando manteles y servilletas de lino solas y para nadie hasta que les aguantaran los dedos y los ojos.

Y además de las anteriores estaban las muchachas, así decía mi abuelita, las muchachas del Costurero del Apostolado, aunque todas eran viejas, incluso las jóvenes, todas muy viejas, y entre ellas estaban Gertrudis Hoyos, Libia Isaza de Hernández, la inventora de la Pomada Peña, que se había enriquecido con esa crema que borraba como por encanto las manchas de la cara y de las manos, la única rica del Costurero del Apostolado, la que más plata daba para las obras de beneficencia, Alicia y Maruja Villegas, unas señoras muy chiquitas y muy conversadoras, Rocío y Luz Jaramillo, otras hermanas, mi tía Inés, hermana de mi papá, y mi otra abuela, doña Eva, que vivía muerta de risa sin que uno supiera por qué, y Salía de Hernández, la cortadora, y Margarita Fernández de Mira, la mamá del psiquiatra, y Eugenia Fernández y Martina Marulanda, que vivía por ahí, la hermana del padre Marulanda, y más y más mujeres que venían a la casa de mi abuela a coser y a contar chismes y a rezar el rosario con tío Luis, con monseñor García, mi pobre tío enfermo de lepra, al que todo el mundo le sacaba el cuerpo, aunque nadie nunca jamás dijera la palabra ni mencionara esta enfermedad, ni mi mamá, ni mi abuelita, ni las muchachas del servicio, ni las muchachas viejas del Costurero del Apostolado ni nadie, solamente se decía «la prueba», o «la pena», la prueba y la pena que mi Dios le había enviado a la familia por rezarle tantos rosarios, comulgar tantas veces, confesarse cada semana y decirle misas y misas y más misas implorando sus milagros, que nunca llegaron, y su misericordia, que vino siempre vestida de dolores, tragedias y desgracias.

Mi mamá no iba nunca a esos costureros y muy pocas veces a los rosarios, porque ella trabajaba y era una mujer práctica, de pocas amigas, que detestaba el chismorreo perpetuo de los costureros y el olor a cura y a sacristía permanente, que era el olor de su infancia, pero nos descargaba a nosotros allá, a mis hermanas y a mí, para que nos cuidaran, pero en realidad para que viéramos eso, para que fuéramos buenos, decía, o más bien, creo yo, para que tuviéramos una pruebita de su infancia, sin decírnoslo, y para que rezáramos por ahí derecho el rosario con ese montón de viejas, para que palpáramos cómo había sido su niñez de huérfana en esa casa que destilaba catolicismo, rezos, beatas, mujeres santas y mujeres pecadoras, deformidades humanas, tragedias públicas y secretas, enfermedades vergonzosas, en esa casa de devociones que Dios había escogido para descargarle, como a cualquier otra casa, como a todas las casas de esta tierra, los rayos de su ira representados en una buena dosis de miseria, de muertes absurdas, de dolores y enfermedades incurables.

19

Sí, cuando mi papá, expulsado temporalmente por el clima político adverso de la universidad, se iba para sus licencias de meses en Yakarta, en Manila, en Kuala Lumpur, y también, años más tarde, en Los Ángeles, donde lo invitaba el profesor Milton Roemer a dar cursos de Salud Pública en la Universidad de California (y después mi papá se aparecía en la casa con sus alumnos de allá, Allan y Terry y Kith, y otros que ya no recuerdo, y a mí me tocaba dormir con esos gringos rubios e inmensos en el cuarto, estudiantes de Medicina que venían a ver las miserias del trópico, sin hablar ni una palabra de inglés, o con mi única frase breve como un verso, *it stinks, it stinks, it stinks,* que a veces resultaba muy cierta pues me tocó que ellos fueran a vomitar al sanitario de mi cuarto, enfermos de asco, varias veces, cuando por casualidad en el almuerzo mi mamá tenía la estupenda idea de servirles el gran manjar de una lengua bovina entera estofada, enorme y roja, babosa, con la receta de doña Jesusita, expuesta de cuerpo presente en una bandeja de plata como la cabeza de san Juan Bautista, o de Holofernes), cuando mi papá se iba para todos esos sitios durante meses, yo quedaba a merced del mujererío enfermo de catolicismo de mi casa, lo cual quería decir también a merced de mi abuelita Victoria, que era dulce y alegre, sobre todo con mis hermanas (porque con ellas hablaba de amores y de novios), quién lo niega, al menos cuando no estaba rezando, pero yo en general llegaba después del colegio, por la tarde, a la hora del recogimiento y del santo rosario con tío Luis, y eso para mí era el infierno sobre la tierra, por mucho que varias veces nos dijeran, al principio, que «los misterios que vamos a contemplar hoy son los gozosos», y entre los gozosos estaban la visita a su prima santa Isabel y también la pérdida y hallazgo del niño en el templo, como me sentía yo, un niño perdido en ese templo de la casa de mi abuela, sin un padre que me viniera a rescatar. Y otros días dizque contemplábamos los misterios gloriosos, entre los que estaban el tránsito de María de esta vida terrenal a la eterna y la resurrección de nuestro señor Jesucristo. Pero los misterios que mejor recuerdo que contemplábamos, y los que más se parecían a lo que yo sentía, eran los dolorosos: los cinco mil y más azotes, la cruz pesada que pusieron en sus delicados hombros, la corona de espinas, la oración en el huerto, la afrentosa muerte en la cruz, y no habíamos acabado de contemplar esas torturas romanas cuando empezaban las eternas letanías de Loreto a la santísima Virgen que se decían al final, en latín, tal vez la primera lengua extraña que yo oí, la lengua del imperio y del rito, hasta que el Concilio la quitó, una sedante y rítmica cantinela interminable que sonaba así: *Sancta Maria, ora pro nobis, Mater purissima, ora pro nobis, Mater castissima, ora pro nobis, Mater inviolata, ora pro nobis, Mater intemerata, ora pro nobis, Mater amabilis, ora pro nobis, Mater admirabilis, ora pro nobis, Virgo prudentissima, ora pro nobis, Virgo veneranda, ora pro nobis, Virgo prædicanda, ora pronobis, Virgo potens, ora pro nobis, Speculum justitiæ, ora pro nobis, Turris dævidica, ora pro nobis, Turris eburnea, ora pro nobis, œusa nostræ laetitiæ, ora pro nobis,* y más epítetos, muchos más títulos y súplicas, con un ritmo insistente que parecía darles cierta tranquilidad a todas las mujeres presentes, sobre todo a las del servicio, que al fin podían descansar de hacer oficio, estarse un rato quietas, hundidas en sus propias ensoñaciones mientras repetían esa frase para ellas sin sentido alguno, *ora pro nobis, ora pro nobis, ora pro nobis,* la misma repetición incesante que a mí me producía una reacción que, dependiendo de los días, podía ser de risa, de angustia, de sueño, de pereza sin límites, nunca de elevación espiritual y casi siempre de irremediable y definitivo aburrimiento.

Recuerdo cuando mi papá volvía de lo que para mí eran viajes de años a Indonesia o Filipinas (después supe que en total habrían sido quince o veinte meses de orfandad, repartida en varias etapas), la honda sensación que tenía, en el aeropuerto, antes de volverlo a ver. Era una sensación de miedo mezclada con euforia. Era como la agitación que se siente antes de ver el mar, cuando uno huele en el aire que está cerca, y hasta oye los bramidos de las olas a lo lejos, pero no lo vislumbra todavía, sólo lo intuye, lo presiente y lo imagina. Me veo en el balcón del aeropuerto Olaya Herrera, una gran terraza con mirador sobre la pista, mis rodillas metidas entre los barrotes, mis brazos casi tocando las alas de los aviones, y el anuncio por los altoparlantes, «Avión HK-2142, proveniente de Panamá, próximo a aterrizar», y el rugido lejano de los motores, la vista del aluminio iluminado que se acercaba entre destellos solares, denso, pesado, majestuoso, por un costado del cerro Nutibara, rozando la cima con una cercanía de tragedia y de vértigo. Al fin aterrizaba el Super Constellation que traía a mi papá, ballena formidable que se llevaba toda la pista para al fin frenar en los últimos metros, y lentamente giraba y se acercaba a la plataforma, pausado como un transatlántico a punto de atracar, demasiado despacio para mis ansias (yo tenía que brincar en el sitio para contenerlas), apagaba sus cuatro motores de hélice que casi no dejaban de girar, las aspas invisibles formando una niebla de aire licuado, y hasta que no paraban no se abría la puerta, mientras los peones empujaban y ajustaban la escalerilla blanca con letras azules. La respiración se agitaba, mis hermanas estaban todas vestidas de fiesta, con falditas de encaje, y empezaban a asomarse cuerpos que salían en fila del vientre del avión, por la puerta de adelante. Ese no es, ese no es, ese no es, ese tampoco, hasta que al fin, en lo más alto de la escalerilla, aparecía él, inconfundible, con su traje oscuro, de corbata, con su calva brillante, sus gafas gruesas de marco cuadrado y su mirada feliz, saludándonos con la mano desde lejos, sonriendo desde lo alto, un héroe para nosotros, el papá que volvía de una misión en lo más hondo de Asia, cargado de regalos (perlas y sedas chinas, pequeñas esculturas de marfil y de ébano, baúles de teca llenos de manteles y cubiertos, bailarinas de Bali, abanicos de pavo real, telas indias con espejitos y conchas marinas, pastillas de sahumerios aromáticos), de carcajadas, de historias, de alegría, a rescatarme de ese mundo sórdido de rosarios, enfermedades, pecados, faldas y sotanas, de rezos, espíritus, fantasmas y superstición. Creo que pocas veces yo he sentido ni volveré a sentir un descanso y una felicidad igual, pues ahí venía mi salvador, mi verdadero Salvador.

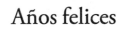

Años felices

20

Mi papá y mi mamá eran contradictorios en sus creencias y en sus comportamientos, pero complementarios y de un trato muy amoroso en la vida diaria. Había un contraste tan neto de actitud, de carácter y de formación entre los dos, que para el niño que yo era esa diferencia radical entre mis modelos de vida resultaba el acertijo más difícil de descifrar. Él era agnóstico y ella, casi mística; él odiaba el dinero y ella, la pobreza; él era materialista en lo ultraterreno y en el terreno espiritual, mientras ella dejaba lo espiritual para el más allá y en lo terrenal perseguía los bienes materiales. La contradicción, sin embargo, no parecía alejarlos, sino atraerlos el uno al otro, tal vez porque compartían de todas maneras un núcleo de ética humana con el que estaban identificados. Mi papá todo se lo consultaba, mientras que mi mamá, como se dice, veía por sus ojos y le manifestaba un amor hondo, incondicional, a prueba no sólo de contratiempos sino incluso de cualquier desacuerdo radical, o de cualquier información maligna o perniciosa que alguna «alma caritativa» le diera sobre él.

—Yo lo quiero como es, entero, con todas sus cualidades y todos sus defectos, y me gustan de él hasta las cosas en que no estamos de acuerdo —nos dijo muchas veces mi mamá.

Desde que se veían, al mediodía o por la tarde, desde que se levantaban por la mañana empezaban a contárselo todo (los sueños diurnos y las pesadillas nocturnas) con un entusiasmo de buenos amigos que llevan semanas sin verse. Se contaban lo bueno y lo malo de lo que les había ocurrido ese día y no paraban de conversar sobre todos los temas, la vida de los hijos, los problemas de la oficina, los pequeños triunfos y las constantes derrotas de la vida cotidiana. Cuando estaban separados, hablaban muy bien el uno del otro, y cada cual por su cuenta nos enseñaba a querer las distintas cualidades de la pareja. A veces por la mañana, sobre todo en la finca de Rionegro, los encontraba abrazados en la cama, conversando. Mi papá le escribía poemas y canciones de amor (que los hijos, en los aniversarios, teníamos que recitar y cantar), coplas cómicas en cada cumpleaños, y la misma canción sentimental en cada aniversario, que mi hermana Marta acompañaba con la guitarra («sin ti, sería una sombra, nada sería sin tu amor...»). Incluso al final de su vida mi papá había empezado a cultivar rosas en la finca por un motivo muy simple, que contó en una entrevista: «¿Por qué las rosas? Simplemente porque a mi esposa, Cecilia, le gustan mucho las rosas». Mi mamá, a su vez, trabajaba tanto, en el fondo, por una causa altruista: para que mi papá no se tuviera que preocupar por ganar plata, e incluso para que pudiera regalarla, como le gustaba, sin pensar que estaba descuidando a la familia, pero sobre todo para que pudiera mantener su independencia mental en la universidad, para que no pudieran callarlo, como es tan común aquí, con la amenaza y la presión del hambre.

Ya he dicho que mi papá tendía al iluminismo filosófico y que en materias teológicas era agnóstico. Mi mamá, en cambio, era y sigue siendo mística, aunque siempre repita que le hace falta y que ojalá tuviera «muchísima más fe». Creyente, e incluso muy creyente, de misa diaria, como se dice, y siempre con Dios en la boca. Su religiosidad, sin embargo, tenía un componente animista muy fuerte, casi pagano, ya que los santos en quienes ella más creía no eran los del santoral sino las almas de las personas muertas de su propia familia, a quienes ella santificaba automáticamente desde el momento de su muerte, sin esperar ninguna confirmación o autorización de la Iglesia. Si se le perdía un billete, o no encontraba las llaves, o si alguno de nosotros se enfermaba, ella encomendaba el asunto al alma de tío Joaquín, el arzobispo, o a la de Tatá, cuando Tatá se murió, o a la de Marta Cecilia, mi hermana, o a la de su madre, cuando se murió la abuelita Victoria, y finalmente a la de mi papá, desde que lo mataron. Pero al mismo tiempo, aunque siempre pendiente de esas inmateriales presencias extraterrestres, mi mamá no vivía nunca en ese estado que se llama de «olvido del mundo y elevación espiritual».

Todo lo contrario, era —y sigue siendo— la persona más realista que he conocido, y con los pies mejor plantados en la tierra. Llevaba con mano firme y segura la economía familiar (fiel siempre a ese principio tan poco cristiano que sostiene que «la caridad empieza por casa»), y era mucho más capaz que mi papá de resolver los problemas prácticos tanto de nuestro entorno inmediato como de los demás, si le quedaba el tiempo necesario. Para mi papá la «caridad en casa» era algo sin sentido, pues eso no es ser generoso sino obedecer a los impulsos más naturales y primitivos (y no tenerlos equivalía para él a esa enfermiza degeneración de la mente llamada avaricia), y tan sólo se puede hablar de caridad cuando esta se aplica a quienes no pertenecen a nuestro círculo más cercano, y tal vez por eso siempre prestaba o regalaba la plata, o entregaba su tiempo a los proyectos más idealistas —aunque tuvieran su lado práctico— como enseñarles a los pobres a hervir el agua, a fabricar letrinas o a construir acueductos y alcantarillados.

Pero la caridad de mi papá, que en lo colectivo y lo social era completa, en lo cotidiano e individual era más teórica que práctica. Concretamente en los asuntos médicos, cuando algún campesino enfermo de los alrededores de la finca iba a consultarle alguna dolencia a él, era mi mamá la que tenía que salir a atenderlo, la que oía los síntomas y fingía referírselos a mi papá, que se quedaba leyendo en el cuarto, o arrodillado frente a sus rosas en el rosal, mientras ella hacía la pantomima de que le consultaba, para luego ser ella misma la que le recetaba los remedios al paciente. Si alguno preguntaba por qué no podía verse directamente con «el doctor», entonces mi mamá les decía que era lo mismo, pues ella tenía mucha práctica (se hacía pasar por enfermera aunque lo único que sabía hacer era echar mercurocromo, cambiar vendas, lavar el termómetro y poner inyecciones), y que seguía «al pie de la letra» las instrucciones de su marido.

A mi papá nunca le gustó el ejercicio directo de la medicina, y había en ello, según pude reconstruir mucho más tarde, una especie de trauma temprano en el que lo había hecho caer un profesor de Cirugía en la universidad. Una vez lo había obligado a sacarle la vesícula a un paciente cuando todavía no tenía la suficiente práctica, y durante la colecistectomía, que es una operación delicada, le había ligado el colédoco al enfermo, y ese paciente, un hombre joven, de unos cuarenta años, había muerto pocos días después de la intervención, es más, cuando lo cerraron era ya seguro que poco tiempo después se moriría. Mi papá fue siempre de una torpeza absoluta con las manos. Era demasiado intelectual incluso para ser médico, y carecía por completo de esa destreza de carnicero que debe tener, en todo caso, un cirujano. Para él, hasta cambiar un bombillo era dificilísimo, no digamos cambiar una llanta (cuando pinchaba, decía él burlándose de sí mismo, tenía que pararse a la orilla de la carretera, como cualquier mujer, a que llegara un hombre a socorrerlo) o revisar un carburador (¿qué será eso?) o extraer limpiamente una vesícula sin tocar los delicados conductos que pasan por ahí. No entendía la mecánica y a duras penas sabía manejar carros automáticos, porque había aprendido tarde a conducir, y toda la vida, cada vez que tenía que enfrentarse al acto heroico de meterse a una glorieta en medio de mucho tráfico, lo hacía con los ojos cerrados, y decía sentir, cada vez que se ponía al volante, «una profunda nostalgia por el bus».

Tampoco era ágil ni bueno para ningún deporte, y en la cocina era del todo inútil, incapaz de hacerse un café o un huevo en cacerola. Detestaba que corriéramos riesgos y yo era el único niño del barrio que montaba en bicicleta con casco (obligado por él) y también el único incapaz de treparse a los árboles pues mi papá solamente me dejaba subir a un totumo enano que había en el antejardín de la casa, y el mayor heroísmo que me estaba permitido en este campo era lanzarme al vacío desde la rama más baja, es decir, como mucho, desde unos treinta centímetros de altura.

Desde el episodio de ese hombre que se murió después de su intervención en el quirófano, si no me engaño, mi papá había renunciado al ejercicio directo de su profesión, para la que no se sentía seguro ni hábil, y había preferido esas partes más globales de la ciencia médica que se llaman higiene, salud pública, epidemiología y medicina preventiva o social. Ejercía la medicina desde un punto de vista científico, pero sin contacto directo con los pacientes y con la enfermedad (prefería prevenirlas en interminables jornadas de vacunación o de enseñanza de normas higiénicas básicas), tal vez incluso por un exceso de sensibilidad que lo llevaba a aborrecer la sangre, las heridas, el pus, las pústulas, los dolores, las vísceras, los líquidos, las emanaciones y todo eso que es inherente a la práctica cotidiana de la profesión médica cuando se dedica al tratamiento físico de los enfermos.

Mi papá, que según los días se declaraba agnóstico, o creyente en las enseñanzas humanas de Jesús, o ateo de tierra (pues en los aviones se convertía momentáneamente y se persignaba al empezar el vuelo), o ateo convencido, de los que se reían de los curas y hacían disquisiciones científicas e ilustradas sobre las más absurdas supersticiones religiosas, era, en cambio, un atormentado por la vida social y espiritual. Tenía los más grandes arranques de idealismo, que le duraban años dedicados a causas perdidas, como la reforma agraria o los impuestos a la tierra, como el agua potable para todos, la vacunación universal o los derechos humanos, que fue su último arrebato de pasión intelectual y el que lo llevó al último sacrificio. Se hundía en abismos de furia e indignación por las injusticias sociales, y vivía en general ocupado en temas importantes, de esos más alejados de la vida cotidiana y más teñidos de ansias de cambio y transformación progresista de la sociedad.

Se conmovía fácilmente, hasta llegar a las lágrimas, y se exaltaba con la poesía y con la música, incluso con la música religiosa, como con una elevación estética que limitaba con el éxtasis místico, y era precisamente la música, que oía encerrado a solas en la biblioteca, y a todo volumen, su mejor medicina para los momentos de desconsuelo o decepción. Era al mismo tiempo un sensualista, un amante de la belleza (en hombres y mujeres, en la naturaleza y en las obras creadas por la humanidad), y un olvidado de las comodidades materiales de este mundo. Su generosidad se acercaba a la de algunos misioneros cristianos y parecía no tener límites, o sólo los límites de no tener que tocar el dolor con sus propias manos («que no quiero verla, que no quiero verla», recitaba), y el mundo material, para él, parecía casi no existir, como no fuera por las condiciones mínimas de subsistencia que le obsesionaban como lo indispensable que había que brindar a cualquier ser humano para que todos pudieran dedicarse a lo verdaderamente importante, que eran las sublimes creaciones del conocimiento, de las ciencias, las artes y el espíritu. Para él lo más increíble y hermoso eran tanto los descubrimientos y avances de la ciencia como las grandes creaciones artísticas en la música y la literatura. Su cultura visual, o pictórica, no era muy grande, pero recuerdo muy bien con cuánta pasión me leía traduciéndomela en el momento, la *Historia del arte* de Gombrich, ese libro que nos encantaba por motivos distintos, a mí eróticos y a él por tener la virtud —que yo descubrí más tarde— de la claridad de una mente geométrica, ordenada, precisa, que al mismo tiempo sabía transmitir con sencillez y pasión las maravillas estéticas del arte.

De sus lecturas puedo decir que estas eran múltiples, desordenadas y de todo tipo. En general sus miles de libros, que conservo, están subrayados y llenos de notas, pero casi nunca más allá de las primeras cien o ciento cincuenta páginas, como si de un momento a otro lo asaltara una especie de desilusión o de desánimo, o, más probablemente, como si otro interés repentino hubiera suplantado el anterior. Leía pocas novelas, pero muchos libros de poesía, en inglés, francés y español. De la colombiana creía con sinceridad, y lo repetía casi todas las semanas, que el mejor poeta del país era Carlos Castro Saavedra. Rara vez aclaraba que este era también su mejor amigo, y que muchos sábados por la noche los pasaba con él en su finca de Rionegro, vecina a la nuestra, conversando y tomándose unos pocos aguardientes saboreados. «Tomo poquito porque me gusta mucho», comentaba al volver de sus veladas donde Carlos, que nunca pasaban de las once de la noche.

Le interesaban la filosofía política y la sociología (Maquiavelo, Marx, Hobbes, Rousseau, Veblen), las ciencias exactas (Russell, Monod, Huxley, Darwin), la filosofía (era un enamorado de los *Diálogos* de Platón, que le gustaba leer en voz alta, y de las novelas racionales de Voltaire), pero saltaba de esto a lo otro de una manera improvisada, como un diletante, y quizá por esto mismo muy feliz. Un mes estaba enamorado de Shakespeare, el otro, de Antonio Machado o de García Lorca, después no soltaba durante semanas a Whitman o a Tolstoi. Era de grandes entusiasmos, de pasiones arrobadoras, pero no muy duraderas, tal vez por la misma intensidad que les dedicaba al principio, imposible de hacer que perdurara durante más de dos o tres meses de furor.

Pese a todas sus luchas intelectuales, y a la búsqueda deliberada de un liberalismo ilustrado y tolerante, mi papá

137

se sabía víctima y representante involuntario de los prejuicios de la triste y añosa y anquilosada educación que había recibido en los pueblos remotos donde creció. «Yo nací en el siglo xviii, estoy a punto de cumplir doscientos años», decía, al recordar su niñez. Aunque racionalmente rechazaba el racismo con una argumentación furibunda (con ese exagerado apasionamiento de quien le teme a la tentación de lo contrario y en ese exceso demuestra que, más que con su interlocutor, está discutiendo consigo mismo, convenciéndose por dentro, luchando contra un fantasma interior que lo atormenta), en la vida real le costaba aceptar con ánimo sereno si alguna de mis hermanas se relacionaba con una persona un poco más cargada de melanina que nosotros, y a veces se descuidaba y hablaba con gran orgullo de los ojos azules del abuelo, su padre, o del cabello rubio de algunos de sus hijos y sobrinos y nietos. Al contrario, mi mamá, que reconocía abiertamente que no le gustaban las personas oscuras o de facciones indígenas, aunque no sabía por qué («por feas», decía, en repentinos arranques de franqueza), en su trato directo con ellas era mucho más tranquila, amable y desprejuiciada que mi papá. Tatá, que había sido la niñera de ella, y de la abuela, era una mezcla de negra e india, y quizá gracias a la piel de la misma Tatá mi mamá sentía un cariño sincero por los negros y los indios, y una familiaridad en el contacto directo con ellos que carecía de toda molestia o repulsión.

Por todo esto, era como si a veces lo que cada uno decía no correspondiera a sus actuaciones en la vida real, y el agnóstico actuara como místico, y la mística como materialista, en algunos aspectos, y a veces todo lo contrario, el idealista como indiferente, racista y egoísta, y la materialista y racista como una cristiana verdadera para la que todas las personas eran iguales. Supongo que por eso se querían y admiraban tanto: porque mi mamá veía en los apasionados pensamientos generosos de mi papá la razón de su vida, y mi papá veía en las acciones de ella la realización práctica de sus pensamientos. Y a veces lo contrario: mi mamá lo veía actuar como el cristiano que ella hubiera querido ser en la vida práctica, y él la veía resolver los problemas cotidianos como la persona útil y racional que a él le gustaría haber sido.

Estoy convencido de que mi papá, en parte, pudo dedicarse a sus arrebatos de idealismo, a sus impulsos de asistencia y trabajo político y social, porque los problemas diarios de la casa ya estaban resueltos gracias al sentido práctico de mi mamá. Esto fue cada vez más cierto, pues ella fue construyendo, a partir de su pequeña oficina en el edificio La Ceiba, a base de una austeridad y laboriosidad permanentes, una mediana empresa de administración de condominios, con cientos de edificios a su cargo y miles de empleados contratados y pagados por ella y por mis hermanas, que acabaron, casi todas, trabajando allí, a su lado, como planetas girando alrededor de una estrella con demasiada fuerza de atracción.

Más que para conseguir cosas, el trabajo de mi mamá estaba dedicado a que mi papá pudiera hacer su vida sin tenerse que preocupar por llevar el sustento a la casa. Mi mamá consideraba maravilloso que esa holgura económica aportada por ella le permitiera a mi papá hablar y actuar sin hacer ningún cálculo de conveniencia laboral o monetaria, y sin tener que buscar alguna alternativa de trabajo en otro país, como había sucedido al principio de su matrimonio. Ella sentía algo de culpa por haberlo obligado a regresar al país a finales de la década del cincuenta, cuando él tenía una posición segura y bien ganada en la OMS, y ella se había obstinado en que volvieran porque quería pasar «los últimos añitos» al lado de mi abuela (que siguió viva otras tres décadas, hasta los noventa y dos años).

Para mi mamá no había más que un sitio para vivir, Colombia, y sólo un buen partero, el doctor Jorge Henao Posada, porque la única vez que la había atendido otro ginecólogo, en Washington, cuando nació mi hermana mayor, le había dado fiebre puerperal y casi se muere. El doctor Henao Posada, mucho antes de las ecografías, tenía el poder mágico de adivinar el sexo de los hijos antes del nacimiento, y cuando aplicaba la trompeta a la barriga de las embarazadas, les decía, muy serio: «Va a ser niño», o al contrario, «va a ser niña». Luego les advertía que lo iba a apuntar en su libreta. Y después, cuando nacía el bebé, si lo que había dicho estaba bien, celebraba con la madre sus dotes de presciencia, y si resultaba ser lo otro, le decía a la mamá que estaba loca, que él no había dicho eso y que se lo iba a comprobar porque lo tenía apuntado en la libreta, y entonces la sacaba y se la mostraba a la señora. Pero mi mamá, que tuvo cuatro mujeres seguidas, le descubrió el truco, que era apuntar en la libreta lo contrario de lo que decía. Hasta ese truco descubierto les había dado cierta complicidad entre ellos, y en cada embarazo que tuvo mi mamá en el exterior, al sexto o séptimo mes, dejaba a mi papá y volvía a Medellín, para ser atendida por el doctor Henao Posada y tener otra hija colombiana. Y cuando al fin volvieron para quedarse definitivamente, porque la insistencia de mi mamá acabó doblando la voluntad de mi papá, él llegó a ganarse en la universidad la misma cifra que antes recibía en la OMS, sólo que allá era en dólares y aquí en pesos, tres mil a cada lado, y quizá por eso mismo mi mamá sentía una gran responsabilidad por trabajar y ganarse la plata complementaria de modo que entre los dos recibieran en Colombia lo que él se ganaba antes por sí solo en el exterior.

La seguridad económica que ella le daba a la familia le permitía a mi papá ser consecuente hasta el fondo con su independencia ideológica y mental. En eso también lo ideal y lo práctico hallaron siempre un complemento y una armonía que fue para nosotros la imagen, tan poco frecuente en esta vida, de la pareja feliz. Por este ejemplo de los dos, mis hermanas y yo sabemos, hoy en día, que hay un único motivo por el que vale la pena perseguir algún dinero: para poder conservar y defender a toda costa la libertad de pensamiento, sin que nadie nos pueda someter a un chantaje laboral que nos impida ser lo que somos.

21

Cuando mi papá llegaba de su trabajo en la universidad, podía venir de dos maneras: de mal genio o de buen genio. Si llegaba de buen genio —lo cual ocurría casi siempre pues era una persona casi siempre feliz—, desde que entraba se oían sus maravillosas, estruendosas carcajadas, como campanadas de risa y alegría. Nos llamaba a los gritos a mis hermanas y a mí, y todos salíamos a recibir sus besos excesivos, sus frases exageradas, sus piropos hiperbólicos y sus abrazos largos. Si en cambio llegaba de mal genio, entraba en silencio y se encerraba furtivamente en la biblioteca, ponía música clásica a todo volumen y se sentaba a leer en su sillón reclinable, con la puerta cerrada con seguro. Al cabo de una o dos horas de misteriosa alquimia (la biblioteca era el cuarto de las transformaciones), ese papá que había llegado malencarado, gris, oscuro, volvía a salir radiante, feliz. La lectura y la música clásica le devolvían la alegría, las carcajadas y las ganas de abrazarnos y de hablar.

Sin decirme una sola palabra, sin obligarme a leer y sin echarme el sermón de lo sana para el espíritu que podía ser la música clásica, yo entendí, sólo mirándolo, viendo en él los efectos benéficos de la música y de la lectura, que en la vida todos podíamos recibir un gran regalo, no muy caro y más o menos al alcance de la mano: los libros y los discos. Ese señor lúgubre y malhumorado que había llegado de la calle con la cabeza cargada de las malas influencias, las tragedias y las injusticias de la realidad había recuperado su mejor semblante, y la alegría, de la mano de los buenos poetas, de los grandes pensadores y de los grandes músicos.

22

Después, o antes, ya no sé, o antes y después, cuando lo dejaban en paz, durante algunos años buenos, mi papá pudo dedicarse por entero a su trabajo. Fue entonces cuando fundó y fue el primer director de la Escuela Nacional de Salud Pública, con algunos aportes de la Fundación Rockefeller (y la izquierda estúpida y fundamentalista protestó por esa penetración imperialista, que en realidad no era otra cosa que filantropía de la buena, sin retribución alguna fuera de algún simple gesto de agradecimiento, una placa y una carta) y con el apoyo del gobierno nacional. Desde su cátedra y desde algunos puestos públicos (nunca muy altos, nunca muy importantes y nada bien pagados, pero eso era lo de menos) pudo desplegar sus conocimientos prácticos en todo el país, y aquellos años fueron de éxito en muchas de sus gestiones. Los indicadores de salud y las tasas de mortalidad infantil progresaban despacio pero firmemente hacia el ideal de los países más desarrollados, la cobertura en agua potable mejoraba, las campañas nacionales de vacunación masiva surtían efecto. El Incora, un instituto de reforma agraria donde también trabajó durante el gobierno de Lleras Restrepo, repartió algunas haciendas ociosas entre los campesinos sin tierra. Ayudó a fundar el Instituto Colombiano de Bienestar Familiar, abrió acueductos y alcantarillados por pueblos y veredas y ciudades.

Mi papá había hecho una especie de alianza pragmática con un líder político conservador, también médico, Ignacio Vélez Escobar, y ese dúo, que morigeraba la desconfianza en mi papá por el lado derecho (no será tan peligroso ni tan comunista desde que está con Ignacio) y la desconfianza en Vélez por el izquierdo (no será tan reaccionario desde que está con Héctor), consiguió cosas buenas. Mi papá se dedicó a su pasión, a salvar vidas, a mejorar las condiciones básicas de salud y de higiene: agua potable, ración de proteínas, disposición de excretas, un techo para la lluvia y para el sol.

La vida transcurría en una especie de rutina feliz y sin mayores sobresaltos, con la empresa de mi mamá en pleno crecimiento, con días, semanas, meses y años idénticos en los que todos los hijos estudiábamos bien, pasábamos los exámenes del colegio sin problema, y mi papá y mi mamá madrugaban a trabajar, sin quejarse, sin que yo haya visto ni oído nunca, ni un solo día, un gesto de duda o de pereza, pues en el trabajo se sentían útiles y exitosos, o incluso realizados, como también empezaba a decirse en esos días. Los fines de semana, si no había campañas en los barrios pobres, íbamos a Rionegro, y allá yo hacía largas caminatas con mi papá, que mientras caminaba me recitaba poemas de memoria, y después me leía a la sombra de un árbol el *Martín Fierro, La guerra y la paz* o poemas de Barba Jacob, mientras mi mamá y mis hermanas jugaban cartas o conversaban tranquilamente de novios, amoríos y pretendientes, en una especie de armonía serena que pareciera que pudiera durar toda la vida.

La oficina de mi mamá aportaba un bienestar que antes no habíamos conocido, y en diciembre nos íbamos todos juntos para Cartagena, a la casa del tío Rafa y de la tía Mona, la hermana de mi mamá, que se había casado con un arquitecto costeño, muy exitoso, muy generoso, gran trabajador, compañero de mi tía en la universidad, y que tenía una familia ideal para nosotros, pues su prole era simétricamente opuesta a la nuestra: también seis hijos, pero cinco hombres y una sola mujer. Como mi papá era pésimo chofer, incapaz no digamos de cambiar una llanta, sino incluso de llenar un radiador, mi mamá se iba con mis hermanas en una camioneta, por tierra, tragándose el polvo del camino durante las veintiocho horas que duraba el viaje, partido en dos jornadas extenuantes, y en cambio mi papá y yo nos íbamos en avión, como si eso fuera la cosa más natural del mundo, los machos privilegiados que dejaban que las mujeres corrieran el riesgo y la aventura de hacer el viaje por tierra, mientras nosotros en una hora volábamos descansados hasta el mismo destino, como los reyecitos de la creación. Una injusticia y una barbaridad que sólo ahora percibo, pero que en ese entonces me parecía la cosa más natural del mundo, pues en mi casa se sabía que las mujeres eran las valientes y las prácticas, las capaces de todo, las que encaraban con entereza y felicidad el camino, mientras los hombres éramos mimados, incapaces y más bien inútiles para la realidad y los inconvenientes de la vida diaria y sólo buenos para pontificar sobre la verdad y la justicia. Éramos ridículos en esto, como en tantas otras cosas que aún no han desaparecido del todo, pero no siempre nos dábamos cuenta.

Fueron años de dicha, digo, pero la felicidad está hecha de una sustancia tan liviana que fácilmente se disuelve en el recuerdo, y si regresa a la memoria lo hace con un sentimiento empalagoso que la contamina y que siempre he rechazado por inútil, por dulzón y en últimas por dañino para vivir el presente: la nostalgia. Aunque del mismo modo hay que señalar que las tragedias posteriores no deben empañar ese recuerdo feliz, ni lo pueden teñir de desgracia, como a veces les pasa a algunos temperamentos que se enferman de resentimiento con el mundo, y que a raíz de episodios posteriores injustos o muy tristes, borran del pasado incluso los indudables períodos de alegría y plenitud. Creo que lo que pasó después no puede contaminar de amargura esos años felices.

Para no caer en la nostalgia dulzona ni en el resentimiento que todo lo tiñe de desolación, basta decir que en Cartagena pasábamos un mes entero de felicidad, y yo a veces hasta mes y medio, o más, haciendo paseos en la lancha del tío Rafa, que se llamaba La Fiorella, en la cual nos llevaban hasta Bocachica a recoger conchitas y a comer pescado frito con patacón y yuca, y a las islas del Rosario, donde probé la langosta, o a la playa de Bocagrande y a la piscina del Hotel Caribe, a pie, hasta quedar bronceados con un dulce dolor de leve quemadura en los hombros que al cabo de unos días se descascaraban y se volvían pecosos para siempre, o a jugar fútbol con mis primos, en el parquecito que había al frente de la iglesia de Bocagrande, o tenis en el Club Cartagena o ping-pong en la casa de ellos, o haciendo carreras en bicicleta, o duchándonos en los aguaceros sin nombre de la costa, o aprovechando la lluvia y el sopor de la siesta para leer la obra completa de Agatha Christie o los novelones individualistas de Ayn Rand (recuerdo que para mí las hazañas del arquitecto protagonista de *El manantial* se confundían con las de mi tío, Rafael Cepeda), o las sagas interminables de Pearl S. Buck en unas hamacas frescas que se ponían a la sombra en la terraza de la casa, con vista al mar, bebiendo Kola Román, comiendo empanadas chinas los domingos, arroz con coco y pargo rojo los lunes, quibbes sirio-libaneses los miércoles, punta de anca los viernes y, lo mejor, arepa de huevo los sábados por la mañana, recién traídas y humeantes de un pueblo cercano, Luruaco, donde tenían la mejor receta.

La hermosa casa moderna que mi tío se había construido frente a la bahía, para nosotros estaba mejor diseñada que las de Frank Lloyd Wright. Desde la terraza veíamos entrar los inmensos transatlánticos italianos (el Verdi, el Rossini, el Donizetti), o partir para su vuelta al mundo el luminoso buque Gloria, recién inaugurado por el poeta Gonzalo Arango, con sus velas blancas desplegadas a la benéfica brisa del Caribe, o los oscuros barcos de guerra que iban y venían despacio desde la Base Naval, con sus ominosos cañones apuntando al vacío. Una vez los tíos nos llevaron a conocer por dentro uno de los transatlánticos italianos y mis primos y yo nos perdíamos apostando carreras entre corredores infinitos, y al fin terminábamos entrando en los camarotes de marineros griegos e italianos, con los ojos de un azul más profundo que el del mar, donde la tía Mona y mi mamá compraban botellas de Chianti, miel de Creta y los mejores chocolates que he probado en mi vida (y nunca volví a ver): unas tabletas grandes como un libro que venían envueltas en un plástico rojo y que nosotros siempre guardábamos en la nevera para que no se derritieran en el calor de Cartagena.

En esa casa espaciosa, llena de luz, fresca porque estaba abierta a la brisa del mar, había siempre música clásica a todo volumen, que resonaba por todas partes, porque el tío Rafa era melómano, y lo sigue siendo, por lo que toda la vida lo he visto envuelto en un halo de instrumentos musicales o perseguido por una estela de música de las esferas. Él era además violinista, y lo sigue siendo, un violinista tan recursivo que se había costeado su carrera de arquitecto, en Medellín, no con la ayuda de sus padres, que estaban arruinados, sino tocando el violín en entierros, matrimonios, serenatas y fiestas de sociedad.

Hay períodos de la vida que transcurren en una especie de armoniosa felicidad, períodos que tienen la tenue tonalidad de la alegría, y para mí los más nítidos coinciden con aquellos años, en aquellas largas vacaciones con mis primos costeños, que hablaban un español mucho más dulce y agradable que el nuestro, que era en cambio duro y montañero, unos primos a los que después —cuando llegaron las tragedias— volvimos a ver poco, como si nosotros nos avergonzáramos de nuestra tristeza, o como si ellos tuvieran la prudencia de no querer refregarnos en la cara su felicidad conservada, pues la alegría de antes, en nosotros, había sido reemplazada por un rencor oscuro, por una desconfianza de fondo en la existencia y en los seres humanos, por una amargura difícil de apagar y que ya no tenía relación alguna con el color alegre de nuestros recuerdos.

La primera tragedia estuvo a punto de suceder por culpa mía, pero no llegó a ser tal gracias al valor de un niño negro cuyo nombre nunca supe, pero al que le tendré que agradecer toda la vida el no sentirme del todo culpable de una muerte ocurrida por mi cobardía. Habíamos ido en La Fiorella a visitar a una familia que tenía una casa de recreo en la isla de Barú. Yo ya sabía nadar, pues un profesor de la piscina del Hotel Caribe, el negro Torres, un gigante con cuerpo de estatua, nos había enseñado a los mayorcitos durante semanas el estilo libre, el braceo, los clavados, a tomar el aire por la boca y a botarlo por la nariz, y el aguante de los brazos aleteantes y de las piernas rectas y del cuerpo horizontal, hasta casi ahogarnos de cansancio, en piscinas completas de ida y vuelta, sin parar, siga siga siga, otra más y otra más, nos exigía el negro Torres, una escultura de ébano con un diminuto traje de baño blanco, hasta que nos tenía que sacar casi del pelo, porque nos obligaba a seguir hasta que nos hundíamos exhaustos, incapaces ya de dar una brazada más. Pero de nada me sirvió semejante entrenamiento agónico, como lo pude comprobar esa tarde en la isla.

Aburridos por esa larga visita a Barú, después de almuerzo, mientras los adultos hablaban de política en el porche de la casa, acalorados por el tema y por el clima, mi hermana menor y yo nos fuimos al muelle a mirar el mar, y sin mucho que hacer nos pusimos a brincar de la lancha al muelle y del muelle a la lancha. Las cuerdas que amarraban la embarcación se iban templando y la lancha se alejaba progresivamente del muelle, por lo que el salto era cada vez más largo, más difícil de dar, y por lo peligroso, más retador. Yo desafiaba a mi hermana, tal vez, pues me quedaba muy fácil ganarle, por ser mayor y de piernas más largas.

En uno de esos saltos, Sol, que todavía no había estado en las clases de natación del negro Torres, no alcanzó a tocar la lancha con el pie y se cayó al mar, entre el muelle y el casco. Yo me quedé sobre las tablas del muelle mirándola, paralizado. Veía que su cabeza se hundía en el agua, y subían burbujas y burbujas desde su cuerpo hundido, como de una tableta de Alka-Seltzer, y momentáneamente su pelo rubio volvía a salir, y la cabeza, con cara de terror, sus ojos desgranados e implorantes, su boca desesperada volvía a tomar un poco de aire, con tos, pero se hundía de inmediato, otra vez, y movía los bracitos a la loca, ahogándose. Ella debía de tener unos seis años, si mucho, y yo nueve, y yo sabía muy bien que debía tirarme de inmediato al agua a sacarla, pero estaba paralizado, solamente la miraba, como si estuviera viendo una película de terror, y no era capaz de moverme, con la más asquerosa cobardía metida en el cuerpo, incapaz de tirarme y salvarla, incapaz incluso de gritar para pedir ayuda, porque además no me oirían, con el ruido del mar y la lejanía de la casa, que estaba a unos doscientos metros del muelle, hundida en la vegetación, las palmeras y el ronroneo de la discusión. Mi hermanita ya casi no salía del agua y la lancha empezaba a acercarse al muelle otra vez, con lo que podría golpearle la cabeza, apachurrarla contra los pilotes de madera, y yo seguía mirando, inmóvil, seguro de que se iba a ahogar, temblando de miedo mientras ella se moría, pero quieto y mudo. De un momento a otro, sin que yo supiera de dónde, una mancha negra desnuda pasó como una sombra frente a mí, una flecha oscura que se clavó en el agua y salió con la niña rubiecita entre los brazos. Era un niño de mi misma edad, incluso un poco menor, pues era más bajito que yo, y la había salvado, y en ese momento empezaron a llegar todos los adultos corriendo de la casa, gritando alarmados, pues se había armado un alboroto en la choza de los negros al lado de la casa principal. Yo seguía ahí, paralizado, mirando a mi hermana toser y vomitar agua y llorar y respirar otra vez, abrazada a mi mamá, hasta que mi papá me tomó por los hombros, se agachó hasta mi altura, y me miró a los ojos y me dijo:

—Por qué no hiciste nada.

Me lo dijo en un tono neutro, distante, en voz muy baja. No era ni siquiera un reproche, sino una constatación de tristeza, de oscura decepción: por qué no hiciste nada, por qué no hiciste nada. Y yo todavía no sé por qué no hice nada, o mejor dicho sí sé, por cobardía, porque tenía miedo de que si me tiraba a salvarla me ahogara yo también, pero era un miedo sin justificación, pues ese niño negro me demostró que bastaba un segundo, un acto de valor y un gesto resuelto para que la vida siguiera y no se convirtiera en la tragedia más espantosa. Y aunque mi hermana no se ahogó, a mí me quedó para siempre la honda sensación, la horrible desconfianza de que tal vez, si la vida me pone en una circunstancia donde yo deba demostrar lo que soy, seré un cobarde.

23

Tal vez sería con el fin de templar un poco mi carácter que, no mucho tiempo después de este episodio, quizá al año o a los dos años, mi papá decidió que ya había llegado el momento de que yo conociera un muerto. La ocasión se presentó una madrugada en que lo llamaron a pedirle que fuera a la morgue de Medellín a reconocer a John Gómez, un muchacho con retraso mental al que había matado un carro en la autopista, el hijo único de Octavia, una tía de mi papá. Antes de salir a hacer la diligencia, mi papá resolvió despertarme y me dijo:

—Vamos al anfiteatro, yo creo que ya es hora de que conozcas un muerto.

Yo me vestí muy feliz, como si fuera a un programa alegre, pues desde hacía mucho le había pedido que me introdujera en ese mundo de lo que ya no existe. Nos fuimos solos y desde que entramos a la morgue de El Pedregal, al lado del Cementerio Universal, la cosa no me gustó. La sala estaba llena de cadáveres, pero yo no quise fijar la vista en ninguno de ellos, fuera de que la mayoría estaban cubiertos con sábanas. Olía a sangre, y a carnicería, y a formol, y a podrido. Mi papá me llevó de la mano hasta donde el forense le indicaba que estaba el cuerpo del muchacho que podía ser John. Y era John, por lo que el médico le propuso a mi papá que presenciara la autopsia. Mis recuerdos ahí no son muy nítidos. Veo una segueta que empieza a serruchar el cráneo, veo intestinos azules que se depositan en un balde, veo una tibia rota que se asoma por un lado de la pantorrilla, rompiendo la carne. Huelo un profundo olor a sangre disuelto con formol, como una mezcla de carnicería bovina con laboratorio de química. Después, como mi papá notó que el espectáculo de la autopsia era muy fuerte, decidió llevarme a dar un paseo por entre los otros muertos. En la tarde anterior se había caído una avioneta en las afueras de Medellín, y había varios cuerpos carbonizados y destrozados que no quise mirar con detalle por las arcadas que me producían. Pero lo que mejor recuerdo es el cadáver de una muchacha muy joven, completamente desnuda, de una palidez transparente, con una herida azul, de cuchillada, en el abdomen. Un cartelito que le colgaba del dedo gordo del pie decía que la habían apuñalado en un bar de Guayaquil, y mi papá comentó: «Tal vez era una puta, pobre». Era la primera vez que yo veía una mujer (que no fuera una hermana) desnuda; la primera vez que veía una puta; la primera vez que veía bien un muerto. Ahí me desmayé. Después me veo fuera de la morgue, tomándome una empalagosa Uva Lux a la fuerza, para reanimarme, pálido, mudo, sudoroso.

Durante varias noches no pude dormir. Tenía pesadillas en las que veía los huesos rotos, la carne desgarrada y las tripas azules de John al lado de mi cama, de un azul oscuro igual al de la cuchillada de la muchacha de Guayaquil, y su figura entera volvía a presentarse en mi imaginación, con toda su palidez, su pubis velludo, la sangre coagulada en el costado. (Años después, sin darme cuenta, no supe por qué enfermiza fascinación quise comprar un cuadro impresionante que se llama *Niña mostrando su herida,* donde una muchacha se señala el ojal de una herida de cuchillo en el vientre. Ahora que evoco esta visita a la morgue de El Pedregal, creo que sé por qué lo compré y también sé por qué a todos los que me visitan el cuadro los perturba y los molesta). Durante esas malas noches que siguieron, mi papá se sintió culpable y compungido. Se sentaba en el suelo a acompañarme durante horas al lado de la cama, y me explicaba cosas mientras me acariciaba la cabeza o me leía cuentos sosegados. Y cada vez que notaba en mis ojos que habían vuelto las imágenes del horror, me pedía perdón. Tal vez él había pensado que yo tenía una vida demasiado fácil, demasiado buena, y quiso mostrarme el aspecto más doloroso, trágico y absurdo de la existencia, como una lección. Pero quizá si hubiera podido adivinar el futuro habría pensado que esa temprana terapia de choque era completamente innecesaria.

24

La cronología de la infancia no está hecha de líneas sino de sobresaltos. La memoria es un espejo opaco y vuelto añicos, o, mejor dicho, está hecha de intemporales conchas de recuerdos desperdigadas sobre una playa de olvidos. La frase anterior es muy retórica, y quisiera borrarla, pero voy a dejarla como una forma de mostrar, o de mostrarme, que yo también habría sido capaz de adornarme mucho al escribir esta historia, si hubiera querido, o si hubiera querido complacer a ese tipo de lector que solo considera poético lo rebuscado.

Sé que pasaron muchas cosas durante aquellos años, pero intentar recordarlas es tan desesperante como intentar recordar un sueño, un sueño que nos ha dejado una sensación, pero ninguna imagen, una historia sin historia, vacía, de la que queda solamente un vago estado de ánimo. Las imágenes se han perdido. Los años, las palabras, los juegos, las caricias se han borrado, y sin embargo, de repente, repasando el pasado, algo vuelve a iluminarse en la oscura región del olvido. Casi siempre se trata de una vergüenza mezclada con alegría, y casi siempre está la cara de mi papá, pegada a la mía como la sombra que arrastramos o que nos arrastra.

Poco antes o poco después de que mi hermana menor estuviera a punto de ahogarse, recibí otra lección de ella, sin que ella quisiera dármela, y esta lección coincidió con otra decepción para mi papá. Estaban celebrando en Medellín la Feria Popular del Libro, en el centro, y él nos llevó a los dos hermanos menores, a Sol y a mí. Al llegar nos dijo que cada uno podía escoger un libro, el que quisiéramos, para que él nos lo comprara y para que después lo pudiéramos leer y disfrutar en la casa. Primero íbamos a recorrer todos los puestos de exhibición, y luego, de regreso, escogeríamos el libro que más nos llamara la atención.

Hicimos el recorrido dos veces, calle arriba y calle abajo, y mi papá, sin forzarnos demasiado, nos hacía algunas sugerencias, cogía libros entre las manos y elogiaba las virtudes de la historia, la maestría del escritor, lo apasionante del tema. Pronto mi hermana escogió uno siguiendo los consejos de él: *El ruiseñor y la rosa y otros cuentos* de Oscar Wilde, en una edición muy modesta, pero hermosa, blanca, con una rosa roja en la cubierta. Yo en cambio me había obsesionado desde el primer recorrido con un libro caro, grande, de tapas rojas, que se llamaba *Las reglas oficiales de todos los deportes*. Ahora, si había algo que mi papá despreciara eran los deportes, sobre todo esos en los que dos equipos compiten por el triunfo, que para él era solamente una posible fuente de lesiones y accidentes. Trató de disuadirme, me dijo que eso no era literatura, ni ciencia, ni historia, incluso llegó a decir, cosa insólita en él, que era muy caro. Pero yo estaba cada vez más resuelto, y apretando los dientes, contrariado, mi papá me lo compró.

Cuando más tarde llegamos a la casa, nos fuimos los tres a la biblioteca, y mientras yo intentaba entender las reglas del fútbol americano, que ni esa vez ni nunca pude comprender, mi papá empezó a leerle en voz alta a mi hermana el primer cuento de Oscar Wilde que venía en el libro, precisamente «El ruiseñor y la rosa». Llevarían una página en la lectura cuando yo ya estaba completamente decepcionado de las incomprensibles reglas del fútbol americano y oyendo con disimulo la maravillosa historia de Wilde, hasta que al final, cuando el pájaro muere traspasado por la espina del rosal, yo mismo cerré mi libro y me acerqué a ellos, humilde y arrepentido. Mi papá terminó de leer con mucha emoción. Creo que me sentí casi tan miserable como la vez en que no había sido capaz de salvar a mi hermana en su caída al mar, y creo que mi papá estaba casi tan decepcionado de mí como esa otra vez. Escondí el libro rojo de las reglas de los deportes detrás de mis otros libros, como si fuera una revista pornográfica, leí una y otra vez los fascinantes cuentos de Wilde, y desde entonces no he hecho otra cosa que leer literatura, ciencia, historia, aunque ya no aprendiera jamás las reglas del críquet, ni del rugby, ni del fútbol americano o el judo japonés.

25

«Perdón, no sabía que estabas ocupado.» Eso me dijo una tarde calurosa de verano mi papá. Había llegado a la casa con un libro de regalo, la biografía de Goethe, que más tarde me entregó (todavía la tengo y todavía no la he leído: ya le llegará el día), pero al entrar él, yo estaba dedicado a ese ejercicio manual que para todo adolescente es un delicioso apremio impostergable. Él siempre tocaba la puerta antes de entrar en mi cuarto, pero esa tarde no tocó, venía muy feliz con el libro en la mano, estaba impaciente por entregármelo, y abrió. Yo tenía una hamaca colgada en el cuarto, y ahí estaba echado, en pleno ajetreo, mirando una revista para ayudarle con los ojos a la mano y a la imaginación. Me miró un instante, sonrió, y dio la vuelta. Antes de cerrar otra vez la puerta, me alcanzó a decir: «Perdón, no sabía que estabas ocupado».

Después no comentó ni una palabra sobre el asunto, pero semanas más tarde, en la biblioteca, me contó una historia: «Cuando yo estaba en último año de Medicina, me llamó a su casa un primo, Luis Guillermo Echeverri Abad. Después de muchos rodeos y con mucho misterio, este primo me confesó que estaba muy preocupado por su hijo, Fabito, que parecía no pensar en otra cosa que en hacerse la paja. A mañana, tarde y noche. Tú que eres casi médico, me dijo el primo, habla con él, aconséjalo, explícale lo dañino que es el vicio solitario. Entonces yo fui a hablar con el hijo de mi primo —siguió contando mi papá— y le dije: tranquilo, sígalo haciendo todo lo que quiera, que eso no hace daño y es lo más normal; lo raro sería que un muchacho no se masturbara, pero le doy un consejo:

no deje rastros ni se deje ver de su papá. Al poco tiempo el señor volvió a llamar, a agradecerme. Le había hecho el milagro: Fabito, como por arte de magia, había dejado el vicio». Y mi papá, como si no hubiera mejor moraleja para esa historia, soltó una carcajada.

Lo que yo sentía con más fuerza era que mi papá tenía confianza en mí, sin importar lo que yo hiciera, y también que depositaba en mí grandes esperanzas (aunque siempre corría a asegurarme que no era necesario que yo lograra nada en la vida, que mi sola existencia era suficiente para la felicidad de él, mi existencia feliz y fuera como fuera). Esto significaba, por un lado, una cierta carga de responsabilidad (para no traicionar esas esperanzas ni desmentir esa confianza), un peso, pero era un peso dulce, no era una carga excesiva, pues todo resultado, hasta el más nimio y ridículo, ya le agradaba, mis primeros borrones de páginas lo exaltaban, mis cambios de rumbo locos los interpretaba como una excelente práctica formativa, mi inconstancia, como una marca genética de la que él también sufría, mi inestabilidad vital e ideológica, como algo inevitable en un mundo que se estaba transformando ante nuestros ojos, y había que tener una mente flexible para saber qué partido tomar en el reino de lo confuso y de la indeterminación.

Nunca, ni cuando cambié cuatro veces de carrera, ni cuando me expulsaron de la universidad por escribir contra el papa, ni cuando estuve desempleado y tenía ya una hija que mantener, ni cuando me fui a vivir con mi primera mujer sin casarme, nunca oí censuras ni reclamos de su parte, siempre la más tolerante y abierta aceptación de mi vida y de mi independencia. Y creo que así fue también con todas mis hermanas, nunca un censor, nunca un crítico o un inquisidor, mucho menos un castigador o un carcelero, siempre una persona liberal, abierta, positiva, que aceptaba incluso como picardías inocentes nuestras faltas. Tal vez él creía que el ser humano, todo ser humano, está condenado a ser lo que es, y que no hay vara que lo enderece, ni mala compañía que lo tuerza, y tal vez tuvo la suerte, también, de que ninguno de nosotros saliera crápula, enfermo, vago, idiota o inútil, en cuyo caso no sé cómo hubiera reaccionado, pero creo que seguramente con el mismo ánimo abierto y tolerante y alegre, aunque por supuesto también con la irremediable dosis de dolor e impotencia.

En materia sexual fue siempre muy abierto, como ya se vio en el episodio de la masturbación y en otros que no digo porque nada tan incómodo como mezclar el sexo con los padres. A los padres nos los imaginamos asexuados, y, como dice un amigo mío, «las mamás ni siquiera hacen pipí». Tal vez mi papá era más puritano en la vida que en el pensamiento, es cierto, y quizá un poco conservador a pesar suyo, tradicionalista en asuntos de moral familiar, pero teóricamente muy liberal. En esto también opuesto a mi mamá, que en teoría decía ceñirse a las enseñanzas de la Santa Madre Iglesia, pero en la práctica era incluso más abierta y liberal que mi papá, y cuando una vez el esposo de una prima mía, que es del Opus Dei, dictó una conferencia en la universidad criticando el uso del condón y sosteniendo que a veces la medicina era la aliada perversa de la inmoralidad humana, pues pretendía que se pudiera hacer impunemente lo prohibido, mi mamá le dijo en secreto a esa prima mía que todo eso estaba muy bien, que ella estaba de acuerdo con su marido, pero que en cada viaje de su esposo le aconsejaba que en el maletín de lo indispensable le empacara siempre una cajita de condones, porque los hombres eran muy buenos para echar discursos sobre la moral, pero a la hora de la verdad, en el instante de la tentación, la moral se les olvidaba, y en tal caso, al menos, era mejor que él, y sobre todo ella, no acabaran enfermándose por un exceso de moralidad abstracta, en vez de seguir sanos gracias a algo de inmoralidad práctica.

Con mi papá yo podía hablar de todas estas materias íntimas, y consultárselas directamente, porque siempre me oía sin escandalizarse, tranquilo, y me contestaba en un tono entre amoroso y didáctico, nunca de censura. En la mitad de mi adolescencia, en el colegio de solo varones donde yo estudiaba, me ocurrió algo que me pareció muy extraño, y que llegó a atormentarme durante años. La vista de los genitales de mis compañeros de clase, y sus juegos eróticos, me excitaba, y yo llegué a pensar con angustia, por eso, que era marica. Se lo conté a mi papá con el ánimo transido de miedo y de vergüenza, y él me contestó, sonriendo con mucha tranquilidad, que era pronto para saberlo definitivamente, que tenía que esperar a tener más experiencia del mundo y de las cosas, que en la adolescencia estábamos tan cargados de hormonas que todo podía ser motivo de excitación, una gallina, una burra, unas salamandras o unos perros acoplándose, pero que eso no significaba que yo fuera homosexual. Y ante todo me quiso aclarar que, de ser así, eso tampoco tendría ninguna importancia, siempre y cuando yo escogiera aquello que me hiciera feliz, lo que mis inclinaciones más hondas me indicaran, porque uno no debía contradecir a la naturaleza con la que hubiera nacido, fuera la que fuera, y ser homosexual o heterosexual era lo mismo que ser diestro o zurdo, sólo que los zurdos eran un poco menos numerosos que los diestros, y que el único problema, aunque llevadero, que podría tener en caso de que me definiera como homosexual sería un poco de discriminación social, en un medio tan obtuso como el nuestro, pero que también eso podía manejarse con dosis parejas de indiferencia y de orgullo, de discreción y escándalo, y sobre todo con sentido del humor, porque lo peor en la vida es no ser lo que uno es, y esto último me lo dijo con un énfasis y un acento que le salían como de un fondo muy hondo de su conciencia, y advirtiéndome que en todo caso lo más grave, siempre, lo más devastador para la personalidad eran la simulación o el disimulo, esos males simétricos que consisten en aparentar lo que no se es o en esconder lo que se es, recetas ambas seguras para la infelicidad y también para el mal gusto. Fuera como fuera, me dijo, con una sabiduría y una generosidad que todavía le agradezco, con una tranquilidad que todavía me tranquiliza, yo debía esperar un tiempo a tener más trato con las mujeres, a ver si con ellas no sentía lo mismo, o más y mejor.

Y así fue, al cabo del tiempo, y luego de que estuve —pagado, aunque no inducido, por mi papá— hablando de mis angustias con un psiquiatra y una psicoanalista (Ricardo José Toro y Claudia Nieva, a quienes recuerdo también con cariño). Conversando con ellos, o dejando que mi cerebro madurara a su amaño mientras les derramaba en sus orejas mis miedos, pude encontrar en mí mismo el sendero de mis deseos más profundos, que por suerte o por monotonía de mi espíritu acabó coincidiendo con el camino trillado de la mayoría. Desde eso, además, no les temo tampoco a mis deseos más oscuros, ni me siento atormentado o culpable por ellos, y si he sentido después impulsos de atracción por objetos prohibidos, como la mujer del prójimo, por ejemplo, o por mujeres mucho menores que yo, o por las novias de mis amigos, no he vivido estas infracciones como un tormento, sino como las peticiones tercas, pero ciegas e inocentes en el fondo, de la máquina del cuerpo, que deben controlarse o no según el daño que se pueda hacer a los demás y a uno mismo, y con ese solo criterio, más pragmático y directo que el determinado por una moral absoluta y abstracta (la de los dogmas religiosos) que no cambia según las circunstancias, el momento o la oportunidad, sino que es siempre idéntica a sí misma, con una rigidez dañina para la sociedad y para el individuo.

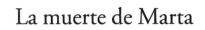

La muerte de Marta

26

Y después de ese paréntesis de felicidad casi perfecta, que duró algunos años, el cielo, envidioso, se acordó de nuestra familia, y ese Dios furibundo en el que creían mis ancestros descargó el rayo de su ira sobre nosotros que, tal vez sin darnos cuenta, éramos una familia feliz, e incluso muy feliz. Casi siempre pasa igual: cuando la felicidad nos toca es cuando menos nos damos cuenta de que somos felices, y tal vez las alturas nos mandan nuestra buena dosis de dolor para que aprendamos a ser agradecidos, aunque esta es una explicación de mi mamá que nada explica, y que no pongo como mía, ni suscribo, pero que sí escribo porque mientras la felicidad nos parece algo natural y merecido, las tragedias nos parecen algo enviado desde afuera, como una venganza o un castigo decretado por potencias malignas a causa de oscuras culpas, o por dioses justicieros o ángeles que ejecutan sentencias ineluctables.

Sí. Éramos felices porque mi papá había vuelto de Asia definitivamente y ya no pensaba volver a irse nunca, pues la última vez se había deprimido hasta el borde mismo del suicidio, y por fortuna ya no lo estaban persiguiendo en la universidad por comunista, sino si mucho por reaccionario (porque todos los felices, para los comunistas, eran en esencia reaccionarios, debido a que lo eran en medio de infelices y desposeídos). Éramos felices porque por un momento pareció que los poderosos de Medellín confiaran en mi papá y lo dejaran actuar, trabajar, pues veían que hacía programas útiles de medicina pública, vacunaciones, promotoras de salud, acueductos veredales, y sus acciones no se quedaban en palabras y palabras, como las de tantos otros. Y entonces, como mi papá ya no veía su trabajo en peligro y mi mamá estaba empezando a ganar más plata que él, nos dábamos ciertos lujos, como ir de vez en cuando a un restaurante chino, todos juntos, o abrir una botella de vino, cosa inusitada, única, para atender al doctor Saunders, o recibir mejores regalos en Navidad (una bicicleta, una grabadora de casetes), o ir a ver en procesión familiar una película que a mi papá le parecía lo mejor que había visto, *Una leona de dos mundos,* de la que recuerdo el título, la fila para entrar al cine Lido, y poco más.

Éramos felices porque nadie se había muerto en la familia y todas las semanas nos íbamos para la finca desde el viernes hasta el domingo, una finca pequeña, de dos cuadras, en Llanogrande, en tierra fría, que tío Luis, el cura enfermo, le había regalado a mi mamá con sus ahorros de toda la vida, y como la situación estaba mejor mi papá hasta me había comprado un caballo, Amigo, así lo habíamos puesto, Amigo, un táparo flaco y moro, desgarbado, con la misma estampa de Rocinante, cada semana más flaco, en las costillas, porque no había pasto en la finca, pero que a mí me parecía un potro árabe, por lo menos, o un purasangre andaluz, cuando salía a galopar por los caminos que pasaban cerca de la finca, y desde eso confundo la felicidad, además de las calles de Cartagena, con un paseo a caballo por el campo, sin nadie que me hable, sin tener que hablarle a nadie, solo con mi caballo, como *El Llanero Solitario,* que era mi revista de muñequitos preferida, cuyo protagonista era una especie de Quijote sin Sancho que deshacía entuertos en las planicies de Texas o de Tijuana o de alguna parte que nunca reconocí como parte de este mundo, sino del mundo del más allá que representan las revistas de muñequitos.

El día que el caballo había llegado a la finca, sin embargo, yo recibí, o, mejor dicho, no supe recibir un mensaje de la vida, o de la sabiduría que debería darnos la experiencia (y casi nunca nos da), que debió haberme puesto sobre aviso de lo amenazada de desdicha que está en todo momento la felicidad. Mi papá me lo tenía de sorpresa y ese sábado al mediodía, al llegar a Llanogrande, en el quiebrapatas de la finca, paró el carro y señaló hacia el potrero: «Mira, ahí está lo que querías, el caballo». A mí el corazón me dio un brinco de felicidad en el pecho. Al fin iba a poder tener lo que más me gustaba de la finca del abuelo (los paseos a caballo) sin tener que someterme a la desgracia de separarme de mi papá por las noches. Entonces quise saltar del carro, del viejo Plymouth azul celeste, abrí la portezuela a toda velocidad, brinqué al suelo y tiré la puerta con todas mis fuerzas para poder correr hacia donde estaba el caballo. Me precipité tanto que dejé dos dedos expuestos y yo mismo me los machuqué con la puerta. Sentí un dolor lancinante. Una uña saltó y los dos dedos se pusieron morados de sangre. La alegría y el gozo se convirtieron en una horrible tortura. La risa de alegría se mezcló con el llanto, y sólo pude ir a conocer a Amigo un buen rato después, con los dedos metidos en un platón con hielo para bajar el dolor y la hinchazón. Me reía y lloraba al mismo tiempo. Tal vez por esa experiencia en que la dicha se teñía de repente de dolor, yo ya debía haber entendido, repito, que nuestra felicidad está siempre en un equilibrio peligroso, inestable, a punto de resbalar por un precipicio de desolación.

Pero no. En esos años nos imaginábamos que toda la vida iba a ser buena, y no había por qué dudarlo. Éramos felices porque todas mis hermanas eran lindas y alegres, lo decía todo el mundo, las muchachas más bonitas del barrio Laureles, Maryluz, Clara, Vicky (a Eva le decíamos Vicky, pues se llamaba Eva Victoria, pero ella odiaba el Eva, le parecía un nombre montañero, jericoano, y siempre sufrió con eso, sabiendo que es el único nombre bonito de toda la familia) y Marta. Sol todavía no porque era muy chiquita y se limitaba a mirar, escondida a mi lado detrás de las ventanas, y a poner quejas de furtivos besos, los dos («Mami, Jorge le dio un beso a Clara y Clara lo dejó», «Mami, Álvaro le quería dar un beso a Vicky pero Vicky no se dejó», «Mami, Marta le dio un beso a Hernán Darío y él le puso la mano en la teta derecha»), pero ya le llegaría su momento también para gozar y besar al escondido. Sí, mis hermanas eran las muchachas más bonitas de Laureles, le pueden preguntar a quienquiera que las haya conocido a ver si no es verdad, las más alegres y simpáticas y coquetas y dicharacheras, y la casa era un enjambre de jóvenes bachilleres y universitarios, zumbando a toda hora como locos por conquistárselas, porque eran risueñas y bailarinas y ocurrentes, por lo que todos los muchachos de Laureles estaban como locos, y hasta venían del centro y de El Poblado a verlas, sólo a verlas de día, a hacerles la visita temblando de timidez, borrachos de miedo a ser rechazados. Y lo mismo por las noches, pues los viernes y los sábados después de media noche iban apareciendo otra vez los visitantes del día, desesperados de amor, y el frente de mi casa se convertía en un sinfín de serenatas. Para Mary, de Fernando su novio, porque ella era fiel desde los once y nunca permitió que nadie más se le acercara, y si alguien más le llevaba serenata lo paraba en seco y lo despachaba con protestas destempladas. Para Clara, de sus dos novios y sus veinte pretendientes (una vez le llevaron cuatro serenatas en una misma noche, de cuatro tipos distintos, la última con mariachis, a ver quién daba más por conquistar su acerado corazón), porque aunque no era infiel sí era tan bonita que le quedaba imposible escoger entre tantos partidos perfectos, uno mejor que el otro cada vez. Uno de ellos, Santamaría, hasta se suicidó de mal de amor. Para Vicky, de un tal Álvaro Uribe, muy bajito, que se moría por ella, pero ella no por él, porque le parecía muy serio y, sobre todo, muy bravo. «Como usted no me hace caso», le dijo el hombre una vez, «la voy a cambiar». Y puso Vicky a su mejor yegua, porque a él le gustaban los caballos sobre todas las cosas, y decía «ahora monto en Vicky todas las semanas». Le llevaba las calificaciones para que ella las viera: cinco en todo, con los padres benedictinos. Pero en el penúltimo año de bachillerato lo expulsaron por culpa de mi hermana. No de Vicky, sino de Maryluz, que era mayor. Resulta que en el bazar de los benedictinos había que elegir la reina del colegio, y Maryluz era la reina de sexto; la de quinto, la de Álvaro, era otra, y hasta el último minuto iba ganando. No ganaba la más bonita, sino la que recogiera más plata, y la de quinto había recogido más, porque el papá de Álvaro, caballista, era rico y había dado mucho. La suerte estaba echada, pero en el último minuto Maryluz le rogó a un rico muy rico de Medellín, Alfonso Mora de la Hoz, y este le dio un cheque gordo, sustancioso. Cuando contaron la plata, ganaba la de quinto, sumando el efectivo, y Álvaro estaba feliz, pero el último papel que sacaron fue el cheque del rico riquísimo: y entonces la reina de sexto sumó más. Gritos de alegría para Maryluz. Entonces Álvaro, que nunca supo perder, y aún no sabe, se paró en un pupitre y arengó a los alumnos del colegio, en tono veintejuliero: «¡Se vendieron los paaaadres benedictinos!». Y los padres benedictinos lo expulsaron, por incapaz de aceptar la derrota y las reglas de juego, y él tuvo que terminar el bachillerato en el Jorge Robledo, adonde iban a dar todos los echados de Medellín. Después Vicky se ennovió con otro Uribe, Federico, que no era pariente del anterior, sino de otros Uribes, y al fin se casó con él. Cuando tuvo que decidir, mi papá le dijo: «Mejor este; el otro es muy ambicioso, y no sé si será fiel». Ninguno es fiel, pero en fin. Y para Marta, que como era la más joven, de otra generación, ya no le traían serenatas con trío, que era una cosa de otras épocas, de viejos y veteranos, sino que a cierta hora se paraba un carro en la calle, abría la puerta y de repente desde los parlantes de adentro tronaban una batería y una guitarra eléctrica enardecida de música rock, con canciones de los Beatles o de los Rolling Stones, y después de los Carpenters, de Cat Stevens, de David Bowie y de Elton John. Había ya, entre mis cuatro hermanas mayores, un cambio de generación, y Marta era la primera que pertenecía a la mía, aunque yo en realidad no creo haber pertenecido a ninguna, pues cuando ella se murió, me quedé sin influencia y sin generación. Tal vez por eso me dediqué a la música clásica, que era un terreno firme, el de mi papá, y tal vez por eso jamás he llevado una serenata, ni riesgos con tríos, bambucos o mariachis, pero ni siquiera de música rock y con parlantes de carro.

Y ahora tengo que contar la muerte de Marta, porque eso partió en dos la historia de mi casa.

27

Marta Cecilia para mi mamá; Taché para mi papá; Marta para nosotros los hermanos, era la estrella de la familia. Desde chiquita se había visto que no había entre todos nosotros ninguna más alegre ni más inteligente ni más vital (y les juro que había competencia, y muy dura, con las otras hermanas). Empezó, a los cinco años, tocando el violín, e iba de tarde en tarde al conservatorio, donde un profesor checo, Joseph Matza, un extraordinario violinista que había llegado a ser concertino de la Ópera de Friburgo, quien decía que llevaba años sin ver tanto talento como el que veía en Marta. Matza, perdido en estos trópicos, dirigía los fines de semana la banda de la universidad (mi papá nos llevaba a oírla algunos domingos al Parque de Bolívar) y tocó todo lo que aquí se podía tocar con nuestra pobre orquesta. Acabó alcoholizado, amargado, y sus alumnos lo recogían en la madrugada por las calles de la ciudad, pero hasta los mendigos lo cuidaban, y decían: «El maestro está borracho, déjenlo dormir». El maestro Matza, en sus clases, les decía a sus pupilos, mirando su instrumento con amorosa rabia, «es mi íntimo enemigo». Tal vez por eso mi hermana Marta se aburrió del violín cuando llegó a los once años, pues le parecía que era un instrumento muy triste, que exigía una entrega total del tiempo, de la vida, y hecho para tocar música antigua, decía mi hermana, y ella era muy de ahora, de los tiempos del rock. Entonces dejó el violín sin remordimiento y sin que a mi papá ni a mi mamá les pesara, pues ellos nunca presionaron en nosotros ninguna vocación, y empezó con la guitarra y con el canto. Cambió a ese «íntimo enemigo» y al maestro Matza por la más amistosa guitarra y por una profesora colombiana, Sonia Martínez, que aunque le enseñaba bambucos que a Marta no la entusiasmaban, reconocía que le transmitía muy bien la técnica vocal y el acompañamiento de la guitarra. Con Andrés Posada, su primer novio, que hoy es un músico extraordinario, y con Pilar, la hermana de Andrés, otra gran música, estudió más, y juntos se pasaban las tardes cantando las canciones de los Beatles, de Serrat, de Cat Stevens, de no sé quién más.

Ya a los catorce años empezó a cantar y a tocar en un conjunto, el Cuarteto Ellas, donde cantaba también otra música extraordinaria, Claudia Gómez, y Marta fue la primera de la familia que ganó premios de farándula (en realidad la única) y salía en la prensa y en algunos programas de televisión. Se iba de gira por toda Colombia, y las llevaban a Puerto Rico, a San Andrés y a Miami, a sitios así, que los otros hermanos ni nos soñábamos con poder conocer. Además Marta era una actriz natural y recitaba larguísimas tiradas de memoria, en las fiestas de mis hermanas, cuando las mayores iban cumpliendo quince, que era la edad más importante en la mujer, en aquellos años, su «presentación en sociedad». Y era también la mejor estudiante de la clase, en La Enseñanza, y sus compañeras sentían por ella adoración, porque no era una nerda antipática, sino una estudiante alegre a la que le bastaba oír una vez una lección para aprendérsela, sin tener que estudiar. Leía más que yo, y era tan rápida y brillante que mi papá la prefería sobre todos nosotros, incluso sobre mí, que tenía ese mérito sin gracia de ser el único hombre, y sobre la mayor, que por ser la mayor y la más buena con él era la niña de su corazón.

Mis dos hermanas mayores se casaron. Maryluz con su novio de siempre, Fernando Vélez, un economista rico a los veinte años por una gran herencia que le dejó el papá, el fundador de Laboratorios Líster, una industria farmacéutica, que se murió de un cáncer prematuro. Pero el economista, de ser tan generoso, no supo economizar, y menos iba a poder al lado de mi hermana, que era manirrota, igual a mi papá, pues para ella nunca ha habido un placer más grande que el de hacerles favores a los demás y regalar, regalar, regalar, sus cosas, su tiempo, su plata, sus vestidos, todo. Ellos dos, Maryluz y Fernando, eran uno, unos siameses, y parecía que se hubieran casado desde la primera comunión. Con decirles que él tenía trece años cuando le llevó a mi hermana, de once, la primera serenata. Cuando ella cumplió diecisiete años, llevaban tanto tiempo juntos que no aguantaron más tanta virginidad (eran los años de la virginidad), lo llamó al orden y lo obligó a casarse, sin apelación alguna, incluso antes de que él terminara la universidad. Entonces Clara también se sintió presionada para casarse pronto y por no quedarse atrás, tres años después se casó con el que decían que era el muchacho con más futuro de Medellín, Jorge Humberto Botero, un abogado «divino», así decían todas, de inmensa simpatía, muy inteligente, decía mi papá, aunque hablara con palabras rebuscadas, que a todos nos daban un poquito de risa mezclada con admiración, en un tono pausado, didáctico, intelectual, la única persona en el mundo, que yo conozca, que usa todavía el futuro del subjuntivo («si sucediere, en caso de que tuviere») y fue de los primeros colombianos que salían a trotar por la calle, como los gringos, a hacer *jogging*, decía él, porque era esbelto y hermoso, y su manera artificial de hablar era en él tan constante que casi podría decirse que el artificio era su forma de ser natural. Clara y Jorge Humberto se fueron, recién casados, para Estados Unidos, a seguir estudiando en Morgan-town, un pueblo de West Virginia con universidad.

Quedábamos tan sólo cuatro hijos en la casa y a Eva Victoria, ahora la mayor, le había dado por ser muy elegante. Todo el día estaba con una compañera del colegio, María Emma Mejía, que le daba consejos de vestuario y de glamour, y le enseñaba a mover las manos como las bailarinas de ballet. Gracias a las clases de María Emma, quizás, Eva, o Vicky, tiene los mejores modales de la casa, hasta parece de mejor familia que nosotros, y un porte altivo que sin embargo no es de desdén sino, me parece, de contención. Creo que por exceso de examen de conciencia, y por miedo a una culpa oscura e incierta como el pecado original, padece de una rectitud enfermiza que a veces casi ni la deja vivir pues llega a ver maldades y faltas de honradez donde ni remotamente las hay.

Seguíamos Marta y yo. Marta, la estrella, la cantante, la mejor estudiante, la actriz. Era muy observadora, tenía un oído agudísimo y por eso mismo poseía el don de la imitación perfecta. Conocía a alguien y al minuto era capaz de remedar los gestos y la voz, la forma de caminar o de partir la carne, los tics en las manos o en los ojos y las faltas de dicción. Pobre del que fuera a la casa: al salir, mi hermana le hacía más una radiografía que una imitación. Marta me apabullaba; en cierto sentido me hacía sentir no sólo menor, que lo era, sino en todo sentido aminorado. Para todo tenía la frase justa, la salida brillante, el apunte apropiado, mientras yo todavía luchaba por dentro por desenredar un nudo de palabras que no acababan de brotar de la conciencia ni mucho menos de aflorar en la garganta. Pero esta inferioridad, en el fondo, no me importaba mayor cosa, pues yo, de entrada, me había rendido ante su superioridad, y además estaba refugiado en los libros, en el ritmo sereno de los libros, y en las conversaciones serias y lentas con mi papá, para despejar dudas físicas y metafísicas, y que mi hermana fuera superior era una evidencia sobre la que no había dudas ni competencia posible, como comparar el morro de Pandeazúcar con el Nevado del Ruiz. Tal vez por no poder competir con ella ni en la palabra ni en el baile ni en el canto ni en la actuación ni en la imitación ni en el estudio, me convertí en lector y en llanero solitario, en estudiante promedio sin muchas dotes de expresión oral, más bien inepto para los deportes, y bueno desde entonces para una sola cosa: redactar. Y al final venía Sol, que no salía aún de las neblinas de la infancia, todo el día metida en la casa de unas primitas de la misma edad, Mónica y Claudia, que vivían en la misma cuadra, jugando mamacitas con una seriedad que ya se quisieran las madres, con fingidas hijas Barbies y cochecitos de juguete y trapos múltiples y disfraces y muñecas de plástico. En realidad Solbia (le decíamos Solbia porque su nombre completo es Sol Beatriz) era más hija de los tíos que de mi papá y mi mamá, y a veces, al pelear, aunque es la única médica de la casa, y una persona estudiosa y profesional, se le salen unos modales no de galeno sino de ganadero, que sólo pudo heredar del tío Antonio, un finquero, y el hijo de mi abuelo que más se parecía a él.

Hasta que a Dios, repito, o mejor dicho al absurdo azar, le dio por envidiar tanta felicidad, y descargó un rayo de ira despiadada sobre esa familia feliz. Una tarde, al volver del trabajo, mi papá nos llamó a Sol y a mí. Estaba serio, más serio que nunca, pero no de mal genio, sino con una mirada de profunda preocupación, como con un entripado, habría dicho mi mamá, y con los tics alborotados en las manos y en la boca, signo de que el nerviosismo había dado su golpe de Estado en él. Algo muy raro debía de estar pasando, pues nunca hacíamos nada así, sus llegadas solían ser lluvias de alegría, carcajadas, bromas o música sombría y reparadora lectura ritual. Nada de eso esta vez: que vengan a dar una vuelta en el carro conmigo, dijo, seco, terminante. Él iba manejando y después de dar muchas vueltas por las laberínticas calles de Laureles paró en un callejón solitario, ya cerca de La América, llegando a la calle San Juan. Apagó el carro y empezó, despacio, girándose para mirarnos a los ojos:

—Les tengo que decir algo muy duro y muy importante —el tono era doloroso y mi papá hizo una pausa para tragar saliva—. Tienen que ser muy fuertes y tomarlo con calma. Miren, es difícil de decir. Marta está muy enferma, es una enfermedad, se llama melanoma, es un tipo de cáncer, de cáncer en la piel.

Yo, en vez de dominarme, salté como un resorte y dije lo peor, que fue lo primero que se me ocurrió:

—Entonces se va a morir.

Mi papá, que no quería oír eso, ni menos pensarlo, porque era lo que más temía y lo que mejor sabía, en lo más hondo de él, que irremediablemente iba a ocurrir, se enfureció conmigo:

—¡Yo no he dicho eso, carajo! La vamos a llevar a Estados Unidos y puede que se salve. Vamos a hacer todo lo humanamente posible para salvarla. Ustedes tienen que ser fuertes, y serenos, y tienen que ayudar. Ella no sabe lo que tiene, y ustedes deben tratarla muy bien, y no decir nada, al menos por ahora, mientras la preparamos. La medicina ha progresado mucho y, si existe alguna posibilidad, la vamos a curar.

Entonces empezaron cuatro meses de un dolor lacerante, de agosto a diciembre, del que ninguno de nosotros salió igual.

Un cáncer a los dieciséis años, y en una muchacha así, como era Marta, producía en cualquiera un dolor y un rechazo insoportables. Hay un momento en que la vida de los seres humanos se vuelve más valiosa, y ese momento, creo yo, coincide con esa plenitud que trae el final de la adolescencia. Los padres han estado muchos años cuidando y modelando la persona que los va a representar y a reemplazar; al fin esa persona empieza a volar sola, y como en este caso, vuela bien, mucho mejor que ellos y que todos los demás. La muerte de un recién nacido, o la de alguien muy viejo, duelen menos. Hay como una curva creciente en el valor de la vida humana, y la cima, creo yo, está entre los quince y los treinta años; después la curva empieza, lenta, otra vez, a descender, hasta que a los cien años coincide con el feto, y nos importa un pito.

28

En Washington estaba el hospital que más había experimentado con nuevos tratamientos contra ese cáncer tenebroso, el melanoma. Mi papá y mi mamá vendieron cosas; el carro de mi papá y la primera oficina que mi mamá había comprado, en el edificio La Ceiba, con sus ahorros de años, para poder disponer de fondos para el tratamiento. Varias parejas de amigos, Jorge Fernández y Marta Hernández, Fabio Ortega y Mabel Escovar, don Emilio Pérez, mi cuñado Fernando Vélez les entregaron miles de dólares en efectivo, como un préstamo sin fecha de devolución, o como un regalo, y mi papá y mi mamá los recibieron con lágrimas en los ojos. Cuando volvieron de Estados Unidos, devolvieron los préstamos intactos, pero llevarlos en la cartera les daba seguridad. Estaban dispuestos a vender la casa, la finca, todo lo que teníamos, si el tratamiento de Marta era posible y dependía del pago, porque así era, y es, la medicina de allá, mejor para los que tengan más dinero disponible. Pero no había plata que comprara la salud en ese cáncer. Había esperanzas vagas, con una droga nueva, en los primeros estadios de experimentación, y se la empezaron a dar en el hospital.

En Washington se hospedaron donde Édgar Gutiérrez Castro, que les dejó el apartamento y se fue a vivir a un cuarto en la casa de un amigo. Cuando iba a recogerlos en el aeropuerto, de lo ansioso que estaba, se chocó, y cuando llegó en un taxi, mi papá, mi mamá y Marta ya no estaban ahí, se habían ido en bus hasta un hotel, creyendo que a Édgar se le había olvidado recogerlos. Él los rescató del hotel y los dejó instalados en su apartamento, «por el tiempo que sea necesario», un acto de generosidad que mi familia no olvida. Mi hermana Clara, que no vivía lejos, se les unió, y Jorge Humberto, su marido, llegaba también los fines de semana. Allí, en la terraza del apartamento de Édgar Gutiérrez, Marta, al fin, le hizo la pregunta fatídica a mi papá: «Papi, ¿verdad que lo que yo tengo es un cáncer?». Y él, con los ojos encharcados de desesperación, sólo pudo asentir con la cabeza, pero también añadirle una mentira piadosa y que sonara verosímil: era cáncer, sí, pero como era de la piel, la cosa era superficial y muy tratable. Él no creía que se fuera a morir. Mi papá quería que ella ayudara con su ánimo a una improbable curación. Y ella ya nunca más les volvió a preguntar. Desde ese día supo controlar su dolor y envolver en una remota esperanza sus ganas de no desesperarse jamás. De hecho, intentó ser feliz hasta el final.

Un fin de semana la llevaron de paseo, con autorización del hospital, a conocer Nueva York. Fueron con Clara y estaban paseando por Manhattan cuando a Marta le dio un mareo terrible y un desmayo, con taquicardia. Tuvieron que llamar una ambulancia y volver en ella hasta Washington. Ese solo regreso de afán en ambulancia les costó lo mismo que habían recogido por la venta del carro de mi papá. No era nada, era una reacción a la droga, que era un químico muy fuerte, tal vez los primeros tipos de quimioterapia.

Al fin en el hospital, cuando encontraron que Marta ya tenía metástasis, les dijeron que lo único que se podía hacer era esperar a ver los efectos de la nueva droga. Que podían llevarse las dosis a Colombia e ir mandando cada semana los exámenes de laboratorio al hospital, donde serían analizados por los especialistas, y si era el caso, por teléfono les darían más indicaciones. Cuando Clara fue a llevarlos al aeropuerto, el día del regreso, se despidió de Marta con un beso largo, con un gran abrazo. Marta le dijo que tenía miedo, y Clara se rio de ella, que no fuera boba, que todo iba a salir bien. Y se lo decía con una falsa sonrisa feliz. Al volver hacia el estacionamiento, después de dejarlos en emigración, Clara sintió que algo caliente le rodaba por los muslos, un líquido caliente. Fue corriendo al baño. Tenía una hemorragia incontenible, ríos de sangre que le rodaban de la vagina hasta el suelo, y tuvo que ir al hospital (a otro, el de su pueblo) para que se la pudieran restañar, haciéndole un curetaje, y hasta tuvieron que ponerle suero y transfusiones. Tal vez, dijeron los médicos, estaba embarazada sin saberlo y había tenido un aborto espontáneo. Era explicable, dijeron, por su inmenso dolor.

Cuando volvieron de Estados Unidos Marta se fue extinguiendo día tras día, muy despacio, paso a paso, como para que todos pudiéramos ver muy bien de qué manera la muerte se iba tomando su cuerpo centímetro a centímetro, en una muchacha linda de dieciséis años, casi diecisiete, que un año antes era la imagen de la vitalidad, de la salud y de la alegría, la figura perfecta de la felicidad. Se fue poniendo cada día más pálida y más delgada, hasta quedar en los huesos, cada día más adolorida y más indefensa, y más frágil, hasta que casi se evaporó. Hay períodos de la vida en los que la tristeza se concentra, como de una flor se dice que extraemos su esencia para hacer perfume, o de un vino su espíritu para sacar el alcohol. Así a veces en nuestra existencia el sufrimiento se decanta hasta volverse devastador, insoportable. Y así fue la muerte de mi hermana Marta, que dejó destrozada a mi familia, tal vez para siempre.

Su cáncer se lo habían descubierto porque en el cuello, en la base del cráneo, por detrás, tenía unas bolitas en fila, mejor dicho un rosario, así dijeron, un rosario de bolitas de consistencia semiblanda, que se sucedían una tras otra, un rosario, sí, como los que empuñaban tío Luis y mi abuelita Victoria, sí, un rosario de metástasis, eso era lo que nos enviaban mi Dios y la santísima Virgen, después del rosario de aurora, después de los innumerables rosarios en la casa de mi abuelita, un rosario de cáncer, eso, una sucesión de perlas mortales engarzadas a flor de piel. Eso se merecía esta niña feliz e inocente por los pecados cometidos por mi papá o por mí o por mi mamá, o por ella o por mis abuelos y tatarabuelos o por quién sabe quién.

Marta estaba en las mejores manos, con lumbreras médicas del mundo, primero en Washington, y luego en Medellín, con los amigos y compañeros de mi papá en la Facultad de Medicina de la universidad. El doctor Borrero, que era un sabio, el mejor internista de la ciudad, un pozo de ciencia que había salvado a miles de viejos y de niños y de jóvenes de todas las dolencias, de las enfermedades más graves, de cáncer de pulmón, de insuficiencia cardíaca o renal, pero que no podía hacer nada por Marta. El doctor Borrero iba todas las tardes a la casa, y no ayudaba solamente a Marta, a paliar sus dolores, sino sobre todo a mi papá y mi mamá, para que no se enloquecieran de pesar. Iba también Alberto Echavarría, el hematólogo, que había salvado niños de leucemias feroces, y tratado anemias falciformes, y salvado hemofílicos, pero que no podía hacer nada por Marta, sino limitarse a sacarle sangre cada dos o tres días, para hacer unas tablas de valores sanguíneos que había que enviar periódicamente a Estados Unidos, para que allá pudieran ver cómo estaba actuando la droga y cómo la enfermedad evolucionaba lentamente hacia la muerte. Estaba Eduardo Abad, gran neumólogo, tío de mi papá, que curaba tuberculosos y enfermos de neumonía, pero que sólo podía constatar el avance de las metástasis también en los pulmones de Marta. Y el doctor Escorcia, el cardiólogo más destacado, que había sacado de la muerte a infartados, que había hecho cirugías de corazón abierto, que se estaba preparando para los primeros trasplantes, pero que tampoco podía hacer nada por el corazón de Marta, que semana tras semana se comportaba peor, y empezaba a tener arritmias y taquicardias y espasmos momentáneos, y cosas así, porque quizá ya las metástasis habían llegado también allí, como al hígado, como a la garganta, como al cerebro, y eso fue lo peor.

Mi papá, a veces, se encerraba en la biblioteca y ponía a todo volumen una sinfonía de Beethoven, o alguna pieza de Mahler (sus dolorosas canciones para niños muertos), y por debajo de los acordes de la orquesta que sonaba *con tutti*, yo oía sus sollozos, sus gritos de desesperación, y maldecía el cielo, y se maldecía a sí mismo, por bruto, por inútil, por no haberle sacado a tiempo todos los lunares del cuerpo, por dejarla broncear en Cartagena, por no haber estudiado más medicina, por lo que fuera, detrás de la puerta cerrada con seguro descargaba toda su impotencia y todo su dolor, sin poder aguantar lo que veía, la niña de sus ojos que se le iba esfumando entre sus manos mismas de médico, sin poder hacer nada por evitarlo, sólo intentando con mil chuzones de morfina aliviar al menos su conciencia de la muerte, de la decadencia definitiva del cuerpo, y del dolor. Yo me sentaba en el suelo, al lado de la puerta, como un perrito al que su amo no deja entrar, y oía sus quejidos, que se filtraban por la ranura de abajo, que le salían a él de adentro, de muy hondo, como del centro de la tierra, con un dolor incontenible, y luego al fin cesaban, y seguía la música otro rato, y él salía otra vez, con los párpados enrojecidos y con una sonrisa postiza en la cara, disimulando el tamaño sin fin de su dolor, y me veía ahí, «qué estás haciendo ahí, mi amor», y me hacía levantar, y me daba un abrazo, y subía donde Marta con la cara feliz, a animarla, yo entraba detrás, a decirle que seguro al otro día se iba a empezar a sentir mejor, cuando la droga le hiciera efecto, cuando el remedio obrara, esa papilla inmunda, ese potaje blancuzco con brillos iridiscentes que habían traído de Estados Unidos y que ella tenía que tragarse con repugnancia, a las cucharadas, una droga en vías de experimentación que la ponía peor, mucho peor, y que al final no sirvió para nada, tal vez ni siquiera para la ilusión, y un día resolvieron suspenderla, porque semana tras semana los exámenes que Echa, el hematólogo, le hacía, daban peor, y peor, y peor.

Marta, de vez en cuando, se animaba un poco. Estaba pálida, casi transparente, y cada día pesaba menos. Se le veía la fragilidad en cada dedo, en cada hueso del cuerpo, en el pelo rubio que se le caía a jirones. Pero algunas mañanas de sol salía al patio, caminando muy despacio, casi como una anciana, y pedía la guitarra, y cantaba una canción muy dulce, de tema alegre, y mientras ella cantaba los colibríes venían a hacer el recorrido de las flores. Después ya no podía moverse del cuarto, pero de tarde en tarde, a veces, pedía la guitarra, cantaba una canción. Si estaba mi papá, le cantaba siempre la misma, una de Piero, esa que empieza: «Es un buen tipo mi viejo…». Y si no, las canciones de su grupo, de Ellas, o canciones de Cat Stevens, de Serrat, de los Carpenters, de los Beatles y de Elton John. Hasta que un día Marta pidió la guitarra, intentó cantar y no le salió la voz. Entonces le dijo a mi mamá, con una sonrisa tristísima en los ojos:

—Ay, mami, creo que nunca más voy a volver a cantar.

Y nunca volvió a cantar, porque ya no le salía la voz.

Un día empezó a ver mal. «Papi, no estoy viendo nada», dijo, «sólo luces y sombras que se mueven por el techo del cuarto, me estoy quedando ciega». Lo decía así, sin dramatismo, sin llanto, con las palabras precisas. Mi mamá dice que salió del cuarto despavorida, que se arrodilló en la sala, en el suelo, y le pidió un milagro, un solo favor, a santa Lucía, aunque se llevara a Marta, pues, pero que no se la llevara ciega. Al día siguiente Marta volvió a ver y como luego se murió el 13 de diciembre, que es el día de Santa Lucía, mi mamá nunca ha dudado de ese pequeño milagro. Los humanos, en el dolor más hondo, podemos sentirnos confortados si en la pena nos conceden una rebaja menor.

Las enfermedades incurables nos devuelven a un estado primitivo de la mente. Nos hacen recobrar el pensamiento mágico. Como no comprendemos bien el cáncer, ni lo podemos tratar (y mucho menos en 1972, cuando Marta se murió), atribuimos su súbita aparición incomprensible a potencias sobrenaturales. Volvemos a tener ideas supersticiosas, religiosas: hay un dios malo, o un demonio, que nos envía un castigo bajo la forma de un intruso extraño: algo que invade el cuerpo y lo destruye. Entonces se le ofrecen sacrificios a esa deidad, se le hacen promesas (dejar el cigarrillo, ir de rodillas hasta Girardota y besarle las llagas al Cristo milagroso, comprarle una corona de oro engastada de piedras preciosas a la Virgen), se le recitan plegarias, se exhiben muestras de humillación en medio de las peticiones. Como la enfermedad es oscura, creemos que sólo algo aún más oscuro la podrá curar. Así, por lo menos, ocurría entre algunas personas de la familia. Y en la desesperación, cualquier opción era posible: que había una médium en Belén que había hecho curaciones milagrosas: tráiganla. Que un chamán del Amazonas había obrado prodigios con un menjurje hecho a base de raíces: que se lo tome. Que hay una monja o un cura que tienen comunicación directa con el Señor y él atiende sus súplicas: que vengan y recen y les daremos limosna. No sólo la droga de Washington se ensayó en mi casa; todo lo ensayaron, desde brujos y bioenergéticos hasta ritos religiosos de todas las pelambres sin descartar la extremaunción. Aunque con un fondo de desesperación, más que de desconfianza, todo lo intentaron, pero nada sirvió de nada. Mi papá, obviamente, no creía en estas magias, pero dejaba que las otras personas de la familia probaran con lo que quisieran, siempre y cuando los tratamientos sugeridos no fueran ni dañinos ni molestos para Marta. Él sabía muy bien lo que estaba pasando y podía pronosticar también lo que iba a pasar, y ya el mismo doctor Borrero, el internista que veía a mi hermana, lo había dicho desde agosto, con una brutalidad que tenía mucho de generosidad, porque al menos no creaba falsas expectativas: «La niña estará muerta en diciembre, no hay nada que hacer».

Al caer la tarde, todos los días menos los fines de semana, llegaba a mi casa la tía Inés, hermana de mi papá.

Como no le bastaba, a veces venía también por la mañana. Viuda y, como se dice, más buena que el pan, era una mujer madura, dulce y discreta, cariñosa sin empalagos, que se había dedicado, solamente, a hacerles el bien a los demás. Desde que Marta volvió de Estados Unidos, se dedicó a cuidarla, todas las noches, sin falta, con un descanso la noche del sábado y del domingo, en que para cuidarla se turnaban mis hermanas mayores, Maryluz, y Clara desde noviembre, cuando volvió de Morgan-town. Mis hermanas iban adelgazando al mismo paso que Marta y al final quedaron casi de su mismo peso, Clara de treinta y cinco kilos y Maryluz de treinta y seis, mientras que mi papá, por una reacción contraria, en tres meses subió dos tallas de camisa y una de vestido, pues no paraba de comer y terminó redondo como un barril.

A Marta le gustaba mucho la compañía de la tía Inés, porque ella sabía tratar a los enfermos y hablaba poco. Si se desvelaba por la noche, y quería que le hablaran, la tía le contaba algo. Le contaba, por ejemplo, la historia de su marido, Olmedo, que había muerto mientras huía de los pájaros conservadores, que lo estaban persiguiendo para matarlo, por el solo hecho de ser liberal, y la historia de su cuñado, Nelson Mora, el mejor amigo de mi papá, que había sido asesinado por los pájaros conservadores, en el norte del Valle, cerca de Sevilla. La tía Inés había sido feliz muy pocos años, pero había alcanzado a tener dos hijos, Lyda y Raúl. Mientras la acompañaba y cosía, pensaba que Dios le había dado a ella más que a Marta, que sólo había alcanzado a tener dos novios, Andrés Posada y Hernán Darío Cadavid, pero no marido, ni hijos. Marta le consultaba sobre ellos, porque a estas alturas no estaba segura de a cuál de los dos querer, pues los dos le gustaban por igual, Andrés porque era un gran músico, y Hernán Darío porque era hermoso. Hasta que ya no se hizo más conflictos y decidió quererlos a los dos.

Andrés y Hernán Darío iban todos los días a la casa, en horarios distintos, al principio, Andrés por la mañana y Hernán Darío por la tarde, hasta que ya, en el último mes, iban al mismo tiempo, y uno le cogía una mano por el lado derecho, y el otro la otra, por el izquierdo. Andrés le cantaba canciones de Serrat. Hernán Darío la hacía reír. Mi hermana le explicaba a la tía Inés, que se sorprendía un poco al ver esa escena, aunque le parecía hermosa, de qué manera los quería a los dos. Una noche, mientras la tía Inés iba tejiendo el tapete que ella y mis hermanas cosieron durante esos meses de vigilia, y que todavía conserva como un tesoro, Marta le explicó que Andrés era su amor del alma, el espiritual, y que Hernán Darío era el amor del cuerpo, el pasional, así lo recuerda mi tía, y que le gustaba tenerlos a los dos. Era como si Marta hubiera leído a Platón, ese diálogo que a mi papá tanto le gustaba, sobre el amor, que algún día él me leyó en voz alta, años después, donde se habla de las dos diosas del amor, Pandémica y Celeste, que son como una constante de nuestra psiquis más honda, de esa alma ya formateada que traemos al mundo al nacer, gracias a la cual todos nos entendemos, y por la cual todo conocimiento tiene algo de recuerdo imperfecto.

Una noche de domingo, como todas las noches de domingo, mi hermana Maryluz estaba acompañando a Marta en la madrugada. Maryluz era muy joven; se había salido del colegio para casarse con Fernando, sin terminar el último año de bachillerato. Tenía veinte años, pero ya tenía un hijo, Juanchi, que era el nieto mayor y la nueva adoración de mi papá, su única alegría y su mayor consuelo en esos meses de desgracia. A los diez meses de la muerte de mi hermana tuvo también una niña, a la que le pusieron el mismo nombre de ella, Marta Cecilia, y que heredó como por arte de magia su alegría, su chispa y su dulzura. Después de la muerte de su hija, mi papá volcó sobre los nietos ese inmenso amor perdido, y les dedicó días y noches enteras, les escribió poemas y artículos, y definió el amor por ellos como algo superior al amor mismo, en páginas tan exaltadas que llegaban casi al límite de la cursilería. Pero esa madrugada de domingo mi hermana enferma, antes del amanecer, se despertó muy mal, con náuseas, y tuvo un ataque de vómito sobre las sábanas. Maryluz vio el vómito y se alarmó, salió corriendo a despertar a mi papá:

—¡Ay, papi, papi, rápido, vení, vení que Marta vomitó el hígado!

A mi papá, tal vez por primera vez en muchos meses, le dio risa.

—Mi amor, imposible, el hígado no se vomita.

—Sí, papi, sí, vení y verás, que allí lo tengo —gritaba Maryluz.

Mi hermana mayor había puesto el hígado en una vasija blanca, metálica, donde se ponían las agujas hervidas para las inyecciones. Era una masa roja, porosa, del tamaño de un puño. Lo que pasaba era que Marta, en los últimos días, lo único que aceptaba comer era sandía. No recibía ninguna otra comida que no fuera sandía, porque no le pasaba, tanto que nuestros tíos de Cartagena, Rafa y la Mona, enviaban cada semana montones de sandías (patillas, decían ellos) para que Marta pudiera comer de las mejores del país. Y lo que había vomitado era un trozo de sandía, que parecía un hígado. Tal vez fue la única vez en esos meses que nos pudimos reír, por la inocencia de Maryluz, que aunque era ya una señora, con un hijo a cuestas, seguía siendo una niña de veinte años.

Las sandías no venían solas, sino que todos los viernes llegaban con mi prima Nora, que tenía la misma edad de Marta, era su mejor amiga y los viernes los tíos la mandaban en avión para que pasara con ella el fin de semana. «Ahí te mando lo mejor que tengo», le decía el tío Rafa a mi mamá, y Nora llegaba con su muda de ropa y la caja de patillas. Muchas amigas de Marta tenían detalles así. Como mi hermana había dicho que sus flores preferidas eran las rosas rosadas (las que después mi papá se dedicaría a cultivar veinte años más, como en una oración privada con su hijita muerta) varias personas le llevaban una cada día: Clara Emma Olarte, una compañera del colegio, y también sus dos «suegras», María Eugenia Posada, la mamá de Andrés, y Raquel Cadavid, la mamá de Hernán Darío.

29

Marta empezó a ver mal a principios de diciembre. El neurólogo dijo que había ya metástasis en el cerebro, y que probablemente ya había allí células cancerosas que, en cierto momento, habían obstruido sinapsis en la zona de la visión, pero que por suerte, de alguna manera, las conexiones se habían restaurado por algún otro camino. Ella se murió el 13, al anochecer, y esas últimas dos semanas fueron de grandes dolores, convulsiones, malestar. Mi hermana, sin embargo, nunca habló de la muerte, y ni quería morirse ni pensaba que se fuera a morir. Su malestar, su fiebre y sus dolores, creía, era la forma que tenía su cuerpo de curarse. Cuando le daban taquicardias se asustaba, y pedía que la llevaran a la clínica, para no irse a morir. Después le pedía confirmación a la tía de que esa enfermedad, como era de la piel, era muy superficial, y por lo tanto era curable. Tanto mi tía, como mi papá y mi mamá, le decían que sí, que claro que sí, aunque ellos mismos, al decírselo, se murieran por dentro.

Cuando Marta entró en agonía mi papá nos reunió a todos los hermanos, en la biblioteca, y a cada uno nos dijo una mentira. A Maryluz le dijo que como era la mayor, y ya tenía un bebé de un año, más trágico habría sido que ella se muriera; a Clara le dijo lo mismo, que porque ya estaba casada y había armado una familia; a Eva casi ni supo qué decirle, salvo que ella era más importante para mi mamá que Marta; a mí, que por ser el único hijo hombre, y a Sol, que por ser la menor. Entonces, en medio de todo, debíamos considerarnos afortunados y ser muy fuertes, porque la familia había sobrevivido, y nos sobrepondríamos.

Marta, nos dijo, sería la leyenda más hermosa de la historia familiar. Creo que fue una reunión con mentiras inútiles y consuelos inventados, que nunca debió hacer.

El día de su muerte, en el cuarto, estaban, además de mi papá y mi mamá, la tía Inés, Hernán Darío, el novio carnal, que ese día se había peluqueado, y Marta decía que los hombres recién motilados traían mala suerte, y el doctor Jaime Borrero (que durante meses fue a verla todos los días, sin cobrar un centavo, sin hacer otra cosa que intentar atenuar sus sufrimientos y los nuestros). Él siempre me decía: «Usted tiene que ser fuerte y ayudarle a su papá, que está destrozado. Sea fuerte y ayúdele». Yo decía que sí con la cabeza, pero no sabía cómo ser fuerte, ni mucho menos cómo podría ayudarle a mi papá. Mi papá lo único que hacía era ponerle morfina y más morfina a mi hermana. Fuera de esto, y de mimarla, y animarla, no podía hacer nada más, salvo mirar cómo se iba yendo, día tras día, noche tras noche. La droga le daba una sonrisa de serenidad en la cara a mi hermana, pero cada día necesitaba más y más para estar bien algunas horas. Ya no había partes de su cuerpo sin chuzones, los glúteos, los brazos, los muslos, eran un reguero de punzadas rojas, como si se la hubieran comido las hormigas. Mi papá estaba siempre en busca de algún sitio para poderle poner otra inyección, y exigía una asepsia de quirófano, en sus manos y en las agujas, que hervían durante horas, para que no se le fueran a infectar los chuzones. No eran los años, todavía, de las jeringas desechables.

Esa última tarde, cuando el doctor Borrero dijo que Marta estaba agonizando, y autorizó a mi papá a que le pusiera más morfina, una dosis muy alta, para que no sufriera, ocurrió algo casi absurdo. No había una aguja hervida, desinfectada, y mi papá se enfureció con mi mamá y con la tía Inés, y tronaba porque no había una aguja limpia que sirviera para ponerle la morfina a su hija, carajo, hasta que el doctor Borrero, muy dulce, pero firme, le tuvo que decir: «Héctor, eso ya no importa». Y por primera y última vez en esos tres meses de morfina mi papá cometió la falta de higiene de ponerle a mi hermana una inyección sin la jeringa ni la aguja hervidas. Cuando acabó de entrar el líquido, mi hermana, sin decir una palabra, y sin abrir los ojos, sin convulsiones ni estertores, dejó de respirar. Y mi papá y mi mamá, al fin, después de meses de estarse conteniendo, pudieron echarse a llorar delante de ella. Y lloraron y lloraron y lloraron. Y todavía hoy, si él estuviera vivo, lloraría al recordarla, tal como mi mamá no ha dejado de llorar, ni ninguno de nosotros, si lo vuelve a pensar, porque la vida, después de casos como este, no es otra cosa que una absurda tragedia sin sentido para la que no vale ningún consuelo.

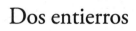

Dos entierros

30

«¡Alegría, alegría, alegría!» Un trueno en la voz, desde el púlpito, con el micrófono y los amplificadores que llenaban todas las naves de la iglesia con esa sola palabra. La repitió unas diez veces, alternando el castellano con el latín: «¡Alegría, aleluya, alegría!». Era un primo hermano de mi mamá, el obispo de Santa Rosa de Osos, Joaquín García Ordóñez. Pretendió despedir así a Marta, dizque con inmensa felicidad porque su alma acababa de llegar al reino de los cielos y había gran alborozo en el más allá, él lo podía ver, porque Marta se uniría a los ángeles y a los santos para cantar con ellos las glorias al Señor. Gritaba «¡Aleluya, aleluya, alegría!», ante una iglesia llena de personas que solamente podían llorar y oír a ese alegre obispo alucinado, con todos sus atuendos más lujosos, rojos, verdes, morados, más que incrédulos, estupefactos. «¡Alegría, aleluya, alegría! A veces Dios nos hiere en lo que más amamos, para recordarnos lo que le debemos. Alegría, aleluya, alegría.»

En ese momento del sermón mi papá me dijo, en un murmullo: «No aguanto más, me voy a salir un rato», y mientras monseñor explicaba por qué estaba tan alegre (yo me pregunto si su alegría no sería sincera, y precisamente ocasionada por la dicha de vernos sufrir así), mi papá y yo nos salimos al atrio de la iglesia de Santa Teresita, en Laureles, y nos quedamos ahí un rato, al sol, bajo el indiferente azul del cielo, en uno de esos días radiantes de diciembre, radiante como García Ordóñez, sin hablar, sin oír las palabras del obispo, hasta que las tres del Cuarteto Ellas, durante la comunión, empezaron a cantar las dulces canciones del grupo, y volvimos a entrar, para sentir el único consuelo que se siente en la tristeza, que es el de hundirse más en la tristeza, hasta ya no poderla soportar.

El presente y el pasado de mi familia se partieron ahí, con la devastadora muerte de Marta, y el futuro ya no volvería a ser el mismo para ninguno de nosotros. Digamos que ya no fue posible para nadie volver a ser plenamente feliz, ni siquiera por momentos, porque en el mismo instante en el que nos mirábamos en un rato de felicidad, sabíamos que alguien faltaba, que no estábamos completos, y que entonces no teníamos derecho a estar alegres, porque ya no podía existir la plenitud. Hasta en el límpido cielo del verano habrá siempre en alguna parte del horizonte, para nosotros, una nube negra.

Supe años después que desde esa fecha mi papá y mi mamá no volvieron nunca más a hacer el amor, como si ya esa dicha, también, les hubiera quedado vedada para siempre. Seguían siendo amorosos el uno con el otro, sin duda, en algunas mañanas de domingo en que se demoraban en la cama, y todos lo podíamos ver en su abrazo cálido, fraternal, pero lo que no podíamos ver era que también su plena intimidad se había perdido definitivamente con la muerte de Marta.

El 29 de enero de 2006 voy a almorzar, como casi todos los domingos, con mi mamá. Mientras nos estamos tomando en silencio la sopa, ella me suelta esta frase:

—Hoy Marta está cumpliendo cincuenta años.

Mi mamá ha seguido llevándole la cuenta. Mi hermana nunca pasó de los dieciséis años (le faltaba un mes largo para cumplir diecisiete) y es incluso dos años más joven que mi hija mayor, pero mi mamá dice: «Hoy Marta está cumpliendo cincuenta años». Y yo recuerdo la pequeña hoja de oro que mi papá mandó fundir para los médicos y familiares que la atendieron durante su enfermedad (Borrero, Echavarría, Inés y Eduardo Abad), como agradecimiento. Decía: «No es la muerte la que se lleva a los que amamos. Al contrario, los guarda y los fija en su juventud adorable. No es la muerte la que disuelve el amor, es la vida la que disuelve el amor». Fija en su juventud y constante en el amor, ese día, en silencio, mi mamá y yo celebramos sin velas y sin helado los cincuenta años de Marta, esa niña muerta que mi papá, para consolarse, decía que no había existido nunca, que era sólo una hermosa leyenda.

31

Quince años más tarde, en la misma iglesia de Santa Teresita, nos tocó asistir a otro entierro tumultuoso. Era 26 de agosto, y la tarde anterior habían matado a mi papá. Lo velamos, primero, en la casa de mi hermana mayor, Maryluz, las últimas horas antes del amanecer, después de que en aquella morgue de mi infancia (la misma donde me había llevado a conocer un muerto, como si quisiera prepararme para el futuro), ya en la madrugada, nos entregaron el cadáver. Por la mañana, como suele suceder en este país de catástrofes diarias, muchas emisoras de radio querían hablar con algún miembro de la familia. La única que tuvo la suficiente serenidad para hacerlo fue mi hermana mayor. Mientras la entrevistaban, algunos funcionarios (el alcalde, el gobernador, algún senador) le daban las condolencias al aire. Después pusieron en directo también al arzobispo de Medellín, monseñor Alfonso López Trujillo. Este le dijo a mi hermana cuánto lamentaba esta desgracia y le recomendó resignación cristiana. Mi hermana, que es muy católica, se lo agradeció en directo.

Pero muy pocas horas más tarde, hacia las diez de la mañana, de la iglesia de Santa Teresita, la parroquia de mi mamá y de mis hermanas, les hicieron saber con una llamada por teléfono que la misa de difuntos programada para las tres no se podría realizar. El cardenal López Trujillo había hecho una llamada para prohibírselo explícitamente al párroco, en vista de que mi papá no era creyente, y considerando que nunca iba a misa ni allí ni en ninguna parte. No tenía sentido, dijo el arzobispo, que se le hiciera una ceremonia religiosa a alguien que se había declarado públicamente ateo y comunista. Esto, en realidad, no era cierto, pues en sus raras profesiones de fe, por contradictorio que pueda sonar, mi papá siempre se declaró «cristiano en religión, marxista en economía y liberal en política».

La misa de difuntos iba a decirla mi tío Javier, el hermano sacerdote de mi papá, y él ya había llegado de Cali para celebrarla y acompañarnos. Al enterarse de la orden del cardenal, el tío de inmediato salió para la iglesia y se puso a discutir con el párroco. Él mismo, personalmente, asumiría toda la responsabilidad ante el arzobispo, pero sería una infamia con la familia cancelar esta especie de consuelo. Para Javier era suficiente que mi mamá y mis hermanas, todas católicas practicantes, quisieran esa ceremonia y ese entierro. El entierro religioso no es para el muerto, sino para sus deudos y parientes, así que las creencias del muerto importan poco si quienes lo sobreviven prefieren que se le haga cierto tipo de funeral. Es cierto, para un ateo es una ofensa que lo obliguen —cuando ya no puede decidir— a asistir (es un decir) a una misa de despedida, y yo no quisiera que nunca me lo hicieran. Pero, ante todo, mi papá no sabía si creía o no, y además, lo más ofensivo e inclemente era negar ese consuelo —por irracional e iluso que sea— a una viuda creyente que quiere aliviar su sufrimiento con la esperanza de una nueva vida. El cardenal, con su orden despiadada, parecía pronunciar las palabras con que Creonte quiso dejar insepulto al hermano de Antígona: «Nunca el enemigo, ni después de muerto, es amigo». Y mi tío, el hermano de mi papá, parecía decir las palabras de Antígona, la hermana de Polinices: «No he nacido para compartir odio, sino amor».

Yo no me enteré de nada de esto hasta varios días después, por una carta de protesta que mi mamá estaba redactando para López Trujillo, y al leerla pude repetir una vez más en voz alta el apelativo que siempre se me viene a la cabeza cuando pienso en este cardenal, hoy presidente en Roma del Pontificio Consejo para la Familia, el apelativo que mejor le cuadra, y que aquí no repito por consejo de mi editor y para evitar una demanda por injuria (aunque no por calumnia). El párroco, si bien asustado, consintió en hacerse el de la vista gorda, y abrió las puertas de la iglesia para que mi tío pudiera decir la misa, y para que las miles y miles de personas condolidas pudieran entrar a rendirle un tributo a mi papá. Había una multitud pues la familia y muchas otras personas habían invitado a la conmemoración por medio de avisos en la prensa, y el asesinato había conmovido a la mejor parte de la ciudad, así hubiera alegrado a unos pocos. El párroco puso una condición, eso sí, y era que al menos no hubiera música, pues una misa cantada sería un exceso de tributo al muerto. Mi tío Javier, a esto, no le respondió nada, pero cuando el coro de la universidad, y varios músicos allí reunidos más o menos espontáneamente, empezaron a cantar y a tocar, no los detuvo. Su sermón, entre chorros de lágrimas, fue triste y hermoso. Habló del martirio de su hermano, de la defensa hasta la muerte de sus convicciones, del extremo sacrificio a causa de un sentimiento profundo de compasión humana y de rechazo de la injusticia. Expuso, convencido de lo que decía, que en el más allá no se condenaría a este hombre justo, como habían hecho algunos aquí. Esta vez no oímos gritos de alegría, aleluya, alegría, sino murmullos y frases entrecortadas que intentaban decir lo que todos sentíamos, una profunda tristeza. Ese acto de valor, y ese toque de rebeldía, en un cura del Opus es algo que siempre le agradeceremos al tío Javier. Y mi mamá y mis hermanas tuvieron ese consuelo, tan ajeno a mí, que da la esperanza en una justicia sobrenatural restablecida en otro mundo, en una recompensa por las buenas obras, y un posible reencuentro en otra vida. Yo esa consolación no la sentí, ni la puedo tener, pero la respeto como algo tan arraigado en mi casa como el buen apetito, las buenas recetas de cocina o como el orgullo por todas las cosas que mi papá hizo en su paso por el mundo.

Años de lucha

32

No sé en qué momento la sed de justicia pasa esa frontera peligrosa en que se convierte también en una tentación de martirio. Un sentimiento moral muy elevado corre siempre el riesgo de desbordarse y caer en la exaltación del activismo frenético, el cual tiene cierto parentesco con la vanidad. Una confianza optimista muy marcada en la bondad de fondo de los seres humanos, si no está atemperada por el escepticismo de quien conoce más en profundidad las mezquindades ineludibles que se esconden en la naturaleza humana, lleva a pensar que es posible edificar el paraíso aquí en la tierra, con la «buena voluntad» de la inmensa mayoría. Y esos reformadores a ultranza, Savonarolas, Brunos, Robespierres, pueden llegar a ser personas que hacen, a su pesar, más mal que bien. Ya Marco Aurelio decía que los cristianos —los locos de la cruz— obraban muy mal al llegar hasta el sacrificio por una simple idea de verdad y de justicia.

Estoy seguro de que mi papá no padeció la tentación del martirio antes de la muerte de Marta, pero después de esa tragedia familiar cualquier inconveniente parecía pequeño, y cualquier precio ya no parecía tan alto como antes. Después de una gran calamidad la dimensión de los problemas sufre un proceso de achicamiento, de miniaturización, pues a nadie le importa un pito que le corten un dedo o que le roben el carro si se le ha muerto un hijo. Cuando uno lleva por dentro una tristeza sin límites, morirse ya no es grave. Aunque uno no se quiera suicidar, o no sea capaz de levantar la mano contra sí mismo, la opción de hacerse matar por otro, y por una causa justa, se vuelve más atractiva si se ha perdido la alegría de vivir. Creo que hay episodios de nuestra vida privada que son determinantes para las decisiones que tomamos en nuestra vida pública.

Su amor excesivo por los hijos, su mismo amor exagerado por mí lo llevaron, algunos años después de la muerte de mi hermana, a comprometerse hasta la locura con batallas imposibles, con causas desesperadas. Recuerdo por ejemplo la de un desaparecido, el hijo de doña Fabiola Lalinde, un muchacho que tenía casi la misma edad mía, en la que se metió con una justiciera obstinación de padre. Quizá por esa misma coincidencia entre nuestras edades, a mi papá le resultaba insoportable que no hubiera quien quisiera ayudar a esa mamá que buscaba a su hijo sin el apoyo de nadie, con la sola fuerza de su amor, de su tristeza y de su desesperación.

La compasión es, en buena medida, una cualidad de la imaginación: consiste en la capacidad de ponerse en el lugar del otro, de imaginarse lo que sentiríamos en caso de estar padeciendo una situación análoga. Siempre me ha parecido que los despiadados carecen de imaginación literaria —esa capacidad que nos dan las grandes novelas de meternos en la piel de otros—, y son incapaces de ver que la vida da muchas vueltas y que el lugar del otro, en un momento dado, lo podríamos estar ocupando nosotros: en dolor, pobreza, opresión, injusticia, tortura. Si mi papá fue capaz de compadecer a doña Fabiola y a su hijo desaparecido, fue porque él era muy capaz de imaginar lo que sentiría si estuviera en una situación así, con una hermana mía o conmigo en ese lugar de nieblas de los desaparecidos, sin ninguna noticia, ninguna palabra, sin siquiera la certeza y la resignación ante la muerte que da un cuerpo inerte. La desaparición de alguien es un crimen tan grave como el secuestro o el asesinato, y quizá más terrible, pues la desaparición es pura incertidumbre y miedo y esperanza vana.

Después de la muerte de mi hermana el compromiso social de mi papá se hizo más fuerte y más claro. Su pasión de justicia creció y sus precauciones y cautelas se redujeron a nada. Todo esto aumentó aún más cuando mi hermana menor y yo entramos a la universidad y, si no me engaño, ya podía decirse que su compromiso de crianza con nosotros había concluido. «Si me mataran por lo que hago, ¿no sería una muerte hermosa?», se preguntaba mi papá cuando algún familiar le decía que se estaba exponiendo mucho en sus denuncias de torturas, secuestros, asesinatos o detenciones arbitrarias, que fue a lo que se dedicó en los últimos años de su vida, a la defensa de los derechos humanos. Pero él no iba a renunciar a sus denuncias por nuestros miedos, y estaba seguro de que estaba haciendo lo que tenía que hacer. Como decía Leopardi: «Hay que tener mucha estima por sí mismo para ser capaz de sacrificarse a sí mismo».

La primera lucha que emprendió después de la muerte de Marta fue con la Asociación de Profesores de la Universidad de Antioquia, de la que era presidente, y desde la cual lideró un paro de profesores, apoyado por los estudiantes, en defensa de su categoría y contra un rector astuto y reaccionario, Luis Fernando Duque, viejo alumno de mi papá en su misma especialidad, Salud Pública, y por un tiempo supuesto amigo suyo, pero luego enemigo acérrimo y contrincante hasta el límite del odio.

Esto ocurrió a finales del 73 y principios del 74 (Marta se había muerto en diciembre del 72), durante una de esas crisis cíclicas que padece la universidad pública en Colombia. El presidente de la asociación, en el 73, era Carlos Gaviria, un joven profesor de Derecho que desde entonces se volvió un amigo entrañable de mi casa. Ese año, en un enfrentamiento de los estudiantes con el ejército, que había ocupado la ciudad universitaria por orden del rector, los soldados habían matado a Luis Fernando Barrientos, un estudiante, y esa muerte había desembocado en un motín. Los estudiantes, furiosos, se tomaron el edificio de la rectoría, dejaron sobre el escritorio del rector al estudiante muerto, al que habían paseado en hombros por todo el campus, y después incendiaron la sede administrativa de la universidad.

Carlos Gaviria, como presidente de la Asociación de Profesores, escribió una carta que después, toda la vida, le han sacado en cara para acusarlo de incendiario, pero que tenía una argumentación y un propósito muy claros. Su tesis era que, en medio de una serie de hechos irracionales, los estudiantes habían hecho algo irracional, que era la quema del edificio, pero que lo más irracional de todo no había sido esto, sino el asesinato del estudiante, que le parecía aún más grave, y que el culpable de todo era un rector reaccionario, Duque, que quería someter a la universidad a su talante autoritario, destituyendo a los profesores de avanzada y pretendiendo que el ejército patrullara día y noche la ciudad universitaria.

Pocos meses después mi papá sucedió a Carlos en la presidencia de la Asociación de Profesores, que tuvo que enfrentarse al nuevo estatuto profesoral decretado unilateralmente por el rector Duque, quien había aprovechado un período de estado de sitio en el país para dictarlo, y mediante el cual la estabilidad laboral y académica de los profesores quedaba sin piso. El rector y los decanos podían destituir a los profesores casi con cualquier pretexto, según el nuevo estatuto, y lo más grave era que lo empezaron a usar para destituir, enmascarado en motivos académicos o disciplinarios, a todos los profesores progresistas. La libertad de cátedra había desaparecido, y a los profesores les vigilaban, ideológicamente —mediante visitas periódicas y no anunciadas a las clases—, lo que enseñaban en sus cátedras.

El ejército seguía ocupando la universidad, y los de la asociación se negaban a dar clase con la presencia de las fuerzas armadas. Luis Fernando Vélez, profesor de Antropología, y también miembro de la junta de la asociación, dijo una vez que él se negaba a dar clase con la presencia del Ejército Nacional, y también con la presencia del Ejército de Liberación Nacional, porque en esos días la guerrilla intentaba también meterse en el recinto de la universidad para aumentar el caos y el desorden.

Fue una lucha larga, al final del gobierno de Misael Pastrana, y por un momento pareció que el rector la ganaría. Más de doscientos profesores, encabezados por Carlos y mi papá, fueron destituidos de sus cargos a raíz de la huelga. Ese momento coincidió, por suerte, con la llegada al poder de un presidente liberal, López Michelsen. Mi papá, que años atrás había sido militante de una disidencia del liberalismo liderada por López, el MRL (Movimiento Revolucionario Liberal), pudo contar con un aliado en el vértice del gobierno. Al fin el destituido fue el rector Duque, y por una vez los profesores pudieron cantar victoria en una larga lucha gremial. Fueron restituidos a sus cargos los doscientos profesores echados a la calle, entre los que estaban algunos de los mejores profesores de la universidad (Jaime Borrero, Bernardo Ochoa y mi papá en Medicina, Carlos Gaviria y Luis Fernando Vélez en Derecho, Hugo López, Santiago Peláez y Rafael Aubad en Economía, Darío Vélez en Matemáticas). La libertad de cátedra, que pretendía ser negada por Duque, se salvó en ese año, aunque luego el ministro de Educación cometiera el error de ampliar los cupos universitarios hasta excesos populistas, y la universidad, para poder atender al cúmulo de estudiantes nuevos que entraban, se llenó de profesores mal preparados, en buena parte de extrema izquierda (de una izquierda guerrera y poco amante de la academia), que empezaron a ver a personas como Carlos Gaviria y mi papá, como profesores burgueses, decadentes, retardatarios y conservadores, simplemente porque defendían el estudio serio y no estaban de acuerdo con el exterminio de explotadores y capitalistas. En pocos años se pasó de un extremo a otro, y la universidad perdió nivel porque muchos de los profesores mejor formados académicamente prefirieron salirse y fundar universidades privadas o vincularse a las ya existentes, antes que tener que soportar a estos nuevos extremistas, ahora de la peor izquierda cercana a la violencia.

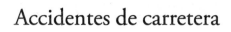

Accidentes de carretera

33

El día de mi grado de bachillerato —yo acababa de cumplir dieciocho años y era el mes de noviembre de 1976—, al ir hacia el colegio en el carro que me habían prestado en la casa, un Renault 4 amarillo, si mal no recuerdo, atropellé a una señora entre Envigado y Sabaneta: doña Betsabé. Ella salía de misa con la cachirula sobre los hombros y un misal en la mano. Se despedía de sus amigas y caminaba de espaldas hacia la calle, sin mirar. Yo frené, me paré en el freno, mejor dicho, las llantas chirriaban, el carro coleaba e intenté llevarlo hacia el otro lado de la vía, a la cuneta, pero cogí a esta señora de lleno y ella voló hacia arriba. Su cuerpo de espaldas, entero, golpeó primero contra el guardachoques, voló después hacia el parabrisas, lo rompió en mil añicos, entró brevemente hacia donde yo estaba con mi primo Jaime, y rebotó hacia afuera, donde cayó, inerte, sobre el asfalto. Todos gritaban, las beatas que salían de la iglesia con ella, los pasantes, los curiosos: «¡La mató, la mató, la mató!». Una multitud se aglomeraba alrededor del cadáver y empezaba a mirarme y a señalarme, amenazante.

Yo me había bajado del carro y estaba inclinado sobre ella. «¡Hay que llevarla al hospital!», gritaba yo. «¡Ayúdenme a subirla al carro!», y nadie me ayudaba, ni siquiera mi primo Jaime, que estaba como alelado después del impacto. Pasó una camioneta, de esas que tienen un volco destapado detrás. Mi primo al fin me ayudó a subirla y ahí la descargamos. Yo me fui atrás con ella, solo, creyéndola muerta. Un hueso, la tibia, le salía rasgándole la piel por un lado de la pantorrilla (igual, idéntico al hueso de John, el de la morgue). La camioneta pitaba y corría hacia el hospital de Envigado, y el conductor voleaba un trapo rojo por la ventanilla, de modo que la gente viera que se trataba de una emergencia. La señora llegó en *shock* y la entraron a una sala de reanimación. Yo me puse a hablar con los médicos. Era una pesadilla, me sentía como loco. No podía resistir que hubiera matado a alguien. Me identifiqué. Todos habían sido alumnos de mi papá. Lo llamaron. Él era el director del Seguro Social en Medellín. Los médicos decían: «La señora está en *shock* y se puede morir. Estamos haciendo todo para reanimarla y estabilizarla, después la mandaremos en ambulancia a la Clínica Medellín, a cuidados intensivos».

Había otro problema, le decían los médicos a mi papá por teléfono: «¿Su hijo está afiliado a la cárcel de choferes?». No. «Si no lo está, y la señora se muere, lo detienen en la cárcel de Bellavista, en un patio terrible, es peligroso, allá cualquier cosa le puede pasar. Él tiene unas cortadas en el brazo: lo podemos internar mientras ustedes lo afilian a la cárcel de choferes, eso se toma un día o dos.» Mi papá dijo que me preguntaran dónde quería yo que me internaran, para que no me llevaran preso a Bellavista. Él no quería ni siquiera hablar conmigo, tenía rabia, con razón, pues siempre me decía que manejaba muy rápido. Yo, sin pensarlo, o pensando mejor en lo que yo sentía en ese momento, es decir, que me estaba enloqueciendo, dije: «En el manicomio». Y mi papá, que a casi nada se resistía, dijo «bueno». Entonces los médicos me cosieron la muñeca que me había cortado con los vidrios del parabrisas y me pusieron una gasa alrededor del pulso. Doña Betsabé había salido del *shock,* estaba estable, con suero, antibióticos y analgésicos, y la subieron a una ambulancia que salió despavorida hacia el centro de Medellín con las sirenas desplegadas. «Yo creo que se salva», me dijo el médico de urgencias. «Además de la herida abierta en la pierna, tibia y peroné, tiene un brazo roto, y la clavícula y muchas costillas, pero no parece que haya daño en los órganos vitales, ni en la cabeza. Ojalá.»

A mí me llevaron al manicomio de Bello, en otro carro. Al llegar allí me entregaron a los loqueros. No les dijeron el motivo de mi ingreso. Ellos miraban la gasa alrededor de mi muñeca y sonreían: estaban seguros de que había sido intento de suicidio. Me preguntaban el mes, el año, el día de la semana, los nombres de mis abuelos, tíos y bisabuelos. Yo estaba confundido, se me olvidaba todo. Veía sin parar la película del accidente, doña Betsabé saltando por el aire, el chirrido del frenazo, su cuerpo como una ballena gris entrando al carro por el parabrisas y volviendo a salir, sus huesos quebrantados por el golpe. Esa imagen repetida me estaba enloqueciendo de verdad.

Me metieron a un cuarto con otros tres dementes en serio, y yo empecé a sentirme igual que ellos. Lloraba en silencio. Veía a doña Betsabé, me imaginaba la ceremonia del grado a la que no podría asistir, la entrega de las calificaciones. Doña Betsabé en mi cabeza, como una pesadilla interminable, y yo un criminal, un asesino, un delincuente al volante. Había un loco que repetía lo mismo una y otra vez, en voz alta: «Yo tengo unos sobrinos bananeros que viven en Apartadó, yo tengo unos sobrinos bananeros que viven en Apartadó, yo tengo unos sobrinos bananeros que viven en Apartadó, yo tengo unos sobrinos bananeros que viven en Apartadó». Mi cabeza repetía también un sonsonete: acabo de matar a una señora. Otro de los locos de mi cuarto coleccionaba libros ilustrados de Julio Verne, y quería que yo los viera con él. Sonreía, insinuante, y apoyaba los libros sobre mis rodillas. El tercero miraba por la ventana, inmóvil, sin pronunciar ni una palabra ni mover un músculo, la mirada fija y vacía en un punto muerto, alelado. Yo sentía que estando con ellos me iba a enloquecer de verdad. Empezó a anochecer y yo no sabía nada de nada de la realidad, de lo que ocurría afuera, de la vida o la muerte de doña Betsabé. Mi mundo se estaba reduciendo a ese encierro terrorífico. Empecé a gritar para que los enfermeros vinieran: «¡Quiero llamar a mi casa, quiero saber si esa señora está viva, quiero hablar por teléfono, si no me sacan de aquí me voy a enloquecer de verdad, si no me sacan me voy a enloquecer!». No hay un sitio mejor para enfermarse de la cabeza que un manicomio. El sano más sano y sensato que entre interno en un manicomio, en pocos días, qué digo, en pocas horas se enloquece también. Los locos de otros cuartos se acercaban a oír mis gritos, mi delirio, y se burlaban de mí: «Este sí está muy mal», decían, «que lo calmen, que lo calmen, que lo calmen». Y daban palmadas al unísono para llamar a los enfermeros, como si estuvieran en un tablao andaluz.

Y vinieron, vestidos de verde oscuro, con sus uniformes de loqueros. Me cogieron a la fuerza entre tres, me bajaron los pantalones y me pusieron una inyección en la nalga, larga, densa. El efecto que esa droga me hizo no lo quiero describir. Veía a doña Betsabé, veía su sangre, veía mis manos ensangrentadas, veía sus huesos triturados, veía mi locura, todas las imágenes al mismo tiempo, sin poder concentrarme en nada, la memoria invadida de recuerdos inconexos, de imágenes terribles que no duraban nada porque otra llegaba a sucederla. No sé cuánto duró. Creo que me dormí. Por la mañana, al despertarme, me dije, tengo que ser un paciente ejemplar. Voy a estar muy tranquilo y tengo que intentar que me dejen llamar. Miré a mi lado, al tipo que repasaba los libros de Julio Verne, al otro con la mirada perdida en el vacío, el de más allá en su mismo sonsonete perpetuo, «yo tengo unos sobrinos bananeros que viven en Apartadó, yo tengo unos sobrinos bananeros que viven en Apartadó, yo tengo unos sobrinos bananeros que viven en Apartadó». Tuve una buena idea: busqué mi billetera, tenía plata.

«Mire, yo sé que es muy difícil desde aquí, pero necesito llamar por teléfono, sólo una vez. Tome (le di todo lo que llevaba), con esto yo creo que usted me consigue el permiso para llamar.» El loquero cogió la plata, ávido, y al rato volvió: «Venga pues». Me llevó a un teléfono público, en un corredor, y me dio una moneda. Marqué el número de mi casa, que no se me había olvidado, que no se me ha olvidado ni siquiera hoy, treinta años después, aunque la casa no exista, ni haya teléfonos de seis cifras en mi ciudad: 437208. Contestó mi hermana Vicky. «Si no me sacan hoy mismo, ya mismo, de acá, me voy a enloquecer de verdad y nunca más me vuelvo a recuperar. Vengan rápido por mí, corriendo, ya mismo, ya mismo, aunque me metan en la cárcel.» Yo lloraba y colgué. Vicky me juró que me iban a sacar. Una o dos horas después, horas eternas en que mis compañeros de patio hacían hasta lo imposible por convertirme en uno de ellos, los enfermeros vinieron por mí. El psiquiatra me hizo firmar un papel en el que decía que me iba por mi propia elección y exoneraba al Hospital Mental de cualquier responsabilidad.

Doña Betsabé estaba mejor y se recuperaba, aunque tardaría meses en restablecerse del todo. Mi mamá, a sus hijos sin trabajo, les daría trabajo como porteros o empleados de aseo en algunos edificios. Mi papá, también, les buscaría algún oficio a otros. Eran muy pobres y doña Betsabé decía algo terrible, muy triste, y que retrata lo que es esta sociedad: «Este accidente ha sido una bendición para mí. Se lo ofrezco al Señor. Él me lo mandó, porque yo salía de misa y le estaba pidiendo que les diera trabajo a mis hijos. Pero antes yo tenía que pagar por mis culpas. Pagué por mis culpas y el señor les dio trabajo. Es una bendición». Yo fui a verla una vez y después nunca más quise volver a verla. Cuando la veía se me representaba su fantasma, su cuerpo muerto, inerte, que sólo reaccionó un instante, con quejidos, cuando llegábamos al hospital de Envigado. Si se hubiera muerto. No quiero ni pensarlo. Tal vez yo estaría todavía en el manicomio de Bello.

«Ibas muy rápido», dijo mi papá, «la huella del frenazo era muy larga». «Eso no puede volver a pasar.» Y sin embargo, apenas un año y medio después, volvió a pasar.

34

A principios de 1978 nos fuimos, solos mi papá y yo, para Ciudad de México. El presidente López Michelsen, por solicitud de la embajadora, María Elena de Crovo, había nombrado a mi papá consejero cultural en la embajada de México. Yo acababa de cumplir diecinueve años y era la primera vez que tenía pasaporte (un pasaporte oficial) y la primera vez que salía del país. Por primera vez tomé un vuelo internacional; por primera vez me dieron una bandejita con comida caliente en un avión. Todo me parecía grande, importante, maravilloso, y el viaje, de cinco horas, me pareció una hazaña. En el Distrito Federal llegamos a vivir, al principio, en unas residencias, especie de aparta-hotel, en la Colonia Roma, donde nos tendían la cama y nos lavaban la ropa.

El cónsul, una persona amable, era un sobrino del expresidente Turbay Ayala. La embajadora, después de su tormentoso paso por el Ministerio del Trabajo (le había tocado el asesinato del líder sindical José Raquel Mercado, a manos de la izquierda, y una huelga terrible de médicos en el Seguro Social, con los enfermos muriéndose en las salas de urgencias y las embarazadas pariendo en los corredores), vivía atormentada, quizá segura de que su carrera política había llegado a la cima, y desde esa cima se había derrumbado para siempre. La embajada de México, para ella, no había sido un premio, sino una especie de destierro, y al mismo tiempo una despedida de la vida política. Quizá por eso bebía más de la cuenta, y había pedido a mi papá para que él se encargara de la rutina de la embajada y le cubriera la espalda en la oficina, ahora que ella no tenía ánimos de trabajar en nada. Mi papá, que la consideraba una buena amiga, lo hacía de buena gana.

Éramos una pareja torpe, mi papá y yo, y mi mamá —que tenía que seguir al mando de su empresa en Medellín— no llegaría hasta mayo o junio. No sabíamos cocinar y los pocos desayunos que yo intentaba hacer consistían en pan duro y huevos chamuscados. Comíamos siempre afuera, y el cónsul nos había prestado un Volkswagen escarabajo rojo en el que yo aprendí a moverme por las interminables y caóticas avenidas del D. F., con el tráfico más infernal que exista sobre la tierra y las distancias más inverosímiles. Había ocasiones en las que un atasco por el Periférico podía durar más que un viaje en avión a Colombia. El tráfico, sencillamente, se detenía del todo, y uno sacaba un libro mientras el mundo seguía girando y todo se movía, menos el tránsito en el Periférico. Muy temprano llevaba a mi papá a la embajada, en la Zona Rosa, y luego tenía todo el día por delante, para mí, aunque yo no sabía qué hacer con él. Me vino a socorrer un amigo de mi papá, Iván Restrepo (el marido de la secretaria de mi papá en la Facultad de Medicina), que se había refugiado en México veinte años antes. Desde entonces yo, cuando pienso en México, pienso en Iván Restrepo, y en su casa de la calle Amatlán, en la Colonia Condesa, donde siempre me quedo cuando voy a México, muy cerca de la casa de Fernando Vallejo, otro amigo que tuve y que dejé de tener.

Creo que nunca he leído tanto como en esos meses en México, por la mañana en la estupenda biblioteca de la casa de Iván, que me abrió sus puertas para que yo pasara allí las mañanas, solo, en silencio, en compañía de sus miles y miles de libros, y por la tarde en el apartamentico que al fin alquilamos mi papá y yo, en la Colonia Irrigación, calle Presa las Pilas, con un número que ya no recuerdo. Sólo sé que encima de nosotros vivía un diplomático francés que me enseñó a oír a Jacques Brel, y que en la azotea del edificio quedaban unos cuchitriles donde dormían las empleadas del servicio. De Colombia, a las pocas semanas de huevos chamuscados y café instantáneo, llegó Teresa, la muchacha que trabajó toda la vida con nosotros, y que hoy en día sigue yendo todos los jueves, aunque esté jubilada, a plancharle la ropa a mi hermana menor. Todavía hoy, para Teresa, ese viaje a México es su mayor orgullo, y para que nadie dude de ese pasado glorioso que tuvo en 1978, en su manera de hablar conserva modismos mexicanos, treinta años después de haber vuelto. No dice «a la orden», como nosotros, sino «mande»; y no dice «¡cuidado!», sino «¡aguas!», ni «vamos», sino «ándele». Con Teresa en la casa, y con las recepciones diplomáticas, mi papá y yo volvimos a comer bien. Mejor que nunca, quizá, y por primera vez en la vida con vino, pues a mi papá, como diplomático, se lo llevaban a domicilio y sin impuestos.

Algunas, pocas veces, en la casa de Iván, me quedé a los almuerzos del «Ateneo de Angangueo», al que asistían personas importantes. Escritores como Tito Monterroso, Carlos Monsiváis, Elena Poniatowska, Fernando Benítez; pintores como Rufino Tamayo, José Luis Cuevas y Vicente Rojo; actrices como Margo Su, que era la novia secreta de Iván y la mejor empresaria de teatro popular que ha tenido México; grandes músicos como Pérez Prado; cantantes y bailarinas como la Tongolele y Celia Cruz. Esos almuerzos duraban toda la tarde, y consistían en mil platos autóctonos de la más sofisticada gastronomía mexicana, pollo en verde de Xalapa, huachinangos de Veracruz (que es nuestro pargo rojo), pechugas de huajolote (nuestro pavo) con mole poblano o con mole blanco de piñones y especias, tamales de todo tipo, pescaditos de Pátzcuaro, gorditas con frijoles y tocino, chiles rellenos, pulpos almendrados, elotes con cilantro... Recuerdo que Benítez siempre se despedía de mí de la misma manera: «Joven, que sea usted muy feliz», y hacía una reverencia teatral. Ese saludo, a mí, cuando salía a la calle, me producía un ataque de risa y de felicidad repentina; tenía que brincar para asimilarlo. Desde entonces he intentado hacerle caso, sin mucho éxito. Yo, sin embargo, a quienes admiraba más y quería conocer, pero no conocí en ese viaje, era a Juan Rulfo, que era taciturno y salía muy poco; a García Márquez, que no era de este mundo; a Octavio Paz, de quien leí toda la poesía y todos sus ensayos en esos meses, pero que tenía actitud de pontífice y no veía a nadie sino que había que pedirle audiencia con tres meses de anticipación, y a un poeta más joven que me deslumbraba y todavía me apasiona, José Emilio Pacheco, pero este se pasaba la mitad del tiempo en Estados Unidos. Ni Rulfo ni Paz ni Gabo ni Pacheco pertenecían al dignísimo «Ateneo de Angangueo», que era para personas más felices que famosas, y que no se tomaban tan en serio su vida ni su oficio ni nada. Tal vez uno en la vida siempre tenga que escoger si quiere ser feliz como Benítez o famoso como Paz; ojalá todos tuviéramos la sabiduría de escoger lo primero, como mi amigo Iván Restrepo, o como Monsiváis y la princesa Poniatowska, que son personas más felices que famosas, o al menos tan famosas como felices.

Yo estuve en México nueve meses, hasta octubre. Mi papá se quedó hasta diciembre, sólo un año, y lo que quiero resaltar es que él me permitió pasar todo ese embarazo sabático sin presión alguna, ni académica ni laboral, sin estudiar nada ni entrar a la universidad, sólo leyendo, gozándome la vida y acompañándolo a su vida diplomática de vez en cuando. Recuerdo en especial haber leído, entre otros muchos libros, los siete volúmenes de la *Recherche,* de Proust, con una pasión y una concentración que quizá nunca he vuelto a sentir en ninguna lectura. Si hay alguna lectura fundamental en mi vida, creo que esos meses, febrero, marzo, abril, leyendo por las tardes la gran saga proustiana de *En busca del tiempo perdido* (en la edición de Alianza, con traducción de Pedro Salinas, los tres primeros volúmenes, y de Consuelo Berges, todos los demás) fueron algo que marcaría para siempre mi vida como lector. Ahí confirmé que yo quería hacer exactamente lo mismo que Proust: pasar las horas de mi vida leyendo, escribiendo y quejándome del asma para no salir. Dos nombres inmensos marcaron los rumbos de la literatura en el siglo XX, Joyce y Proust, y creo que seguir a uno, o preferir al otro, es una elección tan importante en el gusto literario como en el político ser de derecha o de izquierda. A algunas personas las aburre Proust y las apasiona Joyce; a mí me pasaba exactamente lo contrario, al menos en ese tiempo, y si no he vuelto a leer a Proust nunca más es por miedo a tener una desilusión que desmentiría algunos de los meses de lectura más felices de mi vida.

Mi papá me había dado permiso de no hacer nada, bastaba que leyera y conociera una gran metrópoli, sus cines y conciertos y museos, para que le pareciera suficiente. Lo otro que hice fue inscribirme a unos talleres literarios en la Casa del Lago. De poesía con David Huerta, de cuento con José de la Colina, y de teatro ya no recuerdo con quién. Por las noches, una vez a la semana, iba a otro taller más privado que se hacía en la Casa de España, con un gran profesor centroamericano del que después nunca volví a saber nada, el licenciado Felipe San José. Él era una especie de discípulo de Rubén Darío, y tenía una inmensa cultura literaria, además de una generosidad sin límites en sus comentarios sobre los escritos que hacíamos sus pupilos. Con él tuve mi primer contacto serio con la literatura del Siglo de Oro y con la novela española contemporánea. Fueron meses lentos, de ocio, lectura, abulia y felicidad.

A mediados de ese año el abuelito Antonio le escribió una carta a mi papá, muy preocupado. Él se había enterado de que yo, en mi ideal de vida proustiano, me pasaba los días enteros tirado en una cama, o en un diván, leyendo novelas interminables y tomando sorbitos de vino de Sauternes, como si fuera una solterona retirada del mundo, un Oblómov de los trópicos, o un dandy maricón del siglo XIX. Nada le parecía más preocupante para la formación de mi personalidad, y para mi futuro, que eso, y visto desde afuera, por los ojos de un ganadero activo y pragmático, o incluso con mis ojos de hoy, debo reconocer que se veía medio aberrante, y que tal vez el abuelo tuviera razón. Pero mi papá, como hizo toda la vida conmigo, al leer esa carta, solamente soltó una carcajada y comentó que el abuelo no entendía que yo estaba haciendo por mi propia cuenta la universidad. ¿De dónde le saldría esa confianza que tenía en mí, a pesar de esos síntomas tan espantosos de indolencia?

En marzo hicimos el primero de varios viajes a Estados Unidos por tierra, en el lujosísimo BMW del cónsul, que nos lo prestó. Era mi primera entrada a ese gran país, y lo hicimos por Laredo, en los límites con Texas. Íbamos a visitar a dos alumnos de mi papá, uno en San Antonio, Héctor Alviar, anestesiólogo, y otro en Houston, Óscar Domínguez, cirujano plástico. Además íbamos a comprar un carro sin impuestos, pues así podía hacerlo mi papá como diplomático. Compramos un Lincoln Continental gigantesco, con todos los lujos que nunca habíamos visto en la vida, caja automática, vidrios eléctricos, aire acondicionado, sillas y espejos que se movían con botones, motor inmenso que chupaba gasolina como un borracho botellas de mezcal. A mis diecinueve años, con mi aspecto andrógino de adolescente que madura despacio y sigue siendo casi un niño, efebo lánguido y voluptuoso, recuerdo cómo me movía en ese carro enorme, blanco, por los senderos del parque de Chapultepec, camino de la Casa del Lago, donde hacía mis parsimoniosos cursos de literatura. Me sentía como Proust en un lujoso cabriolé último modelo, que va a visitar a la duquesa de Guermantes y en el camino habla de catleyas con Odette de Crécy. Salvo una muchacha que una vez me llevó a la casa de sus padres, unos industriales riquísimos, que vivían en Polanco, si no estoy mal, no recuerdo a ninguno de mis compañeros de aquellos cursos; se ve que nunca deshojamos catleyas. Tal vez recuerdo a dos personas más. Había una alumna bellísima, en la Casa de España, una señora de unos treinta años, judía, que era la amante del profesor San José. Y otro estudiante mestizo, muy inteligente, que escribía una novela histórica llena de poesía sobre los indios de Texcoco, en tiempos de la llegada de Hernán Cortés. Este, el último día del curso, cuando yo me despedí porque volvía a Colombia, recuerdo que me dijo: «Héctor, te lo digo muy seriamente, por favor: nunca dejes de escribir». Esa petición, a mí, me pareció rarísima, pues era como sugerirme que no dejara de vivir. Yo, desde esa época, y aunque faltaban más de doce años para que publicara mi primer libro, no tenía ninguna duda sobre lo que quería hacer en la vida. En México escribí el cuento con el que, un año más tarde, me ganaría un concurso nacional: «Piedras de silencio». Creo que a José de la Colina y a Felipe San José les debo las correcciones que lo hicieron menos malo. Y a David Huerta, el hijo de Efraín, le debo que abandonara para siempre la poesía, el género para el que yo creía estar mejor dotado, pero para el que, desde ese entonces, parece que no sirvo, y siempre que me ha salido un endecasílabo o un alejandrino, he preferido, en vez de publicarlo, disimularlo dentro de un párrafo de prosaica prosa.

Pero ese año de excesiva intimidad con mi papá fue el año, también, en que yo me di cuenta de que debía separarme de él, así fuera matándolo. No quiero que esto suene muy freudiano, porque la cosa es literal. Un papá tan perfecto puede llegar a ser insoportable. Aunque todo lo que hagas le parezca bien (o mejor: porque todo lo que haces le parece bien), llega un momento en que por un confuso y demencial proceso mental, quieres que ese dios ideal ya no esté allí para decirte siempre que bueno, siempre que sí, siempre que como quieras. Es como si uno, de todos modos, en ese final de la adolescencia, no necesitara un aliado, sino un antagonista. Pero era imposible pelear con mi papá, así que la única forma de enfrentarme a él era haciéndolo desaparecer, así me muriera yo también en el intento.

Creo que en realidad sólo me liberé de él, de su excesivo amor y de su trato perfecto, de mi excesivo amor, cuando me fui a vivir a Italia con Bárbara, mi primera esposa, la madre de mis dos hijos, en el año 82. Pero el clímax de la total dependencia y comunión fue en México, en 1978, cuando digo que quise matarlo, matarlo y matarme, y lo voy a contar muy brevemente pues es un recuerdo que no me gusta evocar, por lo confuso, lo impreciso y lo violento, aunque nada pasara en realidad.

Veníamos por una carretera desolada, por el norte del país, de regreso de Texas, en un carro viejo y potente (el primero nos lo robaron pocas semanas después de llevarlo al D. F.), grande como una camioneta funeraria, que nos había prestado Óscar Domínguez, su alumno, para reponer el Lincoln robado. Era un desierto inmenso, hermoso en su desolación. Yo sentí una especie de impulso suicida y aceleré sin meditarlo. Puse el potente vejestorio, un Cadillac, a ochenta, a cien, a ciento veinte millas (que equivalía casi a los doscientos kilómetros por hora). El carro rugía y temblaba, su vieja carrocería vibraba como un cohete a punto de salir de tierra, y yo tenía la clara sensación de que nos íbamos a matar, pero no dejaba de hundir a tope el acelerador, con ganas de matarme. Mi papá iba a mi lado, dormido. Sería una muerte instantánea de ambos, en el desierto. Yo no sé si lo pensaba, pero cuando una manada de chivos apareció al frente de la carretera, unos metros más adelante, vi la muerte de frente, y frené, frené, frené, igual que como había frenado la vez de doña Betsabé, y el viejo armatoste americano aguantó el larguísimo frenazo sin desviarse ni volcarse, meciéndose en medio de un ruido del infierno, y las cabras saltaron a los lados, sus enormes saltos formaban arcos oscuros en el aire, y el cabrero gritaba y manoteaba formando con los brazos como aspas de molino, pero nada golpeó contra nosotros, ni un cuerno ni una cola, y el carro acabó de detenerse indemne unos metros más adelante del rebaño espantado. Mi papá se despertó sobresaltado con el ruido y la frenada, sostenido a duras penas por el cinturón de seguridad, y sin decir una palabra pareció entenderlo todo, porque me hizo cambiar de puesto, en silencio, y aunque era un pésimo chofer, hasta llegar al D. F. condujo el carro, a cincuenta kilómetros por hora, durante medio día, sin pronunciar una sola palabra.

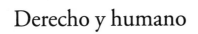

Derecho y humano

35

En 1982, pocos meses después de que yo me fuera por primera vez a vivir a Italia, y poco antes de cumplir los sesenta y uno, mi papá recibió una breve carta de un secretario de asuntos laborales de la Universidad de Antioquia. En tono frío y burocrático se le informaba que debía presentarse en ese despacho para hacer las gestiones de su jubilación inmediata. Él recibió la noticia, del todo inesperada, como un mazazo en la cabeza. Su alumna predilecta, Silvia Blair, quien acababa de entrar como profesora a la facultad, recuerda que su viejo maestro la buscó en la oficina, con los ojos como dos bolas de sangre, llorando intensamente (mi papá lloraba sin avergonzarse del llanto, no como los hijos del estoicismo español, sino como los héroes homéricos), pues le parecía imposible que la universidad donde había estudiado siete años y donde había sido catedrático otros veinticinco lo echara a la calle como un perro simplemente por haber cumplido sesenta, y sin siquiera darle las gracias por un trabajo al que le había dedicado la vida entera, salvo breves pausas internacionales. Había sido el representante de los estudiantes ante el Consejo Superior, había abierto el Departamento de Medicina Preventiva, había fundado la Escuela Nacional de Salud Pública, había sido profesor de varias generaciones de salubristas, había hecho huelgas por defender a los profesores de la universidad, de cuyo gremio había sido presidente varias veces, casi todos los médicos de Antioquia habían sido alumnos suyos, pero de un día para otro, sin ninguna consideración, lo echaban a la calle, jubilado.

En su segundo libro, *Cartas desde Asia,* escrito en Filipinas, mi papá había sostenido que él había llegado a ser profesor demasiado pronto, y que los verdaderos maestros sólo llegaban a ser tales al cabo de muchos años de madurez y meditación. «Qué gran cantidad de equivocaciones —había escrito ahí— las que cometemos los que hemos pretendido enseñar sin haber alcanzado todavía la madurez del espíritu y la tranquilidad de juicio que las experiencias y los mayores conocimientos van dando al final de la vida. El mero conocimiento no es sabiduría. La sabiduría sola tampoco basta. Son necesarios el conocimiento, la sabiduría y la bondad para enseñar a otros hombres. Lo que deberíamos hacer los que fuimos alguna vez maestros sin antes ser sabios es pedirles humildemente perdón a nuestros discípulos por el mal que les hicimos.»

Y ahora, precisamente cuando sentía que estaba llegando a esa etapa de su vida, cuando ya la vanidad no lo influía, ni las ambiciones tenían mucho peso, y lo guiaban menos la pasión y los sentimientos y más una madura racionalidad construida con muchas dificultades, lo echaban a la calle. Para él la enseñanza, que nada tenía que ver con el agonismo del deporte, ni con la belleza o los ímpetus de la juventud, estaba asociada con la madurez y la serena sabiduría, esa que es más frecuente alcanzar con los años. Está bien que se jubilen de la enseñanza quienes así lo deseen, pero si un profesor no ha perdido sus facultades mentales, y antes bien ha alcanzado la madurez y la serenidad para saber qué es lo realmente importante en su profesión, si además sus estudiantes lo quieren, prohibirle de un momento a otro que siga enseñando es un verdadero crimen y un desperdicio. En Europa, en Oriente, en Estados Unidos, no alejan a los grandes profesores de sus cátedras cuando envejecen, antes los cuidan más, les rebajan la carga académica, pero los dejan allí, como maestros de maestros, acompañando en su crecimiento intelectual a los estudiantes y a otros profesores. De hecho numerosos estudiantes protestaron por su jubilación obligada, y Silvia Blair escribió una carta furibunda, que repartió en miles de copias, firmada por profesores y alumnos, en la que sostenía que poco futuro tenía una universidad que jubilaba a sus mejores maestros, contra su voluntad, tan sólo para poder conseguir, más baratos, a tres jovencitos, profesores de cátedra, sin experiencia del mundo ni de la materia que pretendían enseñar.

Esta pensión impuesta a la fuerza le dolió muchísimo, pero no lo amargó por mucho tiempo. Declaró, simplemente, en un breve homenaje que le hicieron sus discípulos más queridos, que iba a vivir más feliz, que iba a leer más, a pasar ratos más largos con sus nietos y, sobre todo, que se iba a dedicar «a cultivar rosas y amigos». Y eso hizo. Pasaba tres o cuatro días a la semana, de jueves a domingo, en la finca de Rionegro, en su rosal todas las mañanas, haciendo injertos, probando cruces, desyerbando eras y podando matas, mientras por las tardes leía y oía música clásica, o preparaba su programa radial (*Pensando en voz alta*, se llamaba) o sus artículos de prensa. Al atardecer visitaba a su amigo del alma, el poeta Carlos Castro Saavedra, y por la noche leía nuevamente hasta que el sueño lo vencía. El rosal se fue llenando de las rosas más exóticas, para él y para todos nosotros, como un jardín de gran valor real y simbólico. En la última entrevista que le hicieron, a finales de agosto de 1987, cuando le preguntaron sobre la rebeldía, se refirió a su rosal: «La rebeldía yo no la quiero perder. Nunca he sido un arrodillado, no me he arrodillado sino ante mis rosas y no me he ensuciado las manos sino con la tierra de mi jardín».

Muchos amigos y parientes tenemos recuerdos asociados al rosal de mi papá, que todavía existe, algo maltrecho, en la finca de Rionegro. Él no le regalaba sus flores a todo el mundo, solamente a las personas que le parecían buenas, y a veces las negaba con una oscura sonrisa en la cara y un silencio que tan sólo nosotros sabíamos entender. En cambio a las personas que le caían bien les explicaba todo lo que podía sobre su cultivo. «Las rosas hembra son las únicas que florecen, pero tienen espinas. Las rosas macho no tienen espinas, pero nunca florecen», decía siempre, sonriente, al explicar la manera en que se hacían los injertos. Le gustaba mostrar todo el jardín de la finca, no sólo el rosal, sino también los sietecueros y la huerta, los guayabos de guayabitas rojas, los aguacates que producían frutos todo el año, porque estaban sembrados encima del pozo séptico, y las ochuvas, que él mismo nos pelaba y entregaba en la boca. Frente al único árbol que nunca florecía, un camelio estéril que sigue en el mismo sitio, se paraba con resentimiento, como si esa mata le hiciera una afrenta personal: «¿Por qué será que nunca quiere florecer?». Nunca ha florecido, salvo una vez en que se lamentaba exactamente por lo mismo con Mónica, la hermana de Bárbara, mi primera mujer, y de repente vio una solitaria y única camelia blanca. Entonces la cortó y se la regaló a ella, intrigado y feliz por esa sola excepción en tantos años de vida.

Volvía a Medellín los lunes por la mañana, y fue en esos años sin compromisos laborales cuando dedicó todo su tiempo libre de jubilado (cuando no estaba mimando a sus nietos o cultivando rosas y amigos) a la defensa de los derechos humanos, que le parecía, además, la lucha médica más urgente de ese momento en Colombia. Quiso aplicar sus sueños de justicia en la práctica de aquello que consideraba más urgente.

Le encantaba ser jardinero porque así le parecía regresar al origen campesino de la familia. Pero al tiempo que gozaba con este apego al campo y a la tierra, seguía con sus sueños de reforma de la medicina. Soñaba con que hubiera un nuevo tipo de médico, un *poliatra,* decía él, el sanador de la polis, y quería dar el ejemplo de cómo debía comportarse ese nuevo médico de la sociedad, que no se ocuparía de atacar y curar la enfermedad caso por caso, sino de intervenir en sus causas más profundas y lejanas. Por eso antes, en su cátedra de Medicina Preventiva y Salud Pública, se había salido cada vez más de las aulas y le gustaba llevar a sus estudiantes a que miraran la ciudad entera: los barrios populares, las veredas, el acueducto, el matadero, las cárceles, las clínicas de los ricos, los hospitales de los pobres, y también el campo, los latifundios, los minifundios y las condiciones en que vivían los campesinos en los pueblos y en las zonas rurales.

Dos años después de su jubilación, por presión de estudiantes y colegas, volvieron a llamarlo a la universidad, aunque sólo para dictar algunos seminarios, y él aceptó el encargo con la condición de que pudiera hacer la mayoría de sus clases, como siempre había soñado, fuera de las aulas. Mi hermana menor, Sol, que en esos años había empezado también a estudiar Medicina en una universidad privada, recuerda que mi papá la invitó a ella y a todos sus compañeros a hacer unos cursos de «poliatría» en la cárcel de Bellavista. Mi hermana lo propuso en su salón, pero sus compañeros se opusieron. Uno de ellos, hoy cardiólogo, se levantó y dijo, en el tono más hiriente y agresivo que encontró: «Nosotros no tenemos nada que aprender en una cárcel». Como era el líder del grupo, todos los compañeros aceptaron su veredicto, así que la única que asistió de todo el grupo fue mi hermana, y ella recuerda esas jornadas como algunas de las semanas en que más medicina aprendió, aunque una medicina distinta, de tipo social, en contacto con los que más sufrían, y con sus particulares dolencias personales, económicas o familiares.

Durante esas salidas de campo, mi papá no daba respuestas, como suele hacerse en todas las clases, sino que utilizaba el viejo método socrático de enseñar preguntando. Los estudiantes se desconcertaban e incluso protestaban: ¿de qué servía un profesor que en vez de enseñar no hacía sino preguntas y más preguntas? Si iban al hospital no era para tratar a los pacientes, sino para interrogarlos o para medirlos; lo mismo pasaba con los campesinos. Debían investigar las causas sociales, los orígenes económicos y culturales de la enfermedad: por qué ese niño desnutrido estaba en esa cama de hospital, o ese herido de bala, de tránsito, de machetazo o cuchillada, y por qué a ciertas categorías sociales les daba más tuberculosis o más leishmaniasis o más paludismo que a otras. En la cárcel estudiaban la génesis del comportamiento violento, pero también intentaban ayudar con programas para que los tuberculosos no estuvieran en sitios donde pudieran contagiar a los demás reclusos, o para controlar con planes alternativos (clases, lecturas, cineclubes) la drogadicción, el abuso sexual, la difusión del sida, etcétera.

Su noción novedosa de la violencia como un nuevo tipo de peste venía de muy atrás. Ya en el primer Congreso Colombiano de Salud Pública, organizado por él en 1962, había leído una ponencia que marcaría un hito en la historia de la medicina social del país: su conferencia se llamó «Epidemiología de la violencia» y allí insistía en que se estudiaran científicamente los factores desencadenantes de la violencia; proponía, por ejemplo, que se investigaran los antecedentes personales y familiares de los violentos, su integración social, su «sistema cerebral», su «actitud ante el sexo y los conceptos que tengan de hombría (machismo)». Recomendaba que se hiciera «un completo examen físico, psicológico y social de los violentos, y un examen comparativo, igual al anterior, de otro grupo de no violentos, similar en número, edades y circunstancias, dentro de las mismas zonas y grupos étnicos, para analizar las diferencias encontradas entre uno y otro».

Observaba con detenimiento las causas de muerte más frecuentes, y allí comprobaba las intuiciones sin cifras que tenía tan sólo mirando lo que pasaba y oyendo lo que le contaban: en Colombia crecía de nuevo la epidemia cíclica de la violencia que había azotado el país desde tiempos inmemoriales, la misma violencia que había acabado con sus compañeros de bachillerato y que había llevado a la guerra civil a sus abuelos. Lo más nocivo para la salud de los humanos, aquí, no era ni el hambre ni las diarreas ni la malaria ni los virus ni las bacterias ni el cáncer ni las enfermedades respiratorias o cardiovasculares. El peor agente nocivo, el que más muertes ocasionaba entre los ciudadanos del país, eran los otros seres humanos. Y esta pestilencia, a mediados de los años ochenta, tenía la cara típica de la violencia política. El Estado, concretamente el ejército, ayudado por escuadrones de asesinos privados, los paramilitares, apoyados por los organismos de seguridad y a veces también por la policía, estaba exterminando a los opositores políticos de izquierda, para «salvar al país de la amenaza del comunismo», según ellos decían.

Su última lucha fue, pues, también una lucha médica, de salubrista, aunque por fuera de las aulas y de los hospitales. Permanente y ávido lector de estadísticas (decía que sin un buen censo era imposible planear científicamente ninguna política pública), mi papá contemplaba con terror el avance progresivo de la nueva epidemia que en el año de su muerte registró cifras por homicidios más altas que las de un país en guerra, y que en los primeros años noventa llevó a Colombia a tener el triste primado de ser el país más violento del mundo. Ya no eran las enfermedades contra las que tanto luchó (tifoidea, enteritis, malaria, tuberculosis, polio, fiebre amarilla) las que ocupaban los primeros puestos entre las causas de muerte en el país. Las ciudades y los campos de Colombia se cubrían cada vez más con la sangre de la peor de las enfermedades padecidas por el hombre: la violencia. Y como los médicos de antes, que contraían la peste bubónica, o el cólera, en su desesperado esfuerzo por combatirlas, así mismo cayó Héctor Abad Gómez, víctima de la peor epidemia, de la peste más aniquiladora que puede padecer una nación: el conflicto armado entre distintos grupos políticos, la delincuencia desquiciada, las explosiones terroristas, los ajustes de cuentas entre mafiosos y narcotraficantes.

Para combatir todo esto no servían vacunas: lo único que podía hacer era hablar, escribir, denunciar, explicar cómo y dónde se estaba produciendo la masacre, y exigir al Estado que hiciera algo por detener la epidemia, teniendo, sí, el monopolio del poder y de las armas, pero ejerciéndolo dentro de las reglas de la democracia, sin esa prepotencia y esa sevicia que eran idénticas a las de los criminales que el Gobierno decía combatir. En su último libro publicado en vida, pocos meses antes de ser asesinado, *Teoría y práctica de la salud pública,* escribe y subraya que las libertades de pensamiento y de expresión son «un derecho duramente conquistado a través de la historia por millares de seres humanos, derecho que debemos conservar. La historia demuestra que la conservación de este derecho requiere esfuerzos constantes, ocasionales luchas y aun, a veces, sacrificios personales. A todo esto hemos estado dispuestos y seguiremos dispuestos en el futuro, muchos profesores de aquí y de todos los lugares de la tierra». Y añadía una reflexión que sigue hoy tan vigente como entonces:

«La alternativa va siendo cada vez más clara: o nos comportamos como animales inteligentes y racionales, respetando la naturaleza y acelerando en lo posible nuestro incipiente proceso de *humanización,* o la calidad de la vida humana se deteriora. Sobre la racionalidad de los grupos humanos empezamos algunos a tener ciertas dudas. Pero si no nos comportamos racionalmente, sufriremos la misma suerte de algunas culturas y algunas estúpidas especies animales, de cuyo proceso de extinción y sufrimiento nos quedan apenas restos fósiles. Las especies que no cambian biológica, ecológica o socialmente cuando cambia su hábitat están llamadas a perecer después de un período de inenarrables sufrimientos.»

Desde 1982 (aunque la fundación del comité había ocurrido varios años antes) hasta la fecha de su asesinato, en 1987, trabajó sin descanso en el Comité para la Defensa de los Derechos Humanos de Antioquia, que presidía.

Luchaba contra la nueva peste de la violencia usando la única arma que le quedaba: la libertad de pensamiento y de expresión: la palabra, las manifestaciones pacíficas de protesta, la denuncia pública de los violadores de los derechos de todo tipo. Mandaba sin pausa, y la mayoría de las veces sin respuesta, cartas a los funcionarios (presidente de la República, procurador, ministros, generales, comandantes de brigadas), con nombres propios y casos concretos. Publicaba artículos en los que señalaba a los torturadores y a los asesinos. Denunciaba cada masacre, cada secuestro, cada desaparecido, todas las torturas. Hacía marchas de protesta, en silencio, con unos cuantos jóvenes y compañeros docentes de la universidad que creían en la misma causa (Carlos Gaviria, Leonardo Betancur, Mauricio García, Luis Fernando Vélez, Jesús María Valle), participaba en foros, conferencias y manifestaciones en todo el país. Y sobre su oficina se volcaban cientos de denuncias de los desesperados que no podían acudir a nadie, ni a juzgados ni a funcionarios estatales, sólo a él. Basta echar una ojeada a estos documentos, algunos de los cuales se conservan todavía en la casa de mi madre, para uno quedar al mismo tiempo asqueado y hundido en el dolor: fotos de torturados y de asesinados, cartas desesperadas de padres y hermanos que tienen un pariente secuestrado o desaparecido, párrocos a quienes nadie les hace caso y recurren a él con sus denuncias, y semanas después la noticia del asesinato del mismo cura denunciante en un pueblo lejano. Cartas en las que se señala a escuadrones de la muerte, con nombres y apellidos de los asesinos, pero cartas que como respuesta sólo reciben el desdén y la indiferencia del Gobierno, la incomprensión de los periodistas y las acusaciones injustas de ser un aliado de la subversión, como escribían algunos columnistas colegas de mi padre.

No denunciaba solamente al Estado y cerraba los ojos ante las atrocidades de la guerrilla, como algunos dijeron. Si se revisan sus artículos y sus declaraciones se verá que abominaba el secuestro y los atentados indiscriminados de la guerrilla, y que también los denunciaba con fuerza, e incluso con desesperación. Pero le parecía más grave que el mismo Estado que decía respetar las leyes fuera el que se encargara o encargara a otros matones a sueldo (paramilitares y escuadrones de la muerte) de hacer la guerra sucia. «Si la sal se corrompe…», era una de sus citas bíblicas preferidas.

En el año de su muerte la guerra sucia, la violencia, los asesinatos selectivos se estaban ensañando sistemáticamente contra la universidad pública, pues algunos agentes del Estado, y sus cómplices del para-Estado, consideraban que allí estaba la semilla y la savia ideológica de la subversión. En los meses anteriores a su asesinato, tan sólo en su querida Universidad de Antioquia, habían matado a seis estudiantes y a dos profesores. Uno pensaría que ante esas cifras la ciudadanía estaba alarmada, conmovida. Para nada. La vida parecía seguir su curso normal, y solamente ese «loquito», ese profesor calvo y amable, de más de sesenta y cinco años, pero con un vozarrón y una pasión juvenil arrasadora, gritaba la verdad y execraba la barbarie. «Están exterminando la inteligencia, están desapareciendo a los estudiantes más inquietos, están matando a los opositores políticos, están asesinando a los curas más comprometidos con sus pueblos o sus parroquias, están decapitando a los líderes populares de los barrios o de los pueblos. El Estado no ve sino comunistas y peligrosos opositores en cualquier persona inquieta o pensante.» El exterminio de la Unión Patriótica, un partido político de extrema izquierda, ocurrió por esas mismas fechas y llegó a cobrar más de cuatro mil víctimas civiles en todo el país.

A su alrededor, en la misma universidad donde seguía yendo a hacer seminarios, caía mucha gente, asesinada por grupos paramilitares. Entre julio y agosto de ese año, 1987, en una clara campaña de persecución y exterminio, habían matado a los siguientes estudiantes y profesores de la Universidad de Antioquia: el 4 de julio, a Edisson Castaño Ortega, estudiante de Odontología; el 14 de julio, a José Sánchez Cuervo, estudiante de Veterinaria; el 26 de julio, a John Jairo Villa, estudiante de Derecho; el 31 de julio, a Yowaldin Cardeño Cardona, estudiante del liceo de la universidad; el 1.º de agosto, a José Ignacio Londoño Uribe, estudiante de Comunicación Social; el 4 de agosto, al profesor de Antropología Carlos López Bedoya; el 6 de agosto, al estudiante de Ingeniería Gustavo Franco; el 14 de agosto, al profesor de la Facultad de Medicina, y senador por la UP, Pedro Luis Valencia.

De algunos de estos crímenes se sabían detalles terribles, que mi papá nos contaba: uno de los estudiantes, después de ser torturado y asesinado, fue amarrado a un poste y su cuerpo descuartizado por una granada. A José Sánchez Cuervo lo encontraron con el tabique roto, chuzones en la cintura, un globo ocular explotado por un golpe, varios dedos cercenados y un tiro en la oreja. A Ignacio (le decían Nacho) Londoño, siete tiros en la cabeza y uno en la mano izquierda. Tenía cercenado un dedo de la mano derecha cuando lo encontraron. Este joven se ganaba la vida como recreacionista (especialmente en ancianatos, pues era dulce con los viejos), y venía haciendo lentamente la carrera de Comunicación Social porque sostenía a su padre, un señor de ochenta y dos años. A este mismo anciano le tocó recoger su cuerpo, por el barrio Belén arriba, en zona montañosa, y lo reconoció porque lo primero que vio fue la mano sin un dedo de su hijo, tirada en un rastrojo. Un poco más allá estaba el cuerpo, con señas de tortura. El muchacho estaba a punto de graduarse, pero era sospechoso para los paramilitares, porque llevaba casi diez años estudiando, y esto era lo típico de los infiltrados de la guerrilla, que presentaban pocos exámenes y tomaban pocas materias, para durar más tiempo. Londoño no tenía un pelo de guerrillero, y la gran dicha de su padre era que en poco tiempo tendría un profesional que, al menos, «le iba a pagar el entierro». Le tocó enterrarlo a él, con un dolor al que ya no quería sobrevivir.

En mi casa, por esos tiempos, ocurría lo contrario que en todas las casas normales, donde los padres tratan de controlar a los hijos para que no participen en protestas y manifestaciones que puedan poner en riesgo sus vidas. Como él era el menos conservador de los viejos, y cada día que pasaba se iba volviendo más liberal y más contestatario, en la casa los papeles se habían invertido, y éramos nosotros, los hijos, los que intentábamos que mi papá no se expusiera ni saliera a las marchas, ni escribiera sus denuncias descarnadas, por el clima de exterminio que se estaba viviendo. Además empezaron a surgir rumores de que su vida corría peligro. Jorge Humberto Botero, que trabajaba en las altas esferas del Gobierno, le decía a mi hermana Clara, su exesposa: «Dile a tu papá que tenga más cuidado, y dile que yo sé por qué se lo digo». El esposo de Eva, mi otra hermana, Federico Uribe, que estaba muy al corriente de lo que se comentaba en el Club Campestre, también decía lo mismo: «Tu papá se está exponiendo mucho y lo van a terminar matando».

Había también indicios indirectos de que la animadversión general de muchas personas importantes crecía peligrosamente. Como los hijos de Eva eran polistas, al igual que su marido, ella asistía de vez en cuando a los juegos de polo en el Club Llanogrande. Y un día, por pura casualidad, le tocó quedar sentada al lado de otro polista bastante menos bueno que mis sobrinos: Fabio Echeverri Correa. Este estaba con tragos, y la increpó con tono destemplado: «Yo escojo con quién sentarme y no voy a dejar que la hija de un comunista se siente a mi lado». Eva, sin decir nada, se puso de pie y se cambió de puesto. Luigi, el hijo de Echeverri, que siempre fue muy amable con ella y mis sobrinos, defendió a Vicky con fuerza ante su padre.

Mi mamá era la única que no creía en estos rumores, nunca, ni al final, y hasta se enojaba cuando se los transmitían: «¡Cómo se les ocurre, a Héctor no le pueden hacer nada!». Para ella mi papá era un hombre tan bueno que nadie jamás se atrevería a atentar contra él. Dos semanas después, cuando su marido ya estaba muerto, aunque estaba deshecha, intentó volver a trabajar y fue a revisar «El Establo», que era como le decían al edificio de las «vacas sagradas» de Medellín, es decir, de sus industriales y hombres de negocios más ricos. «El Establo» se llamaba y se llama en realidad Edificio Plaza, aunque ahora casi todos sus ocupantes se han muerto o se han mudado. De un momento a otro no aguantó más el dolor y la tristeza y se sentó en las escaleras a llorar desconsoladamente. En eso entraba a su apartamento don José Gutiérrez Gómez, que había sido también, como Fabio Echeverri, presidente de la Asociación Nacional de Industriales, y más aún, su fundador. Don Guti se le acercó, intentó levantarla, y mi mamá tuvo que decirle: «Ya dudo de todos ustedes; no sé si he sido una infame y una ingenua administrando los edificios de la gente más rica de Medellín. A mí me parece que entre ellos están los que dieron la orden de que mataran a Héctor, aunque no lo digo por usted, don Guti». El señor Gutiérrez la acompañó, sin decir una sola palabra, mucho rato, sentado al lado de ella en las escaleras.

Tanto a mi mamá como a todos los hijos nos quedó, y en parte nos queda, una duda que es difícil de despejar. ¿Quiénes, exactamente, asesoraban a Carlos Castaño y dirigían a los militares que daban la orden y señalaban a quién matar? Sólo hemos tenido respuestas indirectas y genéricas: que fueron los bananeros de Urabá, que los ganaderos de Puerto Berrío y el Magdalena Medio en alianza con los paracos; que agentes del DAS (los servicios de inteligencia) azuzados por políticos de extrema derecha; que oficiales perjudicados por las denuncias del Comité de Derechos Humanos... Sólo una vez, uno de mis sobrinos, en una inmensa hacienda de la costa, cerca de Magangué, que visitaba por vacaciones, oyó sin querer una confesión explícita del grupo de paramilitares que custodiaba esa hacienda. Era un aniversario del asesinato y mi papá apareció fugazmente en un noticiero de televisión. «A ese hijueputa fue uno de los primeros que matamos en Medellín», comentaron. «Era un comunista peligrosísimo; y al hijo hay que ponerle cuidado, porque va por el mismo camino.» Mi sobrino, aterrorizado, no quiso decir que ese señor del que hablaban era su abuelo.

Cuando mi hermana Maryluz, su hija preferida, le rogaba a mi papá que no siguiera haciendo esas marchas de protesta porque lo iban a matar, él le contestaba con besos y carcajadas, para tranquilizarla. Pero en las marchas que organizaba, y en los mítines, recobraba la seriedad, la honda preocupación, aunque al mismo tiempo marchaba con entusiasmo, casi con alegría, al ver la cantidad de gente que lo acompañaba, aunque sus protestas fueran un grito desesperado, una perorata inútil en la que muchas veces se quedaba solo. Además era ingenuo. Una vez, con un grupo de estudiantes, profesores y activistas de derechos humanos, marchaba hacia la Gobernación, en formación, y de repente se vio íngrimo, sin un solo compañero de marcha, caminando con su pancarta. Todos se habían devuelto pues al frente estaba un carro antimotines de la policía, pero él siguió avanzando; cuando lo detuvieron y lo montaron a la brava a una furgoneta de la policía antidisturbios, otros detenidos le preguntaron por qué no se había devuelto a tiempo, como todo el mundo: él explicó que había confundido el carro antimotines con un camión de la basura.

A veces, en los discursos, cuando estaba hablando ante una manifestación, como siempre ocurría al final de las marchas, también se quedaba solo, veía que su auditorio se dispersaba despavorido de un momento a otro. Entonces miraba a sus espaldas y veía un escuadrón del ejército que se acercaba. Nunca le hacían nada, y si lo detenían, le devolvían de inmediato la libertad, como avergonzados ante su evidente inocencia y dignidad. Siempre pulcro, siempre impecablemente vestido, de saco y corbata, siempre ingenuo y abierto y sonriente. Su mejor coraza era su viejo prestigio de profesor bonachón, su trato dulce, su inmensa simpatía. Se arriesgaba mucho, pero casi todos pensaban: al doctor Abad no le harán nada, a él nunca lo van a tocar, todos saben que no es sino bueno. Al fin y al cabo, llevaba ya quince años haciendo lo mismo y nunca lo habían tocado. A él el Gobierno siempre lo llamaba para resolver casos desesperados: la toma de un templo, de un consulado o de una fábrica, la entrega de un guerrillero o de un secuestrado. Todas las partes confiaban en su palabra.

El 11 de agosto de ese año fatídico escribió un comunicado «Por la defensa de la vida y la Universidad». Allí denunciaba que en el último mes habían asesinado (y en algunos casos torturado) a seis estudiantes y dos profesores de distintas facultades, y este ataque lo explicaba así: «La Universidad está en la mira de quienes desean que nadie cuestione nada, que todos pensemos igual; es el blanco de aquellos para quienes el saber y el pensamiento crítico son un peligro social, por lo cual utilizan el arma del terror para que ese interlocutor crítico de la sociedad pierda su equilibrio, caiga en la desesperación de los sometidos por la vía del escarmiento».

Repasando sus artículos uno encuentra casi siempre una persona muy tolerante y mesurada, sin los dogmatismos de la izquierda, típicos de esos años furiosos. No faltan, sin embargo, algunas notas que leídas hoy pueden parecer exageradas por el optimismo y el énfasis con que defendía las reivindicaciones sociales de la izquierda. A veces, al leerlo, a mí mismo me da la tentación de criticarlo, y así lo he hecho, por dentro, muchas veces. Una vez, sin embargo, en un libro suyo, encontré un escrito de Bertolt Brecht que él dejó varias veces subrayado, un fragmento que me explica algunas cosas y me enseña a leer esos artículos suyos con la perspectiva del momento: «Íbamos cambiando de país como de zapatos, desesperados cuando en alguna parte sólo había injusticia, pero no indignación. También el odio contra la bajeza desfigura las facciones. También la ira contra la injusticia pone ronca la voz. Ustedes, sin embargo, cuando lleguen los tiempos en que el hombre sea amigo del hombre, piensen en nosotros con indulgencia».

Revisando sus artículos de esos años, publicados casi todos en el diario *El Mundo* de Medellín, y algunos también en *El Tiempo* de Bogotá, encuentro algunas de sus causas desesperadas. Hay uno particularmente duro y valiente contra la tortura publicado poco después de que un amigo y discípulo suyo fuera detenido y torturado por el ejército en Medellín:

«Yo acuso ante el señor presidente de la República y sus ministros de Guerra y de Justicia, y ante el señor procurador general de la nación, a los "interrogadores" del Batallón Bomboná de la ciudad de Medellín, de estar aplicando torturas físicas y psicológicas a los detenidos por la IV Brigada.

»Yo los acuso de colocarlos en medio de un cuarto, vendados y atados, de pie, por días y noches enteras, sometidos a vejámenes físicos y psicológicos de la más refinada crueldad, sin dejarlos siquiera sentarse en el suelo un momento, sin dejarlos dormir, golpeándolos con pies y manos en distintos lugares del cuerpo, insultándolos, dejándolos oír los gritos de los demás detenidos en los cuartos vecinos, destapándoles los ojos solamente para que vean cómo simulan violar a sus esposas, cómo introducen balas en un revólver y sacan a los detenidos a dar un paseo por los alrededores de la ciudad amenazándolos de muerte si no confiesan y delatan a sus presuntos "cómplices"; contándoles mentiras sobre pretendidas "confesiones" en relación con el torturado, obligándolos a ponerse de rodillas y haciéndolos abrir las piernas hasta extremos límites físicos imposibles, para causarles intensísimos dolores, agravados por parárseles encima para seguir así el continuo, extenuante, intenso "interrogatorio"; dejándoles las ventanas abiertas, sin camisa, en altas horas de la madrugada para que tiemblen de frío; permitiendo que sus miembros inferiores se edematicen por la forzada posición erguida y por la obligada quietud, hasta hacer inaguantables los calambres, los dolores, el desespero físico y mental, que ha llevado a algunos a lanzarse por las ventanas, a cortarse las venas de las muñecas con pedazos de vidrio, a gritar y a llorar como niños o locos, a contar historias imaginarias y fantásticas, con tal de descansar un poco de los refinados martirios que les imponen.

»Yo acuso a los interrogadores del Batallón Bomboná de Medellín de ser despiadados torturadores sin alma y sin compasión por el ser humano, de ser entrenados psicópatas, de ser criminales a sueldo oficial, pagados por los colombianos para reducir a los detenidos políticos, sindicales y gremiales de todas las categorías, a condiciones incompatibles con la dignidad humana, causantes de toda clase de traumas, muchas veces irreductibles e irremediables, que dejan graves secuelas de por vida.

»Yo denuncio formal y públicamente estos procedimientos de los llamados *mandos medios,* de violar sistemáticamente los derechos humanos de centenares de compatriotas nuestros.

»Y acuso a los altos mandos del Ejército y de la nación que lean este artículo, de criminal complicidad, si no detienen de inmediato esta situación que hiere los sentimientos más elementales de solidaridad humana de los colombianos no afectados por la vesania o por el fanatismo.»

Denuncias valientes y claras como esta producían furia en el Ejército y en algunos funcionarios del Gobierno, pero no respuestas. Rara vez algún juez o algún procurador intentaban recoger sus denuncias. Pero en general estas acusaciones no eran contestadas más que con un silencio hostil. Y la hostilidad fue creciendo de año en año hasta el desenlace final. Una vez mi hermana Vicky, que se movía en los círculos más altos y ricos de la ciudad, le dijo a mi papá: «Papi, a ti no te quieren aquí en Medellín». Y él le contestó: «Mi amor, a mí sí me quiere mucha gente, pero no están por donde tú te mueves, están en otra parte, y algún día te voy a llevar a que los conozcas». Dice Vicky que el día del desfile que acompañó el entierro de mi papá por el centro, con miles de personas que agitaban pañuelos blancos en la marcha, y desde las ventanas y en el cementerio, comprendió que en ese momento mi papá la estaba llevando a conocer a quienes sí lo querían.

Se haría muy largo transcribir las decenas de artículos donde mi papá denunciaba, muchas veces con nombres y apellidos, los atropellos cometidos por funcionarios del Estado o miembros de la fuerza pública contra ciudadanos indefensos. Lo hizo durante años, aunque a veces esa lucha no le parecía otra cosa que alaridos en el desierto. Los desalojos de indígenas de las haciendas de terratenientes (con asesinato del sacerdote indígena que los apoyaba); la desaparición de un estudiante; la tortura de un profesor; las protestas reprimidas con sangre; el asesinato repetido cada año como un ritual macabro de líderes sindicales; los secuestros injustificables de la guerrilla... Todo esto lo denunció una y otra vez, en medio de una rabia silenciosa de los destinatarios de sus denuncias que preferían no hacerles eco a sus palabras con la esperanza de que cayeran en el olvido mediante la estrategia del silencio o de la indiferencia.

En lo que era más radical fue en la búsqueda de una sociedad más justa, menos infame que la clasista y discriminadora sociedad colombiana. No predicaba una revolución violenta, pero sí un cambio radical en las prioridades del Estado, con la advertencia de que si no se les daba a todos los ciudadanos al menos la igualdad de oportunidades, además de condiciones mínimas de subsistencia digna, y cuanto antes, durante mucho más tiempo habríamos de sufrir violencia, delincuencia, surgimiento de bandas armadas y de furibundos grupos guerrilleros.

«Una sociedad humana que aspira a ser *justa* tiene que suministrar las mismas oportunidades de ambiente físico, cultural y social a todos sus componentes. Si no lo hace, estará creando desigualdades artificiales. Son muy distintos los ambientes físicos, culturales y sociales en que nacen, por ejemplo, los niños de los ricos y los niños de los pobres en Colombia. Los primeros nacen en casas limpias, con buenos servicios, con biblioteca, con recreación y música. Los segundos nacen en tugurios o en casas sin servicios higiénicos, en barrios sin juegos ni escuelas, ni servicios médicos. Los unos van a lujosos consultorios particulares, los otros, a hacinados centros de salud. Los primeros, a escuelas excelentes. Los segundos, a escuelas miserables. ¿Se les está dando así, entonces, las mismas oportunidades? Todo lo contrario. Desde el momento de nacer se los está situando en condiciones desiguales e injustas. Aun antes de nacer, en relación con la comida que consumen sus madres, ya empiezan su vida intrauterina en condiciones de inferioridad. En el Hospital de San Vicente hemos pesado y medido grupos de niños que nacen en el Pabellón de Pensionados (familias que pueden pagar sus servicios) y en el llamado Pabellón de Caridad (familias que pueden pagar muy poco o nada por estos servicios) y hemos encontrado que el promedio de peso y talla al nacer es mucho mayor (estadísticamente significante) entre los niños de pensionado que entre los niños de caridad. Lo que significa que desde el nacimiento nacen *desiguales*. Y no por factores biológicos, sino por factores sociales (condiciones de vida, desempleo, hambre).

»Estas son verdades irrefutables y evidentes que nadie puede negar. ¿Por qué nos empeñamos entonces —negando estas realidades— en conservar tal situación? Porque el egoísmo y la indiferencia son características de los ciegos ante la evidencia y de los satisfechos con sus condiciones buenas y que niegan las condiciones malas de los demás. No quieren ver lo que está a la vista, para así mantener su situación de privilegio en todos los campos. ¿Qué hacer ante esta situación? ¿A quiénes les corresponde actuar? Es obvio que los que deberían actuar son los afectados perjudicialmente por ella. Pero casi siempre, ellos, en medio de sus necesidades, angustias y tragedias, no son conscientes de esta situación objetiva, no la interiorizan, no la hacen subjetiva.

»Aunque parezca paradójico —pero esto ha sido históricamente así— son algunos de los que la vida ha puesto en condiciones aceptables, los que han tenido que despertar a los oprimidos y explotados para que reaccionen y trabajen por cambiar las condiciones de injusticia que los afectan desfavorablemente. Así se han producido cambios de importancia en las condiciones de vida de los habitantes de muchos países y estamos ciertamente viviendo una etapa histórica en la cual en todos ellos hay grupos de personas —éticamente superiores— que no aceptan como una cosa *natural* que estas situaciones de desigualdad y de injusticia perduren. Su lucha contra «lo establecido» es una lucha dura y peligrosa. Tiene que afrontar la rabia y desazón de los grupos más poderosos política y económicamente. Tiene que afrontar consecuencias, aun en contra de su tranquilidad y de sus mismas posibilidades; en contra de alcanzar el llamado "éxito" en la sociedad establecida.

»Pero hay una fuerza interior que los impele a trabajar a favor de los que necesitan su ayuda. Para muchos, esa fuerza se constituye en la razón de su vida. Esa lucha le da significado a su vida. Se justifica vivir si el mundo es un poco mejor, cuando uno muera, como resultado de su trabajo y esfuerzo. Vivir simplemente para gozar es una legítima ambición animal. Pero para el ser humano, para el *Homo sapiens,* es contentarse con muy poco. Para distinguirnos de los demás animales, para justificar nuestro paso por la tierra, hay que ambicionar metas superiores al solo goce de la vida. *La fijación de metas distingue a unos hom-*

bres de otros. Y aquí lo más importante no es alcanzar dichas metas, sino luchar por ellas. Todos no podemos ser protagonistas de la historia. Como células que somos de ese gran cuerpo universal humano, somos sin embargo conscientes de que cada uno de nosotros puede hacer algo por mejorar el mundo en que vivimos y en el que vivirán los que nos sigan. Debemos trabajar para el presente y para el futuro, y esto nos traerá mayor gozo que el simple disfrute de los bienes materiales. Saber que estamos contribuyendo a hacer un mundo mejor debe ser la máxima de las aspiraciones humanas.»

En todo cuanto escribía uno podía sentir su marcado acento humanista, emocionado, vibrante. Luchaba por medio de una voz enterada y convincente, para tratar de que todas las personas, ricas y pobres, despertaran y se empeñaran en hacer algo por mejorar las inicuas condiciones del país. Lo hizo hasta el último día de su vida, en un intento desesperado por combatir con palabras las acciones bárbaras de un país que se resistía y se resiste a actuar de otra manera que no sea manteniendo las enormes injusticias que existen y defendiendo esa injusticia intolerable como sea, incluso asesinando a quienes quieren cambiarla.

36

No quiero hacer hagiografía ni me interesa pintar un hombre ajeno a las debilidades de la naturaleza humana. Si mi papá hubiera sido un poco menos susceptible, si se hubiera desprendido completamente de la vanidad de sobresalir, si hubiera refrenado su pasión de justicia, que a veces llegaba casi a convertirse en un fanatismo justiciero, sobre todo al final de su vida, tal vez habría podido ser más eficaz, porque además le faltó una dosis mayor de tesón y constancia en terminar el exceso de tareas emprendidas. Él mismo reconocía ese defecto suyo y muchas veces dijo: «Soy muy buen padre, pero muy mala madre», lo cual quería decir que era bueno para fecundar, para poner la semilla de una buena idea, pero malo para la paciencia de la gestación y de la crianza.

Cometió estupideces, como todos las hemos cometido, se metió en movimientos absurdos, lo engañaron por ingenuo, a veces sirvió de altavoz para intereses ajenos que supieron manipularlo mediante el halago. Cuando se daba cuenta de que lo habían utilizado, repetía siempre la misma frase cómica y desengañada: «Es que a mí la inteligencia no me ha servido sino para ser bruto». Se avergonzaba, por ejemplo, de haber hecho meter al manicomio a un cuñado de mi hermana mayor, Maryluz, que una noche, exaltado, decía que estaba siendo perseguido por los mafiosos. A mi papá, en los años setenta, no le cabía en la cabeza que pudiera haber mafiosos en Medellín. Mucho menos lo que decía ese muchacho, Jota Vélez, que repetía como loco que los mafiosos mataban gente, amenazaban personas, exportaban cocaína y marihuana, compraban mujeres en los barrios, pagaban sicarios y matones… Esas verdades mi papá las confundió con el delirio de un loco, con esquizofrenia, y se llevaron a Jota, con camisa de fuerza, para el manicomio de Bello. Cuando todo lo que Jota había dicho se iba realizando, y esas enormidades se confirmaban día a día en una ciudad que iba cayendo en la barbarie, a mi papá no le quedó más remedio que declararse loco él, por ciego e ingenuo, y pedirle perdón a Jota, el muchacho que había denunciado lo horrible en un ataque de exaltada lucidez que mi papá confundió con un delirio demente.

Se metió también, porque supieron halagar su vanidad, en un comité de amistad entre los pueblos de Colombia y Corea del Norte. Hasta llevó a la casa los libros de Kim Il Sung, sobre la «idea Suche», y participó en un penoso congreso en Portugal donde se analizaba el pensamiento de ese megalómano y sanguinario dictador del siglo XX. Lo grave era que mi papá se daba cuenta de que todo eso no tenía sentido, cuando hablaba de la idea Suche soltaba carcajadas de burla y de perplejidad, pero se había embarcado en ese grupo, y quién sabe por qué se dejó llevar por la corriente, sin salirse del oprobio, convirtiéndose en cómplice de una dictadura. Además, nunca quiso ir a Corea del Norte, quizá porque sabía que con sólo mirar de más o menos cerca la distancia que había entre las palabras y la realidad, no habría sido capaz de seguir sosteniendo la patraña.

Algunas veces, en los últimos años de su vida, fue manipulado por la extrema izquierda colombiana. Aunque siempre detestó la lucha armada, llegó a ser comprensivo y casi a disculpar (aunque nunca explícitamente) a los insurgentes de la guerrilla; y como estaba de acuerdo con algunas de sus posiciones ideológicas (reforma agraria y urbana, repartición de la riqueza, odio a los monopolios, abominación por una clase oligárquica y corrupta que había llevado al país a la miseria y a la desigualdad más vergonzosas), a veces cerraba un ojo cuando eran los guerrilleros quienes cometían atrocidades: atentados a cuarteles, voladuras absurdas. Detestó siempre, eso sí, el secuestro y los atentados terroristas contra víctimas indiscriminadas e inocentes. Como suele ocurrir con algunos activistas de derechos humanos, veía más las atrocidades del Gobierno que las de los enemigos armados del Gobierno. Él lo explicaba de un modo más o menos coherente: era más grave que un cura violara a un niño a que lo hiciera un depravado. Es la sal la que no se puede corromper. Los guerrilleros se han declarado por fuera de la ley, pero el Gobierno dice respetar la ley. Esto era cierto, pero por ese camino se puede fácilmente perder el equilibrio, y él a veces lo perdió. Lo cual nunca podrá justificar su asesinato, pero puede explicar en parte la ira asesina de quienes lo mataron.

Recuerdo que una vez discutimos una frase, quizá de Pancho Villa, que a él le gustaba mucho repetir: «Sin justicia no puede haber paz». O incluso: «Sin justicia no puede, ni debe, haber paz». Yo le pregunté si entonces era necesaria la lucha armada para combatir la injusticia. Él me dijo que contra Hitler era necesaria; no era un pacifista a ultranza. Pero en el caso de Colombia, estaba completamente seguro de que la lucha armada no era el camino, y que las condiciones existentes no justificaban el uso y abuso de la fuerza que cometía la guerrilla. Confiaba en que por la vía de las reformas radicales se podía llegar a la transformación del país. Nunca, ni cuando estaba más furioso por las atrocidades que cometían los militares y el Gobierno, su ira lo sacaba de su pacifismo más hondo, y aunque entendía el camino por el que otros habían optado, Camilo Torres, José Alvear Restrepo, le parecía que esa no era la salida. Él nunca sería capaz de empuñar un fusil, ni de matar a nadie, por ninguna causa, ni de apoyar con sus palabras a quienes lo empuñaban, y prefería el método de Gandhi: la resistencia pacífica incluso hasta el supremo sacrificio de la vida.

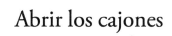

Abrir los cajones

37

Una de las cosas más duras que tenemos que hacer cuando alguien se nos muere, o cuando nos lo matan, es vaciar y revisar sus cajones. A mí, dos semanas después de su asesinato, me encomendaron la tarea de revisar los cajones (los archivos, los papeles, la correspondencia, las cuentas) que tenía mi papá en la oficina. De los de mi casa se ocuparían Maryluz y mi mamá. Abrir los cajones es como abrir rendijas en el cerebro del otro: qué era lo que más quería, a quién había visto (según las citas de su agenda o los apuntes de un cuaderno), qué había comido o comprado (recibos de almacenes, extractos de tarjetas de crédito, facturas), qué fotos o recuerdos atesoraba, qué documentos tenía expuestos y cuáles en secreto.

Algo curioso que había pasado fue que Isabelita, la que había sido secretaria de mi papá durante los últimos diez años, había desaparecido desde el mismo día de su muerte. Es decir, no desaparecido en el triste sentido latinoamericano del término, sino que, aunque sabíamos que estaba bien, sabíamos también que no quería vernos, que no quería volver a la oficina, que se negaba a contestar cualquier cosa que le quisieran preguntar (la familia o los jueces) y, en resumen, que tenía miedo. Hace casi veinte años que ninguna persona de mi familia ha vuelto a ver a Isabelita, y a estas alturas creo que ya ninguno de nosotros quiere preguntarle nada. Si hace veinte años las preguntas se agolpaban en la garganta, ahora esas preguntas están escondidas, y resueltas de un modo personal y secreto, en la parte más honda de nuestro pensamiento.

Unos diez días después del crimen a mí me tocó ir a la morgue a reclamar la ropa y las pertenencias de mi papá. Me las entregaron en una bolsa de plástico y las llevé a su oficina en la carrera Chile. Desenvolví todo en el patio: el vestido ensangrentado, la camisa manchada de sangre, con los rotos de las balas, la corbata, los zapatos. Del cuello del saco saltó algo que rebotó con fuerza en el piso. Miré bien: era una bala. Los jueces no se habían tomado siquiera la molestia de revisar su ropa. Al día siguiente llevé esa bala al juzgado, aunque sabía que tampoco serviría de nada. Y como olía mal, quemé toda la ropa, menos la camisa, que dejé que se secara al sol, con sus terribles manchas de sangre oscura.

Guardé en secreto, durante muchos años, esa camisa ensangrentada, con unos grumos que se ennegrecieron y tostaron con el tiempo. No sé por qué la guardaba. Era como si yo la quisiera tener ahí como un aguijón que no me permitiera olvidar cada vez que mi conciencia se adormecía, como un acicate para la memoria, como una promesa de que tenía que vengar su muerte. Al escribir este libro la quemé también pues entendí que la única venganza, el único recuerdo, y también la única posibilidad de olvido y de perdón, consistía en contar lo que pasó, y nada más.

En esos días en que revisé todos sus papeles fui escogiendo poco a poco algunos fragmentos de sus escritos nuevos y viejos, y fui armando un pequeño libro que después publicamos con ayuda del gobernador, Fernando Panesso Serna, que desde el primer día se portó muy bien con toda mi familia, y del ministro de Educación, un médico, Antonio Yepes Parra, que había sido alumno de mi papá y quiso apoyar esa compilación que luego yo titulé *Manual de tolerancia*. Carlos Gaviria, desde su exilio en Argentina, nos mandó el prólogo.

Pero en esos papeles y documentos que yo iba revisando en su oficina, encontré también datos mucho más personales, que me gustaron, aunque también me sorprendieron. Yo recordaba que muchas veces mi papá me había dicho que todo ser humano, la personalidad de cada uno, es como un cubo puesto sobre una mesa. Hay una cara que podemos ver todos (la de encima); caras que pueden ver algunos y otros no, y si nos esforzamos podemos verlas también nosotros mismos (las de los lados); una cara que sólo vemos nosotros (la que está al frente de nuestros ojos); otra cara que sólo ven los demás (la que está frente a ellos); y una cara oculta a todo el mundo, a los demás y a nosotros mismos (la cara en la que el cubo está apoyado). Abrir el cajón de un muerto es como hundirnos en esa cara que sólo era visible para él y que sólo él quería ver, la cara que protegía de los otros: la de su intimidad.

Mi papá me había lanzado muchos mensajes indirectos sobre su intimidad. No confesiones, ni franquezas brutales, que suelen ser más un peso para los hijos que un alivio para los padres, sino pequeños síntomas y signos que dejaban entrar rayos de luz en sus zonas de sombra, en ese interior del cubo que es la caja oculta de nuestra conciencia. Yo había dejado esos indicios en una zona también intermedia entre el conocimiento y las tinieblas, como esas sensaciones que nos da la intuición, pero que no queremos o no podemos confirmar en los hechos, ni dejamos aflorar con claridad a la conciencia con palabras nítidas, ejemplos, experimentos o pruebas fehacientes.

Dos veces, por ejemplo, dos veces me llevó mi papá a ver una película, *Muerte en Venecia,* de Luchino Visconti, ese bellísimo film basado en una novela corta de Thomas Mann en el que un hombre en el declinar de sus días (quizá el modelo de Visconti era Mahler, y también era suya la música de la película, que es uno de sus más grandes aciertos) siente que al mismo tiempo se exalta y sucumbe ante la belleza absoluta representada por la figura de un muchacho polaco, Tadzio. Dice Mann que él no quiso representar la belleza en una muchacha, sino en un joven, para que los lectores no creyeran que esa admiración era puramente sexual, de simple atracción de cuerpos. Lo que el protagonista, Gustav von Aschenbach, sentía, era algo más, y también algo menos: el enamoramiento de un cuerpo casi abstracto, la personificación de un ideal, digámoslo así, platónico, representado en la belleza andrógina de un adolescente. Yo estaba demasiado metido en mi propio mundo cuando mi papá insistió en que viéramos la película por tercera vez, quizá al darse cuenta de que yo no había sido capaz de percibir su sentido más hondo y más oculto.

En una carta que me escribió en el año 75, y que publicó como epílogo de su segundo libro *(Cartas desde Asia)*, decía lo siguiente: «Para mí, paulatinamente, se me va haciendo cada vez más evidente que lo que más admiro es la belleza. No hay tal que yo sea un científico, como lo he pretendido —sin lograrlo— toda la vida. Ni un político, como me hubiera gustado. Es posible que de habérmelo propuesto hubiera podido llegar a ser un escritor. Pero ya tú empiezas a entender y a sentir todo el esfuerzo, el trabajo, la angustia, el aislamiento, la soledad y el intenso dolor que la vida le exige a quien escoge este difícil camino de crear belleza. Estoy seguro de que me aceptarás la invitación de que veamos juntos esta tarde *Muerte en Venecia,* de Visconti. La primera vez que la vi sólo me impresionó la forma. La última vez entendí su esencia, su fondo. Lo comentaremos esta noche».

Fuimos a verla otra vez, esa tarde, pero no la comentamos esa noche, quizá porque había algo que yo no quería entender a mis diecisiete años. Creo que sólo un decenio más tarde, después de su muerte, y al escarbar en sus cajones llegué a comprender bien lo que mi papá quería que yo viera cuando me llevó a repetir *Muerte en Venecia.*

Todos tenemos en nuestras vidas algunas zonas de sombra. No necesariamente son zonas vergonzosas, hasta es posible que sean las partes de nuestra historia que más nos enorgullezcan, las que al cabo del tiempo nos hacen pensar que, a pesar de los pesares, se justificó nuestro paso por la tierra, pero que como forman parte de nuestra intimidad más íntima, no queremos compartirlas con nadie. También pueden ser zonas ocultas porque nos resultan vergonzosas, o al menos porque sabemos que la sociedad que nos rodea en ese momento las rechazaría como odiosas o monstruosas o sucias, aunque para nosotros no lo sean. O pueden estar a la sombra esas zonas porque de verdad, e independientemente de cualquier tiempo o cultura, son hechos reprobables, detestables, que la moral humana de cualquiera no podría aceptar.

No eran sombras de este último tipo las que yo hallé en los cajones de mi papá. Todo lo que encontré lo hace, ante mis ojos, más grande, más respetable y más valioso, pero así como él no quiso que ni su esposa ni ninguna de sus hijas las supieran, también yo dejo cerrado ese cajón que sólo serviría para alimentar la inútil habladuría digna de telenovelas, e indigna de una persona que amó todas las manifestaciones humanas de la belleza y que fue, al mismo tiempo, espontánea y discreta.

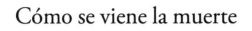

Cómo se viene la muerte

38

Hay una verdad trivial, pues no hay duda ni incertidumbre al decirla, que sin embargo es importante tener siempre presente: todos nos vamos a morir, el desenlace de todas las vidas es el mismo. La presencia y conciencia de la muerte es una de las facetas más marcadas de la lírica clásica castellana. Algunas de las mejores páginas de la literatura española hablan de ella con una belleza al mismo tiempo descarnada y conmovedora, con ese consuelo paradójico que tiene la evocación de la muerte cuando se la envuelve en la perfección del arte: san Juan de la Cruz, Cervantes, Quevedo... Algunas de las *Coplas de don Jorge Manrique a la muerte de su padre*, las recitó tantas veces de memoria mi papá en nuestras largas caminatas por el campo, que acabé por aprendérmelas yo también de memoria, y creo que me acompañarán, como lo acompañaron a él, toda la vida, martillando con su ritmo maravilloso en las paredes de mi cráneo, con su perfecta melodía consoladora que se asoma al oído y al pensamiento desde los pliegues más hondos de una conciencia que trata de explicar lo inexplicable:

> *Recuerde el alma dormida,*
> *avive el seso y despierte,*
> *contemplando*
> *cómo se pasa la vida,*
> *cómo se viene la muerte*
> *tan callando;*
> *cuán presto se va el placer,*
> *cómo, después de acordado,*

da dolor;
cómo, a nuestro parecer,
cualquiera tiempo pasado
*   fue mejor.*

Pues si vemos lo presente
cómo en un punto se es ido
*   y acabado,*
si juzgamos sabiamente,
daremos lo no venido
*   por pasado.*
No se engañe nadie, no,
pensando que ha de durar
*   lo que espera*
más que duró lo que vio,
pues que todo ha de pasar
*   por tal manera.*

Nuestras vidas son los ríos
que van a dar en la mar,
*   que es el morir;*
allí van los señoríos
derechos a se acabar
*   y consumir;*
allí los ríos caudales,
allí los otros medianos
*   y más chicos,*
allegados, son iguales
los que viven por sus manos
*   y los ricos.*

Sabemos que nos vamos a morir, simplemente por el hecho de que estamos vivos. Sabemos el qué (que nos moriremos), pero no el cuándo, ni el cómo, ni el dónde. Y aunque este desenlace es seguro, ineluctable, cuando esto que siempre pasa le ocurre a otro, nos gusta averiguar el instante, y contar con pormenores el cómo, y conocer los detalles del dónde, y conjeturar el porqué. De todas las muertes posibles hay una que aceptamos con bastante resignación: la muerte por vejez, en la propia cama, después de una vida plena, intensa y útil. Así fue la muerte del «maestre don Rodrigo Manrique, tanto famoso y tan valiente», y por eso las *Coplas* de su hijo, don Jorge, aunque hablen de la muerte de su padre, tienen un final, en cierto sentido, no sólo resignado, sino feliz. El padre no sólo acepta su propia muerte, sino que la recibe con gusto:

> *Así, con tal entender,*
> *todos sentidos humanos*
> *   conservados,*
> *cercado de su mujer*
> *y de sus hijos y hermanos*
> *   y criados,*
> *dio el alma a quien se la dio,*
> *el cual la ponga en el cielo*
> *   en su gloria,*
> *y aunque la vida perdió,*
> *dejonos harto consuelo*
> *   su memoria.*

Ya mayor, conservando los sentidos y rodeado de los seres queridos. Esa es la única muerte que aceptamos con tranquilidad y con el consuelo de la memoria. Casi todas las otras muertes son odiosas y las más inaceptables y absurdas son la muerte de un niño o de una persona joven, o la muerte causada por la violencia asesina de otro ser humano. Ante estas hay una rebelión de la conciencia, y un dolor y una rabia que, al menos en mi caso, no se mitiga. Nunca acepté resignado la muerte de mi hermana, ni nunca podré aceptar con tranquilidad el asesinato de mi padre. Es cierto que él, de alguna manera, estaba ya satisfecho con su vida, y preparado para morir, dispuesto a morir si era necesario, pero abominaba esa muerte violenta que evidentemente le estaban preparando. Eso es lo más doloroso y lo más inaceptable. Este libro es el intento de dejar un testimonio de ese dolor, un testimonio al mismo tiempo inútil y necesario. Inútil porque el tiempo no se devuelve ni los hechos se modifican, pero necesario al menos para mí, porque mi vida y mi oficio carecerían de sentido si no escribiera esto que siento que tengo que escribir, y que en casi veinte años de intentos no había sido capaz de escribir, hasta ahora.

El lunes 24 de agosto de 1987, muy temprano, como a las seis y media de la mañana, llamaron a mi papá de una emisora de radio a decirle que su nombre estaba en una lista de personas amenazadas que había aparecido en Medellín, y que en ella se decía que iban a matarlo. Le leyeron el párrafo pertinente: «Héctor Abad Gómez: Presidente del Comité de Derechos Humanos en Antioquia. Médico auxiliador de guerrilleros, falso demócrata, peligroso por simpatía popular para elección de alcaldes en Medellín. Idiota útil del PCC-UP». A mi papá lo entrevistaban al aire y él pidió que le leyeran algunos otros nombres de la misma lista. Se los leyeron. Entre ellos estaban el periodista Jorge Child, el excanciller Alfredo Vázquez Carrizosa, el columnista Alberto Aguirre, el líder político Jaime Pardo Leal (asesinado algunos meses después), la escritora Patricia Lara, el abogado Eduardo Umaña Luna, el cantante Carlos Vives, y muchos otros. Mi papá lo único que dijo fue que se sentía muy honrado de estar en compañía de personas tan buenas y tan importantes, y que hacían tantas cosas en beneficio del país. Después de la entrevista, por el teléfono interno, le pidió al periodista que le enviara por favor una fotocopia de esa lista a la oficina.

Diez días antes, el 14 de agosto, habían matado al senador de izquierda Pedro Luis Valencia, también médico y profesor de la universidad, y mi papá organizó y encabezó el 19 de agosto una marcha «por el derecho a la vida» en señal de protesta por su asesinato. Esta gran marcha recorrió en silencio las calles del centro de Medellín y culminó en el parque de Berrío, donde el único discurso fue pronunciado por mi papá. Muchas personas lo vieron por televisión, o lo vieron pasar desde las ventanas de sus oficinas, y después nos contaron que pensaban: lo van a matar a él también, lo van a matar. Su penúltimo artículo habla de ese crimen y denuncia a los paramilitares. También estuvo dando una conferencia en la Universidad Pontificia Bolivariana donde acusó al Ejército y a funcionarios del Estado de complicidad con los criminales.

Ese mismo lunes 24 de agosto, al mediodía, llamó a Alberto Aguirre a su casa (lo había estado buscando toda la mañana sin éxito en la oficina) y lo convenció de que pidieran una cita con el alcalde, William Jaramillo, para informarse un poco más sobre el origen de las amenazas, y tal vez pedir alguna protección; quedaron de verse el miércoles a las once, en la oficina de mi papá. En la tarde de ese mismo día se reunió el Comité para la Defensa de los Derechos Humanos, y ante la gravedad de la situación decidieron redactar un comunicado a la opinión pública denunciando a los escuadrones de la muerte y grupos paramilitares que venían operando en la ciudad y matando personas vinculadas a la universidad. A ese comité asistieron, entre otros, Carlos Gaviria, Leonardo Betancur y Carlos Gónima. Leonardo y mi papá fueron asesinados al día siguiente, Carlos Gónima, pocos meses después, el 22 de febrero, Carlos Gaviria se salvó porque se fue del país.

Al final de la reunión, Carlos Gaviria le preguntó a mi papá qué tan seria le parecía la amenaza personal de la que se había hablado esa mañana por la radio. Mi papá lo invitó a que se quedaran un rato más conversando, para contarle. Abrió una pequeña botella de whisky en forma de campana (que Carlos se llevó vacía esa tarde y todavía conserva de recuerdo en su estudio), le leyó la lista que le habían enviado, y aunque dijo que la amenaza era seria, repitió que se sentía muy orgulloso de estar tan bien acompañado. «Yo no quiero que me maten, ni riesgos, pero tal vez esa no sea la peor de las muertes; e incluso si me matan, puede que sirva para algo.» Carlos volvió a su casa con sensación de angustia.

Varias veces, en esos días, mi papá habló de la muerte con un tono ambiguo que se movía entre la resignación y el temor. Él había meditado bastante, y desde hacía mucho tiempo, sobre su propia muerte. Incluso uno de los pocos cuentos que escribió en su vida está dedicado a ella, con su figura mítica, vieja vestida de negro con la guadaña al hombro, que lo visita una vez, pero le concede una prórroga. Entre los papeles que yo reuní después de su muerte, y que publiqué bajo el título de *Manual de tolerancia,* encontré escrita esta reflexión: «Decía Montaigne que la filosofía era útil porque enseñaba a morir. Para mí, que en este proceso de nacimiento-muerte que llamamos vida estoy más cercano a la última etapa que a la primera, el tema de la muerte se va haciendo cada vez más simple, más natural y aun diría que —no ya como tema sino como realidad— más deseable. Y no es porque esté desengañado de nada ni de nadie. Tal vez todo lo contrario. Porque creo que he vivido plenamente, intensamente, suficientemente».

Ya estaba, sin duda, preparado para morir, pero esto no significa que quisiera que lo mataran. En una entrevista que le habían hecho esa misma semana, le preguntaron sobre la muerte o, mejor dicho, sobre la posibilidad de que lo mataran, y contestó lo siguiente: «Yo estoy muy satisfecho con mi vida y no le temo a la muerte, pero todavía tengo muchos motivos de alegría: cuando estoy con mis nietos, cuando cultivo mis rosas o converso con mi esposa. Sí, aunque no le temo a la muerte, tampoco quiero que me maten, ojalá no me maten: quiero morir rodeado de mis hijos y mis nietos, tranquilamente [...], una muerte violenta debe ser aterradora, no me gustaría nada».

39

Ese martes 25 de agosto mi hermana mayor y yo madrugamos para ir a La Inés, la finca en Suroeste que mi papá había heredado del abuelito Antonio. Habíamos mandado hacer una piscina y ese día la entregaban. Como no había carretera para llegar hasta la casa, habíamos pedido un permiso a la finca vecina, Kalamarí, de doña Lucía de la Cuesta, para que dejaran pasar las varillas de hierro y los materiales de la piscina atravesando sus potreros. De tanto pasar piedras y cemento en un jeep Suzuki, se había formado una pequeña trocha por el campo y por ahí pasamos Maryluz y yo, a recibir las obras. Por primera vez vimos la piscina llena, y nos alegramos de lo que la íbamos a disfrutar de ahí en adelante. Estábamos de regreso en Medellín antes del mediodía y mi hermana le llevó de regalo a mi papá dos badeas grandes. Eran las primeras que se cogían de una mata que él mismo había sembrado en la huerta, algunos meses antes.

A la hora del almuerzo, como mi hermana quería tenerle una sorpresa para ese diciembre, cuando fuéramos a pasar vacaciones en la finca cerca del río Cauca, Maryluz no quiso decirle dónde habían construido la piscina (si en la parte de atrás o de adelante de la casa, y además le dijo una mentira piadosa para aumentarle la sorpresa: que la plata no había alcanzado para tumbar un murito que encerraba el corredor, y que a mi papá no le gustaba). Ese mediodía llamó también doña Lucía de la Cuesta, para decirle a mi papá que, en vista de que ya habían terminado la piscina, el paso por su finca quedaba suspendido, pues de seguir usándolo eso se le iba a volver una servidumbre. Mi papá le preguntó si no lo dejaría entrar a él solo en carro, en diciembre, y Lucía le dijo, amablemente, que no, que él estaba muy bien y podía llegar a caballo. «¿Y cuando yo esté viejo y ya no pueda bajar a caballo?», insistió mi papá, y Lucía le dijo: «Para eso falta mucho, Héctor, ya veremos». La misma doña Lucía me contó esta conversación, años más tarde; todos los que ese día hablaron con él recuerdan cada palabra.

En ese momento mi papá era precandidato a la Alcaldía de Medellín por el Partido Liberal; ese año sería la primera vez en Colombia que se elegiría a los alcaldes por sufragio directo, y el jueves mi papá tenía un almuerzo en la finca de Rionegro con el doctor Germán Zea Hernández, que venía de Bogotá a intentar que los candidatos liberales se pusieran de acuerdo en un solo nombre. Bernardo Guerra, el presidente del Directorio Liberal, se oponía a que fuera mi papá, que era el más opcionado, e incluso se negó a asistir al almuerzo del jueves en la finca, al que irían todos los precandidatos liberales. Mi mamá, desde el martes, estaba cocinando y haciendo los preparativos para ese almuerzo. Otra de mis hermanas, Vicky, estaba preparando una comida en su casa para el viernes; asistirían los líderes liberales de la disidencia, entre ellos su antiguo novio, Álvaro Uribe Vélez, que era senador. A pesar de su ingenuidad personal en materia política, mi papá tenía una buena intuición sobre las personas que podrían destacarse en este campo. En la última entrevista que le hicieron, y que publicó póstuma *El Espectador* en noviembre de 1987, declaró lo siguiente: «En este momento me gustan Ernesto Samper Pizano y Álvaro Uribe Vélez, proponen cosas buenas». Ambos llegarían, años más tarde, a la Presidencia de Colombia.

Ese mismo martes 25, por la mañana, asesinaron al presidente del gremio de maestros de Antioquia, Luis Felipe Vélez, en la puerta de la sede del sindicato. Mi papá estaba indignado. Muchos años después, en un libro publicado en 2001, Carlos Castaño, el cabecilla de los paramilitares durante más de un decenio, confesaría cómo el grupo liderado por él en Medellín, con asesoría de inteligencia del Ejército, asesinó, entre muchas otras víctimas, tanto al senador Pedro Luis Valencia, delante de sus hijos pequeños, como al presidente del sindicato de maestros, Luis Felipe Vélez. A ambos los acusaba de ser secuestradores.

Al mediodía de ese martes, cuenta mi mamá, volviendo juntos de la oficina, mi papá quiso oír las noticias sobre el crimen de Luis Felipe Vélez, pero en todas las emisoras de radio no hablaban de otra cosa que de fútbol. Para mi papá el exceso de noticias deportivas era el nuevo opio del pueblo, lo que lo mantenía adormecido, sin nociones de lo que de verdad ocurría en la realidad, y así lo había escrito varias veces. Estando con mi mamá, le dio un puñetazo al volante y comentó con rabia: «La ciudad se desbarata, pero aquí no hablan sino de fútbol». Dice mi mamá que ese día estaba alterado, con una mezcla de rabia y tristeza, casi en el borde de la desesperanza.

Esa misma mañana del 25 de agosto, mi papá había estado un rato en la Facultad de Medicina, y luego en su despacho en el segundo piso de la casa donde funcionaba la empresa de mi mamá en el centro, en la carrera Chile, al lado de la casa donde había vivido Alberto Aguirre en su juventud y donde seguía viviendo su hermano. Esa era la sede del Comité de Derechos Humanos de Antioquia. Supongo que fue en algún momento de esa mañana cuando mi papá copió a mano el soneto de Borges que llevaba en el bolsillo cuando lo mataron, al lado de la lista de los amenazados. El poema se llama «Epitafio» y dice así:

> *Ya somos el olvido que seremos.*
> *El polvo elemental que nos ignora*
> *y que fue el rojo Adán y que es ahora*
> *todos los hombres y que no veremos.*

Ya somos en la tumba las dos fechas
del principio y el término. La caja,
la obscena corrupción y la mortaja,
los ritos de la muerte y las endechas.

No soy el insensato que se aferra
al mágico sonido de su nombre;
pienso con esperanza en aquel hombre

que no sabrá que fui sobre la tierra.
Bajo el indiferente azul del cielo
esta meditación es un consuelo.

Por la tarde volvió a la oficina, escribió su columna para el periódico, tuvo algunas reuniones con la gente de su campaña política y se citó con los de publicidad para verse en el Directorio Liberal al atardecer. Esa noche pensaban «empapelar» la ciudad con carteles que llevaban el nombre y la foto del candidato. Antes de ir al Directorio, una mujer de quien no sabemos el nombre y a quien nunca volvimos a ver, le sugirió a mi papá que fuera hasta el sindicato de maestros a rendirle un último homenajeal líder asesinado. A mi papá le pareció muy bien la idea, e incluso invitó a Carlos Gaviria y a Leonardo Betancur a que fueran juntos, y hacia allá salía cuando yo lo vi por última vez.

Nos cruzamos en la puerta de la oficina. Yo llegaba con mi mamá, manejando el carro de ella, y él estaba saliendo por la puerta en compañía de esa mujer gruesa, sin cintura, de vestido morado, como las estatuas luctuosas de Semana Santa. Le dije a mi mamá, al verlos, por tomarle el pelo: «Mira, mami, ahí está mi papá traicionándote con otra mujer». Mi papá se acercó al carro y nos bajamos. Radiante, como siempre, al verme, me estampó su beso más sonoro en la mejilla y me preguntó cómo me había ido en la cita en la universidad.

Yo había vuelto de Italia hacía pocos meses, tenía veintiocho años, esposa, una hija que apenas empezaba a caminar, y estaba sin trabajo. Para ir tirando me había metido a la empresa de mi mamá a escribir cartas, actas y circulares, y a administrar edificios mientras resultaba algo que tuviera que ver más con lo que había estudiado. Mi papá me había conseguido, para esa tarde, una cita con un profesor clave en las carreras humanísticas, Víctor Álvarez, y yo acababa de tener la entrevista con él. La reunión había sido triste para mí pues el profesor no me había dado ninguna esperanza para los nuevos concursos de profesor de medio tiempo. Mi título no era válido en la Universidad de Antioquia, y además el área de mis estudios en Literaturas Modernas, me dijo, estaba completamente copada. Habría que ver más adelante, tal vez el otro año. Le conté a mi papá el resultado de mi entrevista y vi su profunda cara de desilusión. Él tenía en mí una confianza sin medida, creía que todos me deberían recibir con los brazos abiertos y abrirme de par en par todas las puertas. Después de un segundo en que la cara se le ensombreció, con una mezcla de tristeza y asombro por el fracaso, de repente, como si un pensamiento bueno se le hubiera cruzado al mismo tiempo por la cabeza, se le iluminó otra vez el rostro y con una sonrisa feliz me dijo la última frase que me diría en su vida (faltaban diez minutos para que lo mataran), en medio del beso de siempre de las despedidas:

«Tranquilo, mi amor, ya verás que algún día serán ellos los que te llamen a ti.»

En esas estábamos cuando llegó su discípulo más querido, Leonardo Betancur, en una moto. Mi papá lo saludó efusivamente, lo hizo subir a la oficina a firmar el último comunicado del Comité de Derechos Humanos (el que habían redactado la noche anterior y ya habían sacado en limpio) y lo invitó a acompañarlo un momento al velorio del maestro asesinado, a tres cuadras de allí, en la sede del sindicato. Se fueron a pie, conversando, y mi mamá y yo entramos a la oficina, yo a preparar una junta del Edificio Colseguros, que era a las seis, y ella a sus propios trabajos. Serían más o menos las cinco y cuarto de la tarde.

40

Lo que pasó después yo no lo vi, pero lo puedo reconstruir por lo que me contaron algunos testigos, o por lo que leí en el expediente 319 del Juzgado Primero de Instrucción Criminal Ambulante, por el delito de homicidio y lesiones personales, abierto el 26 de agosto de 1987, y archivado pocos años después, sin sindicados ni detenidos, sin claridad alguna, sin ningún resultado. Esta investigación, leída ahora, casi veinte años después, más parece un ejercicio de encubrimiento y de intento cómplice para favorecer la impunidad que una investigación seria. Basta anotar que a un mes de abierto el caso le dieron vacaciones a la jueza encargada, y que pusieron funcionarios venidos de Bogotá a vigilar de cerca la investigación, es decir, a evitar que se investigara seriamente.

Mi papá, Leonardo y la señora caminaron por la carrera Chile hasta la calle Argentina y ahí doblaron hacia arriba, a la izquierda, por la acera del costado norte. Llegaron a la esquina de El Palo y la atravesaron. Siguieron subiendo hacia Girardot. Pasaron Girardot y en la esquina siguiente tocaron a la puerta de Adida (Asociación de Institutores de Antioquia), el sindicato de maestros. Les abrieron y se formó un pequeño corrillo en la puerta pues otros maestros estaban llegando también en ese momento, a informarse. Hacía más de dos horas que se habían llevado el cuerpo de Luis Felipe Vélez para una capilla ardiente y una manifestación de protesta que se le haría en el coliseo. Mi papá buscó, extrañado, la cara de la señora que lo había acompañado hasta allí, pero ya no la vio a su lado; había desaparecido.

Dice uno de los testigos que una moto con dos jóvenes subió por la calle Argentina, primero despacio, y después muy rápido. Los tipos estaban recién peluqueados, dijo alguien más, con el pelo al rape típico de la milicia y de algunos sicarios. Pararon la moto al frente del sindicato, la dejaron encendida al lado de la acera, y los dos se acercaron al pequeño grupo frente a la puerta, al mismo tiempo que sacaban las armas de la pretina de los pantalones.

¿Alcanzó a verlos mi papá, supo que lo iban a matar en ese instante? Durante casi veinte años he tratado de ser él ahí, frente a la muerte, en ese momento. Me imagino a mis sesenta y cinco años, vestido de saco y corbata, preguntando en la puerta de un sindicato por el velorio del líder asesinado esa mañana. Habrá preguntado por el crimen de pocas horas antes, y acaban de contarle el detalle de que a Luis Felipe Vélez lo habían matado ahí, en ese mismo sitio donde él está parado. Mi papá mira hacia el suelo, a sus pies, como si quisiera ver la sangre del maestro asesinado. No ve rastros de nada, pero oye unos pasos apresurados que se acercan, y una respiración atropellada que parece resoplar contra su cuello. Levanta la vista y ve la cara malévola del asesino, ve los fogonazos que salen del cañón de la pistola, oye al mismo tiempo los tiros y siente que un golpe en el pecho lo derriba. Cae de espaldas, sus anteojos saltan y se quiebran, y desde el suelo, mientras piensa por último, estoy seguro, en todos los que ama, con el costado transido de dolor, alcanza a ver confusamente la boca del revólver que escupe fuego otra vez y lo remata con varios tiros en la cabeza, en el cuello, y de nuevo en el pecho. Seis tiros, lo cual quiere decir que le vaciaron el cargador de uno de los sicarios. Mientras tanto el otro matón persigue a Leonardo Betancur hasta dentro de la casa del sindicato y allí lo mata. Mi papá no ve morir a su querido discípulo; en realidad, ya no ve nada, ya no recuerda nada; sangra, y en muy pocos instantes su corazón se detiene y su mente se apaga.

Está muerto y yo no lo sé. Está muerto y mi mamá no lo sabe, ni mis hermanas lo saben, ni sus amigos lo saben, ni él mismo lo sabe. Yo estoy empezando la junta directiva del Edificio Colseguros. El presidente de la junta, el abogado y grafólogo Alberto Posada Ángel (que también será asesinado a cuchilladas algunos años después) lee el acta anterior, y hay otro señor que llega un poco tarde y, antes de sentarse, cuenta que a pocas cuadras de allí acaba de ver matar a otra persona. Comenta los balazos de los sicarios, lo horrible que se ha vuelto Medellín. Yo no me imagino quién es, y pregunto casi con descuido quién pudo haber sido el muerto. El señor no lo sabe. En ese momento me llaman al teléfono. Es raro que me interrumpan en plena junta, pero dicen que es urgente, y salgo. Resulta ser un periodista, viejo conocido mío, que me dice: «Siquiera te oigo, por aquí estaban diciendo que te habían matado». Yo digo que no, que estoy bien, y cuelgo, pero en ese mismo instante recapacito y sé quién es el muerto, sin que me lo hayan dicho. Si alguien está diciendo que mataron a Héctor Abad fue porque mataron a alguien que se llama como yo. Me voy derecho a la oficina de mi mamá y le digo: «Creo que pasó lo peor».

Mi mamá está al teléfono hablando con una amiga, Gloria Villegas de Molina. Cuelga precipitadamente y me pregunta: «¿Mataron a Héctor?». Le digo que creo que sí. Nos levantamos, queremos ir hacia el sitio donde dicen que hay una persona muerta. Le preguntamos al señor de la junta y este nos da una esperanza: «No, no, yo al doctor lo conozco y el muerto no era él». De todas formas vamos. Un mensajero de la oficina se nos adelanta. Hacemos el mismo recorrido a pie que unos minutos antes habían hecho mi papá y Leonardo: la carrera Chile, voltear a la izquierda por Argentina, cruzar El Palo. Al acercarnos a Girardot, de lejos, vemos una multitud de curiosos alrededor de la puerta de una casa, la sede del sindicato. De entre el corrillo sale el mensajero que hace señas afirmativas con la cabeza, «sí, es el doctor, es el doctor». Corremos y ahí está, boca arriba, en un charco de sangre, debajo de una sábana que se mancha cada vez más de un rojo oscuro, espeso. Sé que le cojo la mano y que le doy un beso en la mejilla y que esa mejilla todavía está caliente. Sé que grito y que insulto, y que mi mamá se tira a sus pies y lo abraza. No sé cuánto tiempo después veo llegar a mi hermana Clara con Alfonso, su esposo. Después llega Carlos Gaviria, con la cara transfigurada de dolor, y yo le grito que se vaya, que se esconda, que tiene que irse porque no queremos más muertos. Entre mi hermana, mi cuñado, mi mamá y yo rodeamos el cadáver. Mi mamá le quita la argolla de matrimonio y yo saco los papeles de los bolsillos. Más tarde veré lo que son: uno es la lista de los amenazados de muerte, una fotocopia, y el otro, el epitafio de Borges copiado de su puño y letra, salpicado de sangre: «Ya somos el olvido que seremos».

En ese momento no puedo llorar. Siento una tristeza seca, sin lágrimas. Una tristeza completa, pero anonadada, incrédula. Ahora que lo escribo soy capaz de llorar, pero en ese momento me invadía una sensación de estupor. Un asombro casi sereno ante el tamaño de la maldad, una rabia sin rabia, un llanto sin lágrimas, un dolor interior que no parece conmovido sino paralizado, una quieta inquietud. Trato de pensar, trato de entender. Contra los asesinos, me lo prometo, toda mi vida, voy a mantener la calma. Estoy a punto de derrumbarme, pero no me voy a dejar derrumbar. ¡Hijueputas!, grito, es lo único que grito, ¡hijueputas! Y todavía por dentro, todos los días, les grito lo mismo, lo que son, lo que fueron, lo que siguen siendo si están vivos: ¡hijueputas!

Mientras mi mamá y yo estamos sentados al lado del cuerpo inerte de mi papá, mis hermanas y los amigos todavía no lo saben, pero se van enterando. Todos en la casa, mis cuatro hermanas, mis sobrinos, tenemos un recuerdo nítido del momento en que nos enteramos de que lo habían matado. Una tarde, en La Inés, mirando la tierra y el paisaje que mi papá nos dejó de herencia, cada uno de nosotros fue contando por turnos lo que estábamos haciendo y lo que nos pasó esa tarde.

Maryluz, la mayor, contó que estaba en la sala de su casa. Recibió una llamada de Néstor González, que acababa de oír la noticia por radio, pero él no fue capaz de decirle. Sólo le preguntó, después de muchos rodeos: «¿Y tu papá? ¿Cómo está tu papá?». «Muy bien, dedicado a lo mismo, su campaña y los derechos humanos.» Néstor colgó, incapaz de contarle. Después la llamó otra amiga, Alicia Gil, y tampoco fue capaz de darle la noticia, que ella ya había oído por radio. Al momento Maryluz vio entrar unos zapatos de hombre, con un maletín. El Mono Martínez. «¿Y ese milagro?», le pregunta mi hermana. «Mary, pasó una cosa horrible.» Y ella lo supo: «¿Mataron a mi papá?».

Todos lo adivinamos, antes de saberlo. «Después de un primer momento de locura —contó Maryluz— me serené y estuve muy tranquila, no lloraba, calmaba a los demás. Juan David —el hijo mayor, el primero de los nietos y al que mi papá más quería— gritaba y se daba golpes contra las paredes, corría por la calle, iba desde mi casa hasta la casa del Aba —así le decían los nietos al abuelo—. Mis amigas llegaban gritando. A Martis, que estudiaba en el colegio Marymount, la llamó una compañerita, feliz: "Martis, qué rico, mañana no hay colegio dizque porque mataron a un señor muy importante". Pili, la otra hija, de seis años, se encerró en el cuarto y no le abría a nadie: "¡Tengo mucho que estudiar, tengo un montón de tareas, por favor no me interrumpan!", gritaba. Ricky estaba con los primos, con los hijos de Clara».

Maryluz contó que también se le salieron viejos rencores en ese momento. Les dijo a las amigas: «Díganle a Iván Saldarriaga que no se le ocurra venir por aquí». Este era el dueño de una fábrica de helados y él y Maryluz, hacía mucho tiempo, habían tenido una discusión por lo que mi papá decía y escribía. Ella le había dicho, al terminar el alegato: «Si llegan a matar a mi papá, por favor no se te ocurra ir al entierro». Cuando él llegó esa noche, llorando, ella le perdonó. Saldarriaga puso un anuncio en el periódico y compró comida para toda la gente del velorio.

Maryluz sigue contando: «A mí todos me preguntaban, en el velorio, por qué no lloraba. Lloré solamente cuando llegó Edilso, el querido mayordomo de Rionegro, con un ramo enorme de rosas del rosal de mi papá, y se las puso encima de la caja. En ese momento no pude más y lloré. En el entierro no. Veía a mis amigos escondidos detrás de los árboles de Campos de Paz, el cementerio. Me acuerdo de Fernán Ángel detrás de un árbol, con susto de que hubiera tiros, una estampida, algo. Fue un entierro muy miedoso, con mucha gente gritando consignas y con tipos armados que merodeaban por la casa y por el cementerio. Muchos pensaban que los iban a matar, que iba a estallar un motín y una balacera. Me acuerdo cuando habló Carlos Gaviria, le temblaban los papeles en las manos, pero habló muy bien. También leyó un discurso Manuel Mejía Vallejo, con un megáfono, al lado de la tumba».

Conservo los discursos de Mejía Vallejo y de Carlos Gaviria. El novelista antioqueño, nacido en el mismo pueblo que mi papá, Jericó, habló de la amenaza inminente del olvido: «Vivimos en un país que olvida sus mejores rostros, sus mejores impulsos, y la vida seguirá en su monotonía irremediable, de espaldas a los que nos dan la razón de ser y de seguir viviendo. Yo sé que lamentarán la ausencia tuya y un llanto de verdad humedecerá los ojos que te vieron y te conocieron. Después llegará ese tremendo borrón, porque somos tierra fácil para el olvido de lo que más queremos. La vida, aquí, están convirtiéndola en el peor espanto. Y llegará ese olvido y será como un monstruo que todo lo arrasa, y tampoco de tu nombre tendrán memoria. Yo sé que tu muerte será inútil, y que tu heroísmo se agregará a todas las ausencias».

Carlos se centró más en la figura del humanista enfrentado a un país que se degrada: «¿Qué hizo Héctor Abad para merecer esta suerte? La respuesta hay que darla, a modo de contrapunto, confrontando lo que él encarnaba con la tabla de valores que hoy impera entre nosotros. Consecuente con su profesión luchaba por la vida, y los sicarios le ganaron la batalla; en armonía con su vocación y su estilo vital (el de universitario) peleaba contra la ignorancia concibiéndola, a la manera socrática, como la fuente de todos los males que agobian el mundo. Los asesinos entonces lo apostrofaron con la expresión bárbara de Millán-Astray, que alguna vez estremeció a Salamanca: "¡Viva la muerte, abajo la inteligencia!". Su conciencia de hombre civilizado y justiciero lo había decidido a hacer de la lucha por el imperio del derecho una tarea prioritaria, cuando los que tienen asignada esa función dentro del Estado muestran más fe en el convite de las metrallas».

Maryluz recuerda también que la noche del 25, aunque no quiso ir hasta el sitio del crimen, fue a la oficina de mi papá, poco después de enterarse de lo que había pasado. Allá nos encontramos todos los hermanos, menos Sol, que se encerró en el cuarto y no quiso salir hasta muy tarde. Recuerda otro detalle: «Esa mañana, cuando volvíamos de La Inés, por Santa Bárbara, vos, negro, me habías dicho: "A pesar de la muerte de Marta, nosotros hemos tenido mucha suerte en la vida; esa finca tan bonita, tan bien todos los de la familia". Y yo te contesté que era claro porque la vida recompensaba a los buenos. Si no le hacemos mal a nadie, si somos buenas personas, ¿cómo no nos va a ir bien?, te dije. Lo primero que me gritaste, furioso, cuando nos vimos esa noche en la oficina de mi papá, fue esto: "Sí, claro, no le hacemos mal a nadie y entonces siempre nos va a ir bien, ¿cierto? Mirá lo que le pasó a mi papá por portarse bien con todos". Estabas bravo con el mundo entero. Después entró la cuñada de Alberto Aguirre, Sonia Martínez, que vivía en la casa de al lado y que había sido la profesora de guitarra de Marta, y le gritaste: "¡Dígale a Aguirre que se largue ya mismo de Colombia, él es el siguiente y no queremos más muertos!"».

Clara, mi segunda hermana, recuerda que estaba en una reunión con Alfonso Arias, su marido, y con Carlos López, en Ultra Publicidad. De ahí salieron antes de las seis, hacia la oficina. Caliche López lo supo a los pocos minutos, y pensaba: ojalá no prendan el radio. Clara y Alfonso no lo prendieron; llegaron a la oficina y Clara cuenta:

«Desde que iba llegando vi demasiada gente afuera. Primero me pareció raro, y luego pensé que podía ser normal, porque era la hora de salida. Cuando paré, vi que todo el mundo me estaba mirando raro. Era una actitud distinta. Ligia, la que vivía en la casa de la oficina, se vino despacio hacia el carro. Yo no me atrevía a bajarme, estaba temblando, pensaba que había pasado algo horrible, por como me miraban. Ligia se acercó a la ventanilla: "Le tengo una mala noticia. Mataron a su papá". Yo pedí que me llevaran adonde estaba, y nadie me quería llevar. Darío Muñoz, el mensajero, dijo: "Yo la llevo". Me fui caminando con él y con Alfonso. En ese momento sentí que algo caliente me chorreaba por las piernas. Me vino una hemorragia incontenible, por abajo, igual que la hemorragia de cuando mi mamá y mi papá se montaron al avión con Marta enferma, hacia Medellín. Era una hemorragia espantosa. Chorros. Yo era desesperada, mientras caminaba y corría esas pocas cuadras desde la oficina, iba como una loca. Cuando iba llegando vi la pelotera, la multitud. ¿Ahí es?, le pregunté al mensajero. "Sí, ahí es." Cuando yo llegué ya estaban ahí mi mamá y Quiquín. Yo no podía creer, no podía creer.

»En una esquinita vi a Vicky, que no se acercaba. Yo la llamaba: "¡Vicky, venga, venga!". ¿Por qué no se acerca

Vicky? Ella siempre caminaba en una esquinita, pero no se acercaba, no era capaz. Pretendían llevarse el cuerpo, pero nosotros queríamos que todas las hijas lo vieran. Decíamos, no sé por qué: "De aquí no lo dejamos llevar hasta que no vengan Maryluz y Solbia. Aunque sea nos sentamos encima del cuerpo. Ellas tienen que ver lo que le hicieron". Llegó la jueza y nos decía que se lo tenía que llevar, que se iba a armar un motín. Alfonso nos convenció y al fin dejamos que se lo llevaran. Levantaron el cuerpo entre varios, de pies y manos, y lo lanzaron de mala manera en la parte de atrás de una camioneta, lo tiraron con violencia, como si fuera un bulto de papas, sin ningún respeto, y eso me dolió, como si le estuvieran quebrando los huesos, aunque ya no sintieran.»

Alfonso Arias, el marido de Clara en ese momento, recuerda que cuando llegó al sitio con mi hermana se le bajó la presión y creyó que se iba a desmayar.

«Estábamos ahí agachados, junto a tu papá, y cuando me levanté se me fue el mundo y casi me voy al suelo, pero nadie se dio cuenta. Después de la muerte fue cuando yo empecé a enterarme de todo el reconocimiento que tenía tu papá y lo importante que era para la sociedad, para el país y para muchísima gente. En la vida diaria uno lo veía como parte de la familia, un gran padre y abuelo, pero no alcanzábamos a valorar todo lo que era y representaba, y el impacto tan grande que tuvo su muerte, por la cantidad de personas a las que él ayudaba, sin que nadie en la familia lo supiera. Los fines de semana solía leernos el borrador de los artículos que iba a publicar en el periódico esa semana; los leíamos y los discutíamos y opinábamos sobre ellos. Para nosotros era algo muy cotidiano, y no les dábamos todo el valor que esos artículos tenían. Yo lo valoraba como persona y como ser humano, pero como hombre público y de impacto social lo vine a valorar mucho más después de su muerte.

»Yo me dediqué a cuidar las rosas de tu papá en Rionegro con un gran cariño, diría que con amor, durante varios años. Me gustaba hacerlo porque era como un homenaje a él. La imagen de tu papá arrodillado con sus bluyines y su sombrero de paja, embarrado, es la imagen más bonita que yo guardo de él. Ese jardín representaba mucho, era como un símbolo y así lo entendía también tu papá, no era solamente un *hobby*, él estaba diciendo algo al dedicarle tanto esfuerzo y tanto trabajo a lo bello. Que no sirve para nada y simplemente es bello. Tu papá, al dedicarle tanto esfuerzo y tanto trabajo a eso, decía algo. Ahí había un mensaje implícito. Yo quise recoger ese mensaje. Todavía paso por ahí y desde los aviones a veces lo veo, desde la ventanilla, porque al aterrizar se pasa exactamente por un lado del rosal, y alcanzo a ver fugazmente los punticos de colores y es lo último que he visto de ese jardín.»

Vicky, mi hermana la tercera, cuenta que ella estaba con los niños de ella y los de Clara en el Centro Comercial Villanueva, montándolos en los jueguitos mecánicos. Poco antes de las seis se fue a llevarlos al apartamento de Clara por Suramericana. Al llegar, Irma, la muchacha del servicio, le dijo: «Doña Vicky, váyase para la oficina que pasó una cosa muy horrible». Vicky también lo supo sin que se lo dijeran: «¿Qué pasó? ¿Mataron a mi papá?». «Dejé a los niños emperrados llorando, porque oyeron, y me fui para la oficina. Llegué y me dijeron: "Corra que mataron a su papá". Lloraban, enloquecidos. Me dijeron dónde era, ahí arriba. Y yo salí corriendo para arriba. Allá encontré un mundo de gente, a Clara enloquecida. Muchos curiosos, y vi a mi papá ahí en el suelo, con una sábana. No era capaz de acercarme, me impresionaba tanto que no quería verlo muerto de cerca. Más tarde, me acuerdo mucho del noticiero de Pilar Castaño que empezó diciendo: "Hoy no podemos decir buenas noches, porque han pasado demasiadas tragedias en el país"». Vicky recuerda también que Álvaro Uribe Vélez, su exnovio, que en ese momento era senador, se portó bien. Ella supo que hizo parar la sesión del Senado, pidió un minuto de silencio y luego redactó una moción de censura y de pésame por mi papá. A Eva, que se movía en los círculos más altos de Medellín, fue a la que más indicios le dieron sobre las personas más ricas que, de alguna manera, habían aprobado el asesinato de mi papá. Le hablaron de bananeros de Urabá, de finqueros de la costa, de terratenientes del Magdalena Medio aliados con oficiales del Ejército. Todo lo que le contaron, ella no lo puede asegurar, ni yo lo puedo escribir, pues no estamos seguros de que sea cierto, ni lo podemos comprobar.

Sol estaba haciendo el internado en Medicina y volvió a la casa como a las seis. Encontró a Emma, nuestra querida muchacha de toda la vida, llorando y ella le contó que por radio habían dicho que habían matado a Leonardo Betancur. «Y parece que también a su papá», dijo Emma. Solbia no le creyó, no le quería creer, y se encerró en el cuarto furiosa por las barbaridades que decía Emma. El teléfono sonaba y había gente que soltaba carcajadas y decía: «Muy bueno, muy bueno que mataron a ese HP». Entonces Sol cogió unas tijeras y cortó todos los cables del teléfono. Un rato más tarde, asomada a la ventana, vio llegar el carro rojo de mi papá y pensó: «Esta Emma sí es una boba, decirme que mataron a mi papá, y ahí viene». Pero cuando vio que el que venía manejando era un chofer, entonces sí creyó, y se hundió en el llanto y la tristeza.

Esa misma noche yo llamé al gerente de las Empresas Públicas, Darío Valencia, que de inmediato nos hizo cambiar el número del teléfono, para que no siguieran llamando a reírse y a celebrar el asesinato. Remendamos los cables que Sol había cortado, pero de todas formas el teléfono siguió mudo durante semanas, porque así como no lo tenían ya quienes querían molestarnos celebrando por teléfono la noticia, tampoco lo tenían ya los que quisieron llamar a dar el pésame o a decir unas palabras de solidaridad.

Después de que se llevaron el cuerpo, mientras los hermanos estábamos juntos en la oficina de él, en el segundo piso de la empresa de mi mamá, vimos sobre el escritorio un sobre cerrado, dirigido a Marta Botero de Leyva, la subdirectora de *El Mundo*. Mi mamá la llamó y ella vino por el sobre, llorando. Lo abrió: era su último artículo: «¿De dónde proviene la violencia?», se llamaba, y el periódico lo publicó al otro día, como su editorial. Ahí había escrito, esa misma tarde: «En Medellín hay tanta pobreza que se puede contratar por dos mil pesos a un sicario, para matar a cualquiera. Vivimos una época violenta, y esta violencia nace del sentimiento de desigualdad. Podríamos tener mucha menos violencia si todas las riquezas, incluyendo la ciencia, la tecnología y la moral —esas grandes creaciones humanas— estuvieran mejor repartidas sobre la tierra. Este es el gran reto que se nos presenta hoy, no sólo a nosotros, sino a la humanidad. Si, por ejemplo, las grandes potencias dejaran que Latinoamérica unida buscara sus propias salidas, nos iría muchísimo mejor. Pero esto es ya soñar, un ejercicio no violento, previo a cualquier gran realización. La realización que podrá efectuar una humanidad sana mentalmente, que algún día, durante los próximos diez mil años, verán nuestros descendientes, si ahora o más tarde no nos autodestruimos».

Escribo esto en La Inés, la finca que nos dejó mi papá, que le dejó mi abuelo, que le dejó mi bisabuela, que abrió mi tatarabuelo tumbando monte con sus propias manos. Me saco de adentro estos recuerdos como se tiene un parto, como se saca un tumor. No miro la pantalla, respiro y miro hacia afuera. Es un sitio privilegiado de la tierra. Al fondo se ve, abajo, el río Cartama, abriéndose paso en el verdor. Arriba, hacia el otro lado, las peñas de La Oculta y de Jericó. El paisaje está salpicado por los árboles sembrados por mi papá y por mi abuelo: palmas, cedros, naranjos, tecas, mandarinos, mamoncillos, mangos. Miro a lo lejos y me siento parte de esta tierra y de este paisaje. Hay cantos de pájaros, bandadas de loros verdes, mariposas azules, ruido de cascos de caballo en la pesebrera, olor a boñiga de vaca en el establo, perros que a veces ladran, chicharras que celebran el calor, hormigas que desfilan en hileras, cada una con una diminuta flor rosada a cuestas. Al frente, imponentes, los farallones de La Pintada que mi papá me enseñó a ver como los pechos de una mujer desnuda y acostada.

Han pasado casi veinte años desde que lo mataron, y durante estos veinte años, cada mes, cada semana, yo he sentido que tenía el deber ineludible, no digo de vengar su muerte, pero sí, al menos, de contarla. No puedo decir que su fantasma se me haya aparecido por las noches, como el fantasma del padre de Hamlet, a pedirme que vengue *su monstruoso y terrible asesinato*. Mi papá nos enseñó a evitar la venganza. Las pocas veces que he soñado con él, en esas fantasmales imágenes de la memoria y de la fantasía que se nos aparecen mientras dormimos, nuestras conversaciones han sido más plácidas que angustiadas, y en todo caso llenas de ese cariño físico que siempre nos tuvimos. No hemos soñado el uno con el otro para pedir venganza, sino para abrazarnos.

Tal vez sí me haya dicho, en sueños, como el fantasma del rey Hamlet, «recuérdame», y yo, como su hijo, puedo contestarle: «¿Recordarte? Ay, pobre espíritu, sí, mientras la memoria tenga un sitio en este globo alterado. ¿Recordarte? Sí, de la tabla de mi mente borraré todo recuerdo tonto y trivial, las enseñanzas de los libros, las impresiones, las imágenes que la experiencia y la juventud allí han grabado, y tu deseo sólo vivirá dentro del libro y volumen de mi cerebro, purgado de escoria».

Es posible que todo esto no sirva de nada; ninguna palabra podrá resucitarlo, la historia de su vida y de su muerte no le dará nuevo aliento a sus huesos, no va a recuperar sus carcajadas, ni su inmenso valor, ni el habla convincente y vigorosa, pero de todas formas yo necesito contarla. Sus asesinos siguen libres, cada día son más y más poderosos, y mis manos no pueden combatirlos. Solamente mis dedos, hundiendo una tecla tras otra, pueden decir la verdad y declarar la injusticia. Uso su misma arma: las palabras. ¿Para qué? Para nada; o para lo más simple y esencial: para que se sepa. Para alargar su recuerdo un poco más, antes de que llegue el olvido definitivo.

El buen Antonio Machado, a punto de caer Barcelona, cuando era ya inminente la derrota en la Guerra Civil, escribió lo siguiente: «Se ignora que el valor es virtud de los inermes, de los pacíficos —nunca de los matones—, y que a última hora las guerras las ganan siempre los hombres de paz, nunca los jaleadores de la guerra. Sólo es valiente quien puede permitirse el lujo de la animalidad que se llama amor al prójimo, y es lo específicamente humano». Por eso no he contado tan sólo la ferocidad de quienes lo mataron —los supuestos ganadores de esta guerra—, sino también la entrega de una vida dedicada a ayudar y a proteger a los otros.

Si recordar es pasar otra vez por el corazón, siempre lo he recordado. No he escrito en tantos años por un motivo muy simple: su recuerdo me conmovía demasiado para poder escribirlo. Las veces innumerables en que lo intenté, las palabras me salían húmedas, untadas de lamentable materia lacrimosa, y siempre he preferido una escritura más seca, más controlada, más distante. Ahora han pasado dos veces diez años y soy capaz de conservar la serenidad al redactar esta especie de memorial de agravios. La herida está ahí, en el sitio por el que pasan los recuerdos, pero más que una herida es ya una cicatriz. Creo que finalmente he sido capaz de escribir lo que sé de mi papá sin un exceso de sentimentalismo, que es siempre un riesgo grande en la escritura de este tipo. Su caso no es único, y quizá no sea el más triste. Hay miles y miles de padres asesinados en este país tan fértil para la muerte. Pero es un caso especial, sin duda, y para mí el más triste. Además reúne y resume muchísimas de las muertes injustas que hemos padecido aquí.

Me hago un triste café negro, pongo el *Réquiem* de Brahms, que se mezcla con el canto de los pájaros y el mugido de las vacas. Busco y leo una carta que me escribió desde aquí mi papá, en enero de 1984, en respuesta a otra carta mía en la que yo le contaba que no me sentía bien, en Italia, que estaba deprimido, que quería dejar una vez más otra carrera y volver a la casa. Creo haber insinuado que me pesaba hasta la vida misma. Su respuesta está en una carta que siempre me ha dado confianza y fuerza. Transcribirla es un poco impúdico, porque en ella mi papá habla bien de mí, pero en este momento la quiero releer porque esa carta revela el amor gratuito de un padre por su hijo, ese amor inmerecido que es el que nos ayuda, cuando hemos tenido la suerte de recibirlo, a soportar las peores cosas de la vida, y la vida misma:

«Mi adorado hijo: eso de las depresiones a tu edad es como más común de lo que parece. Yo recuerdo una muy fuerte en Minneapolis, Minnesota, cuando tenía unos veintiséis años y estuve a punto de quitarme la vida. Creo que el invierno, el frío, la falta de sol, para nosotros, seres tropicales, es un factor desencadenante. Y para decirte la verdad, eso de que de pronto desempaques aquí con tus maletas y dispuesto a enviar todo lo europeo para un carajo nos pone a tu mamá y a mí en el colmo de la felicidad. Tú tienes más que ganado lo equivalente a cualquier "título" universitario y tu tiempo lo has empleado tan bien en formarte cultural y personalmente que si te aburres en la universidad es apenas natural. Cualquier cosa que tú hagas de aquí en adelante, si escribes o no escribes, si te titulas o no te titulas, si trabajas en la empresa de tu mamá, o en *El Mundo* o en La Inés, o dando clases en un colegio de secundaria, o dictando conferencias como Estanislao Zuleta, o como psicoanalista de tus padres, hermanos y parientes, o siendo simplemente Héctor Abad Faciolince, estará bien; lo que importa es que no vayas a dejar de ser lo que has sido hasta ahora, una *persona,* que simplemente por el hecho de ser como es, no por lo que escriba o no escriba, o porque brille o porque figure, sino *porque es como es,* se ha ganado el cariño, el respeto, la aceptación, la confianza, el *amor,* de una gran mayoría de los que te conocen. Así queremos seguir viéndote, no como futuro gran escritor, o periodista o comunicador o profesor o poeta, sino como el hijo, el hermano, el pariente, el amigo, el humanista que entiende a los demás y que no aspira a ser entendido. Qué más da lo que crean de ti, qué más da el oropel, para los que sabemos *quién eres tú.*

»Por Dios, nuestro querido Quinquin, cómo vas a pensar que "te sostenemos" [...] porque "ese muchacho puede llegar lejos". Pero si es que ya has llegado muy lejos, más lejos que todos nuestros sueños, mejor que todo lo que imaginábamos para cualquiera de nuestros hijos.

»Tú sabes muy bien que las ambiciones de tu mamá y yo no son de gloria, ni de dinero, ni siquiera de felicidad, esa palabra que suena tan lindo pero que se alcanza tan pocas veces y apenas por períodos tan cortos (y que tal vez por eso mismo se aprecia tanto), para *todos* nuestros hijos, sino que por lo menos adquieran *bienestar,* esa palabra más sólida, más perdurable, más posible, más alcanzable. Muchas veces hemos hablado de la angustia de Carlos Castro Saavedra, de Manuel Mejía Vallejo, de Rodrigo Arenas Betancourt y de tantos cuasigenios que conocemos personalmente. O de Sabato o de Rulfo, o del mismo García Márquez. Qué más da. Recuerda a Goethe: "Gris es, amigo, toda teoría (yo agregaría *y todo arte*), pero sólo es verde el dorado árbol de la vida". Lo que nosotros queremos es que tú *vivas.* Y vivir significa muchas mejores cosas que ser famoso, alcanzar títulos o ganar premios. Creo que yo también tenía desmesuradas ambiciones en materia política cuando estaba joven y por eso no era feliz. Sólo ahora, cuando todo eso ha pasado, me he sentido realmente feliz. Y de esa felicidad hacen parte Cecilia, tú y todos mis hijos y nietos. La empaña sólo el recuerdo de Marta Cecilia. Yo creo que las cosas son así de simples, después de darles uno tantas vueltas y de complicarlas tanto. Hay que matar esos amores a cosas tan etéreas como la fama, la gloria, el éxito...

»Bueno, mi Quinquin, ya sabes lo que pienso de ti y tu futuro. No tienes por qué angustiarte. Vas muy bien y vas a ir mejor. Cada año mejor, y cuando llegues a mi edad o a la edad de tu abuelo y puedas disfrutar de los paisajes de esta parcela de La Inés que pienso dejarles a ustedes, con sol, con calor, con verdor, vas a ver que yo tenía razón. No aguantes más allá de lo que te creas capaz. Si quieres volver te recibiremos con los brazos abiertos. Y si te arrepientes y quieres regresarte otra vez, tampoco nos faltará con qué comprarte el pasaje de ida y *regreso*. Sin que te olvides nunca que el más importante es este último. Te besa tu padre.»

Aquí estoy de regreso, escribiendo sobre él desde donde él me escribía, seguro de que tenía razón, y de que la vida a secas (lo verde, lo caliente, lo dorado) es la felicidad. Aquí estoy, en la parcela que nos dejó en La Inés a mis hermanas y a mí. Los tristes asesinos que le robaron a él la vida y a nosotros, por muchísimos años, la felicidad e incluso la cordura no nos van a ganar, porque el amor a la vida y a la alegría (lo que él nos enseñó) es mucho más fuerte que su inclinación a la muerte. Su acto abominable, sin embargo, dejó una herida indeleble, pues como dijo un poeta colombiano: «Lo que se escribe con sangre no se puede borrar».

En otra carta que me escribió, también fechada en La Inés, en 1986, me decía: «Estoy sembrando más árboles frutales distintos a pamplemusa que espero los puedan disfrutar no sólo ustedes y Daniela, sino los hijos de Daniela». Daniela, mi hija, acababa de nacer ese mismo año, y mi papá alcanzó a ayudarme a recibirla, de lado a lado, mientras aprendía a caminar y daba los primeros pasos, pocas semanas antes de su asesinato. Hay una cadena familiar que no se ha roto. Los asesinos no han podido exterminarnos y no lo lograrán porque aquí hay un vínculo de fuerza y de alegría, y de amor a la tierra y a la vida que los asesinos no pudieron vencer. Además, de mi papá aprendí algo que los asesinos no saben hacer: a poner en palabras la verdad, para que esta dure más que su mentira.

El exilio de los amigos

41

A finales de noviembre de 1987, tres meses después de que mataran a mi papá, a la salida de un acto en el recinto de la Asamblea de Antioquia, mi mamá tuvo la impresión nítida de que me iban a matar y me cubrió con el cuerpo. Dos tipos con mochila caminaban rápidamente hacia nosotros; ella se interpuso, cubriéndome con su cuerpo, y se quedó quieta, mirándolos a los ojos. Los tipos se desviaron. Yo no sé si querían hacer algo, pero a los dos se nos enfrió la sangre. Esa noche, en el acto de reconstitución del Comité para la Defensa de los Derechos Humanos de Antioquia hablamos cuatro personas: el nuevo presidente, el abogado y teólogo Luis Fernando Vélez, profesor de la universidad, activista del Partido Conservador. Este era un hombre bueno, que había publicado libros de antropología sobre mitos de los indios katíos. No entendía ni soportaba que hubieran matado a su colega en la Asociación de Profesores, Héctor Abad Gómez, y quería recoger su bandera. Conservo todavía el discurso del profesor Vélez, que dice así en uno de sus párrafos: «Los portaestandartes de la digna empresa de los derechos humanos en Antioquia encontraron el martirio. Hoy, los sobrevivientes de esa primera meta estamos recogiendo, como un fervoroso homenaje a la memoria de los caídos, la bandera purificada por su sangre».

Habló también Carlos Gónima, miembro del viejo comité, y Gabriel Jaime Santamaría, diputado del Partido Comunista. Como representante de la familia hablé yo. Yo no quería entrar al Comité y de hecho mi discurso fue un parte de derrota. Ahí dije, entre otras cosas: «No creo que la valentía sea una cualidad que se transmita genéticamente y ni siquiera, lo que es todavía peor, que se enseñe con el ejemplo. Tampoco creo que el optimismo se herede ni se aprenda. Prueba de esto es que quien les habla, el hijo de un hombre valeroso y optimista, está lleno de miedo y rebosa pesimismo. Voy a hablar, pues, sin dar ningún estímulo a los que quieren seguir esta batalla, para mí, perdida.

»Ustedes están aquí porque tienen el valor que tuvo mi padre y porque no sufren ni la desesperanza ni el desarraigo de su hijo. En ustedes reconozco algo que quise y quiero de mi padre, algo que admiro profundamente, pero que no he sido capaz de reproducir en mí mismo y mucho menos de imitar. Ustedes tienen la razón de su parte y por esto mismo les deseo todos los éxitos, aunque mi deseo no pueda ser, como quisiera, un vaticinio. Estoy aquí tan sólo porque fui testigo cercano de una vida buena y porque quiero dejar testimonio de mi dolor y de mi rabia por la forma en que nos arrancaron esa vida. Un dolor sin atenuantes y una rabia sin expectativas. Un dolor que no pide ni busca consuelo y una rabia que no aspira a la venganza.

»No creo que mis palabras derrotistas puedan tener ningún efecto positivo. Les hablo con una inercia que refleja el pesimismo de la razón y también el pesimismo de la acción. Este es un parte de derrota. Sería inútil decirles que en mi familia sentimos que hemos perdido una batalla, como quiere la oratoria que en estos casos se diga. Qué va. Nosotros sentimos que perdimos la guerra.

»Es necesario desterrar un lugar común sobre nuestra actual situación de violencia política. Este lugar común tiene la fuerza persuasiva de un axioma. Pocos lo cuestionan, todos lo recibimos pasivamente, sin pensarlo, sin discutir siquiera los argumentos que lo confirmen o las grietas que puedan desmentirlo. Este lugar común es el que afirma que la actual violencia política que padecemos en Colombia es ciega e insensata. ¿Vivimos una violencia amorfa, indiscriminada, loca? Todo lo contrario. El actual recurso al asesinato es metódico, organizado, racional. Es más, si hacemos un retrato ideológico de las víctimas pasadas podemos ir delineando el rostro preciso de las futuras víctimas. Y sorprendernos, quizá, con nuestra propia cara.»

Tengo que decir que a todos los que hablaron esa noche (Vélez, Santamaría, Gónima), menos a mí, los mataron. Y tengo que decir que al nuevo presidente que reemplazó a Luis Fernando Vélez en el mismo Comité, Jesús María Valle, también lo mataron (y el líder paramilitar Carlos Castaño reconoció haber ordenado personalmente su asesinato). El 18 de diciembre de 1987, cuando apareció por Robledo el cadáver de Luis Fernando Vélez, yo supe que me debía ir del país si no quería correr una suerte parecida. Mi mamá y yo le pedimos una cita al alcalde, William Jaramillo Vélez, para contarle mis temores y una llamada amenazante que había recibido en la oficina de mi papá. Lo que nos dijo el alcalde no nos animó: «Hay muchos grupos amenazando y matando en Medellín y no podemos ofrecerle protección. Lo único que puedo hacer es prestarle un carro blindado para que lo lleve al aeropuerto». Aceptamos el ofrecimiento y del despacho del alcalde salimos directamente a una casa donde estuve escondido algunas horas y luego, cuando me compraron el pasaje, al aeropuerto de Rionegro.

Dos de los mejores amigos de mi papá estaban en el exilio. Carlos Gaviria en Buenos Aires y Alberto Aguirre en Madrid. Otro amigo expatriado en épocas un poco menos sórdidas, Iván Restrepo, vivía en México. Llamé por teléfono a los tres desde Cartagena y el que más me animó a irme al sitio donde estaba fue Aguirre. Por eso llegué a Madrid, vía Panamá, el día de Navidad de 1987. Desde el 18 me había ido de Medellín, sin pasar siquiera por mi casa a empacar la maleta, y me había escondido en Cartagena en la casa de mis tíos y mis primos. Recuerdo que un amigo de ellos, de la Armada, me acompañó al aeropuerto con su pistola bien visible en la cintura hasta que me subí en el avión que iba a Panamá para seguir a Madrid al día siguiente. En la madrugada del 25, en el aeropuerto, me estaba esperando Alberto Aguirre. Tenía el pelo largo, despelucado, la camisa rota, y llevaba una bufanda rosada de mujer protegiéndole la garganta. Carlos Gaviria, en condiciones parecidas, seguía en Buenos Aires. Yo finalmente terminé en Italia, primero en Turín y luego en Verona, donde empecé a enseñar español y a escribir libros. El primero de estos, *Malos pensamientos,* me lo ayudaría a publicar, años después, Carlos Gaviria, al regreso de su exilio en Argentina, en la editorial de la Universidad de Antioquia. Como si supiera que a mi frágil madurez le haría todavía falta un poco de paternidad, la mayor herencia que me dejó mi papá fueron estos dos amigos.

El encuentro con Aguirre, en Madrid, fue duro y hermoso. Él llevaba más de tres meses en España. Imagínense un loco, un loco de pelo blanco y largo, muy largo, con un abrigo negro prestado que le queda grande, mal afeitado, con la camisa rota en la axila, una sombra de mugre en el cuello curtido, un agujero en la suela del zapato por donde se cuela el agua, con una bufanda rosada de mujer anudada al cuello. Camina por las calles y habla solo. Habla y habla como hablan los locos, mira a las muchachas con ojos ardientes, pues no tiene mujer y se consuela viendo, no atraviesa las calles por la esquina jamás, sino por la mitad de la cuadra. Todos lo creen un loco, yo mismo cuando lo vi pensaba que estaba loco. Estamos a finales de diciembre, con un frío seco de páramo que raja la piel como el hielo. El loco cruza por cualquier parte la Gran Vía. Detiene los carros y los buses, levantando los brazos y mirando furioso a los ojos a los conductores, que pitan y lo insultan, pero frenan. «Esto se llama pasar a la torera», me explica el loco, y es verdad, lo veo con mis propios ojos, que torea sin capote los carros y los buses rojos de la Gran Vía, de la Castellana, y ni se diga de las calles Barquillo o de Hortaleza.

Entra en un bar, se sienta, y los meseros no lo atienden. Al notar que no vienen, palmotea, como se hace en su tierra. Como no vienen, grita, ¡oiga!, pero no lo atienden, entonces se quita los zapatos rotos para que se le vean las medias rotas, apoya los pies sobre la silla del frente, saca un periódico mal doblado del bolsillo del abrigo y se pone a leer humedeciéndose con la lengua los dedos al pasar las páginas. Al rato, al fin, un camarero se acerca, con ese aire que tienen los que te van a echar a la calle, pero los ojos del loco lo fulminan. Pide un tinto. Cuando el camarero le trae un vino tinto, el loco dice, molesto: «¡Le pedí un café, pero es que ustedes no entienden! Tráigame un café solo, aguado, americano, como dicen ustedes». Así muchas veces, me cuenta, hasta que el loco decide que en adelante, con los camareros, hablará solamente en inglés. Detestan su acento sudaca, sus palabras sudacas, su imprecisión sudaca, sus zapatos sudacas y, sobre todo, su evidente pobreza sudaca. *«Waiter, please, a coffee, an american coffee, if you don't mind.»* Así le va mejor, lo consideran un turista excéntrico.

No siempre parece un loco; cuando va recién bañado y se ha peinado hacia atrás la larga cabellera, lo confunden con el poeta Rafael Alberti. A veces algunos jóvenes, en los cafés, en los bares, se le acercan: «Señor Alberti, maestro, ¿podría darnos un autógrafo?». Y el loco dice sí, coge el papel o la servilleta que le acercan y traza su firma angulosa y legible: Alberto Aguirre, seguida de una exclamación: ¡coman mierda! Siempre la misma dedicatoria: ¡Alberto Aguirre, coman mierda! Sí, el loco está loco.

A veces, por la calle, llora. O no llora, simplemente piensa en algún detalle del país lejano y los ojos se le ponen rojos de visiones remotas, las conjuntivas se excitan de no ver, y hay agua que chorrea por sus mejillas, pero no llora, digamos que llueve sobre su cara y él deja que la lluvia lo moje, como si tal cosa. Y como salen lágrimas saladas de sus ojos, así mismo salen palabras dulces de sus labios. La gente cree que habla solo, que el loco habla solo. Pero no es que hable solo, en realidad recita, recita largas tiradas de versos que se sabe, del Tuerto López, «Noble rincón de mis abuelos, nada»; de De Greiff, «Amo la soledad, amo el silencio»; romances españoles, «Gerineldo, Gerineldo, paje del rey más querido, quién te tuviera esta noche en mi jardín florecido», lo que sea. Camina por las calles de Madrid y recita. ¿Como un loco? No, como un exiliado.

Repito: estamos en la madrugada del 25 de diciembre de 1987. Acabo de cruzar el Atlántico en un avión vacío. Así lo recuerdo, y es cierto: un Jumbo sin pasajeros, perfectamente vacío, atravesando el Atlántico el día de Navidad de 1987. El Jumbo salió de Ciudad de Panamá, al atardecer. Los quince tripulantes se mueven aburridos. Pilotos, azafatas, ayudantes de vuelo y este pecho. De madrugada, el Jumbo fantasma, dos luces rojas que se encienden y apagan contra la negrura cerrada del cielo, aterriza en Madrid, y encalla frente a un tubo del aeropuerto. No hay visas todavía ni filas en inmigración; me sellan el pasaporte sin mirarme a los ojos. Años después, cuando pusieron en España la visa obligatoria para los colombianos, firmé una carta jurando que ya no volvería a España. Ellos no entienden por qué: si en 1987 hubiera habido visa obligatoria (a mí nadie me conocía, no tenía ni un peso, no podía asegurar que me estaban persiguiendo), no me la habrían dado nunca, ni por error, y tal vez no hubiera podido irme, como había podido irse Aguirre, sin visa, a salvar el pellejo.

Salgo de la aduana arrastrando una maleta pesadísima, llena de ropa vieja. Bárbara y Maryluz la habían empacado y me la habían enviado a Cartagena. A la salida está el loco, sentado en una banca al lado de la puerta. Me detengo, lo miro, se ha vuelto viejo en estos cuatro meses. Está dormitando, con el mentón apoyado en el pecho, los párpados rojos cerrados con fuerza. Lleva un abrigo negro raído, una bufanda rosada de mujer, el pelo muy largo, muy blanco, despeinado, la barba con días de crecida. Parece un *clo-*

chard de los que usan de somnífero litros de vino tinto barato. No huele a vino. Es él.

Le toco el hombro y abre los ojos, sobresaltado. Nos miramos y sabemos que el momento es grave. Podríamos ponernos ahí mismo a llorar y a gritar como terneros. Tragamos saliva. Un abrazo austero, pocas palabras musitadas. «¿Buen viaje?» «Creo que sí, me dormí mucho tiempo, el avión venía vacío y me acosté en el centro.» «Cojamos un taxi y vamos a la pensión.» Llegamos a la pensión. El loco vive con una bruja. Largos colmillos, un incisivo menos, manos huesudas de uñas sucias que reciben mi plata anticipada por diez días de cama, desayuno y siesta. Se acerca el mediodía y salimos a caminar por el centro. Ahí es cuando me enseña a cruzar las calles según su estilo, a la torera, y me cuenta que a veces suplanta a Alberti. Nos reímos y mientras nos reímos también me doy cuenta de sus zapatos rotos. Después me cuenta por qué no lo atienden los meseros.

Inevitablemente, hablamos de los muertos. Sí, han seguido matando gente. A Gabriel Jaime Santamaría. Hace una semana a Luis Fernando Vélez, el teólogo, el etnógrafo, el que había tomado la bandera del Comité para la Defensa de Derechos Humanos. Un valiente, un mártir, un suicida, todo eso. El cuerpo apareció por Robledo, maltratado. Inevitablemente, hablamos del 25 de agosto, el día fatídico en que la muerte nos tocó tan de cerca y Aguirre se escondió, como un conejo, eso lo dice él, como un conejo, en un apartamento. Desde eso no nos vemos: cuatro meses exactos sin vernos. Al mediodía del 24, me cuenta, habló con mi papá sobre la lista que estaban repartiendo: ahí estaba la sentencia de los dos. A Alberto Aguirre, por comunista, porque en sus escritos defiende a los sindicatos, porque desde su columna alimenta el descontento. A Héctor Abad Gómez, por idiota útil de los guerrilleros. Algo así, no quiero repetir textualmente la cita, me dan náuseas cada vez que la leo.

309

Aguirre me cuenta: «Hablé con él al mediodía del lunes y me dijo que era serio, que debíamos buscar a alguien, a ver si de algún modo podían protegernos. Íbamos a vernos el miércoles a las once. No fue posible». Aguirre, escondido, escribió su último artículo. «Hay un exilio peor que el de las fronteras: es el exilio del corazón», terminaba diciendo. No volvió a escribir para la prensa durante muchos años. Al volver, en 1992, rompió su silencio con una serie de reflexiones distantes, secas, sobre su experiencia: *Del exilio,* se llaman, y las publiqué cuando dirigía la revista de la Universidad de Antioquia. Mientras escribo esto, no encuentro la revista. En Google, la nueva biblioteca de Babel, no hay nada al respecto. Eso se está olvidando, aunque no hayan pasado demasiados años. Tengo que escribirlo, aunque me dé pudor, para que no se olvide, o al menos para que durante algunos años se sepa.

Quiero que se sepa otra cosa, otra historia. Volvamos de nuevo al 25 de agosto de 1987. Ese año, tan cercano para mi historia personal, parece ya muy viejo para la historia del mundo: internet no había sido inventado aún, no se había caído el Muro de Berlín, estábamos todavía en los estertores de la Guerra Fría, la resistencia palestina era comunista y no islámica, en Afganistán los talibanes eran aliados de Estados Unidos contra los invasores soviéticos. En Colombia, por esa época, se había desatado una terrible cacería de brujas: el Ejército y los paramilitares asesinaban a los militantes de la UP, también a los guerrilleros desmovilizados y, en general, a todo aquello que les oliera a izquierda o comunismo.

Carlos Castaño, el jefe de las AUC, ese asesino que escribió una parte de la historia de Colombia con tinta de sangre y con pluma de plomo, ese asesino a quien al parecer mataron por orden de su propio hermano, dijo algo macabro sobre esa época. Él, como todos los megalómanos, tiene la desvergüenza de sentir orgullo por sus crímenes, y confiesa sin pena en un libro sucio: «Me dediqué a anularles el cerebro a los que en verdad actuaban como subversivos de ciudad. ¡De esto no me arrepiento ni me arrepentiré jamás! Para mí, esa determinación fue sabia. He tenido que ejecutar menos gente al apuntar donde es. La guerra la hubieran prolongado más. Ahora estoy convencido de que soy quien lleva la guerra a su final. Si para algo me ha iluminado Dios es para entender esto».

Este iluminado por Dios, que terminó a su sabia manera nuestra guerra (que hoy sigue) hace casi veinte años, dice más adelante cómo se decidían los asesinatos: «Ahí es donde aparece el Grupo de los Seis. Al Grupo de los Seis ubíquelo durante un espacio muy largo de la historia nacional, como hombres del nivel de la más alta sociedad colombiana. ¡La crema y nata! Conocí al primero de ellos en 1987, días después de la muerte de Jaime Pardo Leal. [...] Les mostraba una relación escrita con los nombres, los cargos o ubicación de los enemigos. ¿Cuál se debe ejecutar?, les preguntaba, y el papelito con los nombres se iba con ellos a otro cuarto. De allí regresaba señalado el nombre o los nombres de las personas que debían ser ejecutadas, y la acción se realizaba con muy buenos resultados. [...] Eran unos verdaderos nacionalistas que nunca me invitaron ni me enseñaron a eliminar persona sin razón absoluta. Me enseñaron a querer y a creer en Colombia». Luego confiesa que mató a Pedro Luis Valencia, una semana antes que a mi papá, con ayuda de inteligencia del Estado; después admite que mató a Luis Felipe Vélez, en el mismo sitio y el mismo día en que mataron a mi papá.

No voy a citar más a este patriota, se me ensucian los dedos. Pero volvamos a 1987 y a ese charco de sangre producido por él y por sus cómplices. Es en la esquina de la calle Argentina con la carrera Girardot, en Medellín. Un charco de sangre y un cuerpo tirado boca arriba, cubierto por una sábana, igual a un cuadro de Manet que no sé si ustedes conocen, pero si algún día lo ven se acordarán. Yo estoy sentado al borde de ese charco de sangre. Al salir esa sangre, como dice el asesino, hay un cerebro que quedó anulado. «Anularles el cerebro», este es el eufemismo que usa el asesino para el verbo matar. Pero es muy cierto, de eso se trata, de acabar con la inteligencia. Yo estoy ahí sentado y llega un señor de pelo blanco, barba blanca, desesperado, corriendo, como loco. Un señor que nunca actúa como un loco, una persona serena, equilibrada, racional. Llega ahí, y es en ese momento cuando yo le digo, le ruego: «¡Carlos, perdete, escondete. Tenés que irte de aquí, si no, te matan también a vos y no queremos más muertos!». Él iba a ir con mi papá y con Leonardo al mismo velorio del maestro asesinado, pero no llegó a tiempo porque el odontólogo de todos nosotros, mío, de mi papá, de él, Heriberto Zapata, se retrasó en sus citas y lo atendió más tarde. Por eso se salvó.

Hablamos un momento, entre las lágrimas y la rabia impotente. Al rato se retira del sitio, pero del país no se va todavía. Al otro día, en el entierro, con manos temblorosas pero voz muy firme, es capaz de leer un discurso. Lo ha intuido todo, sin poderlo saber con precisión: estamos frente a un acto de fascismo ordinario. «El apego de Héctor Abad Gómez a la idea altamente humanista del credo liberal lo había hecho flexible y tolerante cuando en Colombia ya sólo queda sitio para los fanáticos.» Finalmente recuerda las asquerosas palabras de Millán Astray, y las repite, seguro de que esa misma es la consigna de los asesinos: «¡Viva la muerte! ¡Abajo la inteligencia!». Es lo mismo del otro: matar para anular los cerebros.

Pocos meses después, este mismo señor de pelo y barba muy blancos camina por la Avenida de Mayo y se detiene en el número 825. Va de saco y corbata, sobrio, y lleva un libro bajo el brazo. La puerta de ese número corresponde a un café, tal vez el más hermoso de Buenos Aires, el Tortoni. Los camareros no dudan en atenderlo de inmediato, pues ese señor es la imagen de la pulcritud y de la dignidad. Pide un vermut rojo, seco, y un poco de agua con gas. Nadie le pide autógrafos. Abre el libro y lee y subraya y anota cuidadosamente sus observaciones. Es un diálogo de Platón. No alcanzo a ver bien cuál de todos, pero supongamos que es «Lisis, o de la amistad». Allí, curiosamente, se habla de las canas: «Veamos, dice Sócrates. Si se tiñesen de albayalde tus cabellos, naturalmente rubios, ¿serían blancos en realidad o en apariencia?».

Francamente yo no sé bien lo que quiere decir Sócrates en ese diálogo. Están hablando de la amistad, del bien y del mal, de alguien que no se tiñe las canas, sino que, al contrario, se tiñe de blanco el pelo, y parece canoso pero no es canoso. Cada vez que me pongo a leer los diálogos de Platón me enredo. Necesito un profesor canoso como este del que les estoy hablando, que ni se tiñe el pelo rubio de blanco, ni se tiñe de negro las canas, sino que es canoso desde joven. Canoso como es canoso el loco de Madrid.

Las canas están asociadas a la vejez, pero también a la serenidad y la sabiduría. El señor del Café Tortoni es otro exiliado colombiano de cabeza muy blanca que al cabo de los años volvió al país y ha hecho algunas de las sentencias y de las leyes que, todavía, nos dan alguna esperanza de que este país nuestro no sea completamente bárbaro. Carlos Gaviria es uno de los pocos que piensan de manera independiente y liberal, cuando otra vez hay temores de que en Colombia podría volver la oscuridad que triunfaba a finales de los años ochenta. Yo no lo vi en Buenos Aires, en aquellos años, pero nos escribíamos con frecuencia y cuando fui por primera vez a Argentina, no hace mucho, él me dio su itinerario cotidiano, las calles y cafés que recorría en los días de su exilio. Sus parques, los recorridos borgesianos, las librerías de nuevos y de viejos.

No dudo de que haya algunos, hoy también, que tengan deseos de «anularles el cerebro» a personas como Alberto Aguirre y Carlos Gaviria, dos colombianos que se fueron al exilio obligados, y salvaron la vida, y volvieron, y aquí siguen, como nuestra conciencia moral más libre y

313

más necesaria. No hace demasiado tiempo, en 1987, pasó todo esto. A algunos, sí, les «anularon el cerebro». Pero algunos salvaron el pellejo yéndose al exilio, a España o a Argentina o a otras partes, y ahora han vuelto. Tan canosos como entonces, todavía más sabios que entonces. Cada día estoy más canoso, aunque no como ellos. Pero eso sí, cada cana que me crezca espero merecérmela. Son dos grandes amigos que heredé de mi mejor amigo, ese otro cerebro que no alcanzó a salir al exilio y fue anulado por las manos sangrientas de los asesinos.

Cuando digo que mi mejor amigo, y mi papá, no alcanzó a salir al exilio, tengo que decir que esto ocurrió, al menos en parte, por un descuido nuestro, de su familia, o para decirlo más claramente, por culpa mía, por una falta de amor mía. Si en agosto de 1987 yo hubiera querido tanto a mi papá como lo quería cuando era niño, me habría dado cuenta del peligro que estaba corriendo, y lo habría obligado a irse al extranjero, o siquiera a Cartagena, como me fui yo mismo, para salvarme. Había una lista, estaba amenazado, estaban matando profesores de la universidad. Y no corrimos a salvarlo, no lo llevamos al aeropuerto en un carro blindado, no lo montamos a la fuerza en un avión. Carlos Gaviria y Alberto Aguirre, mis amigos heredados, se salvaron, se fueron al exilio, regresaron, volvieron a luchar por su país y morirán de viejos, como debió haber muerto mi papá, que en cambio fue asesinado salvajemente, entre otras cosas, por una falta de amor de su hijo, mía, y esto no me lo perdono ni me lo puedo perdonar.

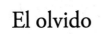

El olvido

42

Todos estamos condenados al polvo y al olvido, y las personas a quienes yo he evocado en este libro o ya están muertas o están a punto de morir o como mucho morirán —quiero decir, moriremos— al cabo de unos años que no pueden contarse en siglos sino en decenios. «Ayer se fue, mañana no ha llegado, / hoy se está yendo sin parar un punto, / soy un fue, y un será, y un es cansado [...]», decía Quevedo al referirse a la fugacidad de nuestra existencia, encaminada siempre ineluctablemente hacia ese momento en que dejaremos de ser. Sobrevivimos por unos frágiles años, todavía, después de muertos, en la memoria de otros, pero también esa memoria personal, con cada instante que pasa, está siempre más cerca de desaparecer. Los libros son un simulacro de recuerdo, una prótesis para recordar, un intento desesperado por hacer un poco más perdurable lo que es irremediablemente finito. Todas estas personas con las que está tejida la trama más entrañable de mi memoria, todas esas presencias que fueron mi infancia y mi juventud, o ya desaparecieron, y son sólo fantasmas, o vamos camino de desaparecer, y somos proyectos de espectros que todavía se mueven por el mundo. En breve todas estas personas de carne y hueso, todos estos amigos y parientes a quienes tanto quiero, todos esos enemigos que devotamente me odian no serán más reales que cualquier personaje de ficción, y tendrán su misma consistencia fantasmal de evocaciones y espectros, y eso en el mejor de los casos, pues de la mayoría de ellos no quedará sino un puñado de polvo y la inscripción de una lápida cuyas letras se irán borrando en el cementerio. Visto en perspectiva, como el tiempo del recuerdo vivido es tan corto, si juzgamos sabiamente, «ya somos el olvido que seremos», como decía Borges. Para él este olvido y ese polvo elemental en el que nos convertiremos eran un consuelo «bajo el indiferente azul del cielo». Si el cielo, como parece, es indiferente a todas nuestras alegrías y a todas nuestras desgracias, si al universo le tiene sin cuidado que existan hombres o no, volver a integrarnos a la nada de la que vinimos es, sí, la peor desgracia, pero al mismo tiempo, también, el mayor alivio y el único descanso, pues ya no sufriremos con la tragedia, que es la conciencia del dolor y de la muerte de las personas que amamos. Aunque puedo creerlo, no quiero imaginar el momento doloroso en que también las personas que más quiero —hijos, mujer, amigos, parientes— dejarán de existir, que será el momento en que yo dejaré de vivir, como recuerdo vívido de alguien, definitivamente. Mi padre tampoco supo, ni quiso saber, cuándo moriría yo. Lo que sí sabía, y ese, quizá, es otro de nuestros frágiles consuelos, es que yo lo iba a recordar siempre, y que lucharía por rescatarlo del olvido al menos por unos cuantos años más, que no sé cuánto duren, con el poder evocador de las palabras. Si las palabras transmiten en parte nuestras ideas, nuestros recuerdos y nuestros pensamientos —y no hemos encontrado hasta ahora un vehículo mejor para hacerlo, tanto que todavía hay quienes confunden lenguaje y pensamiento—, si las palabras trazan un mapa aproximado de nuestra mente, buena parte de mi memoria se ha trasladado a este libro, y como todos los hombres somos hermanos, en cierto sentido, porque lo que pensamos y decimos se parece, porque nuestra manera de sentir es casi idéntica, espero tener en ustedes, lectores, unos aliados, unos cómplices, capaces de resonar con las mismas cuerdas en esa caja oscura del alma, tan parecida en todos, que es la mente que comparte nuestra especie. «¡Recuerde el alma dormida!», así empieza uno de los mayores poemas castellanos, que es la primera inspiración de este libro, porque es un homenaje a la memoria

318

y a la vida de un padre ejemplar. Lo que yo buscaba era eso: que mis memorias más hondas despertaran. Y si mis recuerdos entran en armonía con algunos de ustedes, y si lo que yo he sentido (y dejaré de sentir) es comprensible e identificable con algo que ustedes también sienten o han sentido, entonces este olvido que seremos puede postergarse por un instante más, en el fugaz reverberar de sus neuronas, gracias a los ojos, pocos o muchos, que alguna vez se detengan en estas letras.

Índice

Un niño de la mano de su padre   11

Un médico contra el dolor y el fanatismo   45

Guerras de religión y antídoto ilustrado   79

Viajes a Oriente   107

Años felices   129

La muerte de Marta   167

Dos entierros   197

Años de lucha   207

Accidentes de carretera   215

Derecho y humano   233

Abrir los cajones   261

Cómo se viene la muerte   269

El exilio de los amigos   301

El olvido   315

Este libro se terminó
de imprimir en
Móstoles, Madrid,
en el mes de
mayo de 2021

Descubre tu próxima lectura

Si quieres formar parte de nuestra comunidad,
regístrate en **libros.megustaleer.club**
y recibirás recomendaciones personalizadas

Penguin
Random House
Grupo Editorial

 megustaleer